山东财经大学马克思主义学院教改资助项目

新时代大学生素养研究

XINSHIDAI DAXUESHENG SUYANG YANJIU

李　兰　高凤敏 / 编著

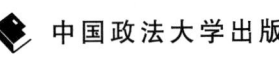

中国政法大学出版社

2020·北京

图书在版编目（ＣＩＰ）数据

新时代大学生素养研究/李兰，高凤敏编著.—北京：中国政法大学出版社，
2020.11

ISBN 978-7-5620-9685-6

Ⅰ.①新… Ⅱ.①李… ②高… Ⅲ.①大学生—素质教育—研究 Ⅳ.①G640

中国版本图书馆 CIP 数据核字(2020)第 205622 号

出 版 者	中国政法大学出版社
地　　址	北京市海淀区西土城路 25 号
邮寄地址	北京 100088 信箱 8034 分箱　邮编 100088
网　　址	http://www.cuplpress.com (网络实名：中国政法大学出版社)
电　　话	010-58908586(编辑部) 58908334(邮购部)
编辑邮箱	zhengfadch@126.com
承　　印	固安华明印业有限公司
开　　本	880mm×1230mm　1/32
印　　张	10.625
字　　数	260 千字
版　　次	2020 年 11 月第 1 版
印　　次	2020 年 11 月第 1 次印刷
定　　价	59.00 元

前 言
PREFACE

　　中国特色社会主义进入新时代，意味着近代以来久经磨难的中华民族迎来了从站起来、富起来到强起来的伟大飞跃，迎来了实现中华民族伟大复兴的光明前景；意味着科学社会主义在 21 世纪的中国焕发出强大生机活力，在世界上高高举起了中国特色社会主义伟大旗帜；意味着中国特色社会主义道路、理论、制度、文化不断发展，拓展了发展中国家走向现代化的途径，给世界上那些既希望加快发展又希望保持自身独立性的国家和民族提供了全新选择，为解决人类问题贡献了中国智慧和中国方案。这个新时代，是承前启后、继往开来、在新的历史条件下继续夺取中国特色社会主义伟大胜利的时代，是决胜全面建成小康社会、进而全面建设社会主义现代化强国的时代，是全国各族人民团结奋斗、不断创造美好生活、逐步实现全体人民共同富裕的时代，是全体中华儿女勠力同心、奋力实现中华民族伟大复兴中国梦的时代，是我国日益走近世界舞台中央、不断为人类作出更大贡献的时代。身处新时代，勤劳勇敢的中国人民更加自信、自尊、自强，中国这个古老而又现代的东方大国朝气蓬勃、气象万千；中国特色社会主义道路、理论、制度、文化焕发出强大的生机活力，奇迹正在中华大地上不断涌现。

　　个人理想与社会理想是有机统一的，中国梦是国家的、民族的，也是每一个中国人的。只有每个人都为美好梦想而奋斗，才能汇聚起实现中国梦的磅礴力量。青年是标志时代的最灵敏的"晴雨表"，时代的责任赋予青年，时代的光荣属于青年。青年兴则国家兴，青年强则国家强。青年一代有理想、有本领、有担当，国家就有前途，民族就有希望。在实现民族复兴梦想的伟大征程中，青年不懈追求的梦想始终与振兴中华的责任担当紧密相连。在革命战争时期，青年一代满怀革命理想，为争取民族独立、人民解放冲锋陷阵、不怕牺牲；在社会主义建设时期，青年一代响应党的号召，在新中国的广阔天地忘我劳动、艰苦创业；在改革开放时期，青年一代发出了团结起来、振兴中华的时代强音，为祖国的繁荣富强开拓创新、锐意进取。现在 20 岁左右的大学生，到 2035 年社会主义现代化基本实现时，还不到 40 岁；到 21 世纪中叶全面建成社会主义现代化强国时，刚过 50 岁。当代大学生是无比光荣与无比骄傲的一代，既是中华民族伟大复兴进程的见证者和参与者，也是建设中国特色社会主义事业的生力军。个人的成长和发展离不开时代这个大环境。新时代为大学生成长成才、报效国家提供了广阔的舞台和无限的机遇。在新时代的中国，经济建设主战场、文化发展大舞台、社会建设新领域、科技创新最前沿、基层实践大熔炉，都是当代大学生贡献聪明才智、书写青春篇章的广阔天地，中华民族伟大复兴终将在广大青年的接力奋斗中变为现实。

中国特色社会主义新时代为当代大学生搭建了实现梦想的舞台，青春年华为当代大学生提供了放飞梦想的翅膀。新时代大学生应不负时代期望，珍惜易逝韶华，坚定马克思主义信仰，坚定中国特色社会主义道路自信、理论自信、制度自信、文化自信，坚持中国共产党的领导，自觉提升思想品性，积极培育历史情怀，科学构建哲学思维，正确拓展政治视野，从而肩负起实现中华民族伟大复兴的历史重任，成为中国特色社会主义事业的优秀接班人。

　　本书的写作是基于高校思政课教学的视角，结合大学生大学期间必修的四门思政课《思想道德修养与法律基础》《中国近现代史纲要》《马克思主义基本原理》《毛泽东思想和中国特色社会主义理论体系概论》的培养目标和学习要求，将新时代大学生素养研究分为四编：大学生思想品性、大学生历史情怀、大学生哲学思维、大学生政治视野，共提出24个素养目标，做到目标明确，定向育人。期望能够将大学生的知识教育、行为引导、素养提高结合起来，促进大学生的健康成长和全面发展。本书的写作得到了山东财经大学马克思主义学院沈大光院长的多次指导，从课题选定、框架结构到具体写作，沈院长都付出了大量心血，在此深表感谢！

　　本书肯定存在不足之处，恳请同行批评指正！

　　　　　　　　　　　　　　　　　　李　兰　高凤敏

　　　　　　　　　　　　　　　　　　2020 年 6 月

CONTENTS 目 录

第二编 大学生历史情怀

第三编　大学生哲学思维

第四编　大学生政治视野

第一编

大学生思想品性

人既是历史的剧作者，又是历史的剧中人。时间之河川流不息，每一代青年都要面对和回答时代的问卷。我们所处的中国特色社会主义新时代，是大学生成长成才发展、不容辜负的好时代。思想道德素质和法治素养，是思想政治素质、道德素质和法治素养的有机融合，是新时代大学生必须具备的思想品性。新时代大学生应珍惜历史机遇，胸怀实现中华民族伟大复兴的中国梦，肩负接续奋斗的光荣使命，树立马克思主义的世界观、人生观、价值观、道德观、法治观。领悟人生真谛，坚定理想信念，践行社会主义核心价值观，做新时代的忠诚爱国者和改革创新的生力军；形成正确的道德认知，积极投身道德实践，向上向善、知行合一；全面把握社会主义法律的本质、运行和体系，理解中国特色社会主义法治体系和法治道路的精髓，增进法治意识，养成法治思维，更好行使法律权利、履行法律义务，做到尊法学法守法用法，进而不断提升自身的思想品性。

第一章

角色品性

　　人在社会中生活，总要担当各种各样的角色。大学阶段，是人生发展的重要时期，是世界观、人生观、价值观形成的关键时期。怎样处理好理想与现实、个人与集体、竞争与合作、权利与义务、自由与纪律、友谊与爱情、学习与工作等方面的关系，做什么样的人，怎样做人，怎样的生活才有意义，怎样的人生追求才有价值等，这一系列的人生课题，都需要大学生去观察、思索、选择、实践。大学生步入人生新阶段，开启新征程，应确立新目标，应对自己担当的角色要求有清晰的认识。党的十九大提出了"培养担当民族复兴大任的时代新人"的战略要求。大学生应该以有理想、有本领、有担当为根本要求，夯实综合素质基础，着力提升思想道德素质和法治素养，践行社会主义核心价值观，展现新的风貌、新的姿态，成为中国特色社会主义事业的合格建设者和可靠接班人，成为走在时代前列的奋进者、开拓者、奉献者。

一、做有理想有本领有担当的时代新人

　　青年兴则国家兴，青年强则国家强。青年一代有理想、有本领、有担当，国家就有前途，民族就有希望。大学生是国家宝贵的人才资源，是民族的希望、祖国的未来，肩负着人民的重托、时代的重任。新时代的大学生朝气蓬勃、好学上进、视野宽广、开放自信，是大有作为的一代。大学生应坚定理想信

念、志存高远、脚踏实地，勇做时代的带头人，真正成为担当民族复兴大任的时代新人，承担起自己的时代责任和历史使命。

（一）要有崇高的理想信念，牢记使命，自信自励

"功崇惟志，业广惟勤。"理想指引人生方向，信念决定事业成败。崇高的理想信念是事业和人生的灯塔，决定我们的方向和立场，也决定我们的精神状态和实际行动，直接关系着人生目标的选择及人生价值的实现。没有崇高的理想信念，就会导致精神上的"软骨病"，勇气、意志与毅力都会出现严重问题，从而极易受到各种不良思想行为的诱惑、误导、传染，难以在时代洪流中成为中流砥柱，甚至被时代洪流所淘汰。中国梦是我们的共同理想，中国特色社会主义是党带领人民历经千辛万苦找到的实现中国梦的正确道路。从全面建成小康社会到基本实现现代化，再到全面建成社会主义现代化强国，是新时代中国特色社会主义发展的战略安排。建设社会主义现代化强国的任务书、时间表、路线图，为广大青年清晰指明了历史使命、奋斗目标和前进方向。大学生要有作为中华儿女的骄傲和自豪，爱党、爱国、爱社会主义，树立坚定的政治方向和远大的人生志向，坚定中国特色社会主义的道路自信、理论自信、制度自信、文化自信，把理想信念建立在对科学理论的理性认同上，建立在对历史规律的正确认识上，建立在对基本国情的准确把握上。大学生要保持对理想信念的激情和执着，将实现"两个一百年"奋斗目标、实现中华民族伟大复兴中国梦的历史使命内化为自觉的担当，外化为实际的行动，从容自信、坚持不懈。

（二）要有高强的本领才干，勤奋学习，全面发展

不断增强的本领才干，是青春焕发光彩的重要源泉。新时代大学生素质和本领的强弱，直接影响着民族复兴的进程。身

处日新月异的新时代，面对国内外环境发生的深刻变化，知识的更新周期大大缩短，大学生要有本领不够、才干不足的紧迫感，自觉加强学习、勤奋探索，在社会实践中全面发展。"学如弓弩，才如箭镞，识以领之，方能中鹄。"大学生既要惜时如金、孜孜不倦，下一番心无旁骛、静谧自怡的功夫，又要突出主干、择其精要，做到又博又专、愈博愈专；既打牢扎实基础，又及时更新知识；既刻苦钻研理论知识，又积极掌握实践技能；既向书本学，又向实践学；既向传统学，又向现代学，努力成为兼收并蓄、融会贯通、本领高强、全面发展的优秀人才。梦想从学习开始，事业靠本领成就。大学生应把学习作为首要任务，让勤奋学习成为青春远航的动力，让增长本领成为青春搏击的力量。

（三）要有天下兴亡、匹夫有责的担当精神，讲求奉献，实干进取

青春至美是担当，青年的担当是决定人生价值的最大砝码，是影响时代发展进程的重要力量。艰苦奋斗是中华民族的优良传统。我们越是接近中华民族的伟大复兴，越是更加需要艰苦奋斗。作为实现中华民族伟大复兴的生力军，大学生的担当精神体现为奉献祖国、服务人民，必须讲求奉献，实干进取，自觉树立国家意识、民族意识、责任意识，把个人前途命运与国家、民族的前途命运紧紧地联系在一起，在尽责集体、服务社会、贡献国家中实现人生理想和人生价值；应坚持实践第一、知行合一、求真务实、有为善为，勇于面对实际生活中的各种逆境挫折，刻苦勤奋、磨砺意志、躬身实践；应始终保持昂扬向上的乐观状态，富有求新求变的创新锐气，敢于站在时代前沿，引领潮流之先，以实干进取创造更大成就。

有信念、有梦想、有奋斗、有奉献的人生才是有价值的人

生。当代大学生建功立业的舞台空前广阔，梦想成真的前景无限光明，每个人都享有人生出彩的机会。当代大学生需要担当起党和人民赋予的历史重任，在激扬青春、开拓人生、奉献社会的进程中书写人生华章。

二、提升思想道德素质与法治素养

做有理想有本领有担当的时代新人，必须具备良好的思想道德素质和法治素养。思想道德素质和法治素养，是思想政治素质、道德素质和法治素养的有机融合，是新时代大学生必须具备的基本素质。

人的本质属性在于人的社会性。一个人要安身立命、成长成才、贡献社会，需要不断地调整自身与他人和社会的关系，不断实现人的社会化。其中最为重要的，就是要正确认识自己、认识他人、认识社会，学习掌握运用道德和法律规范，正确调整自己的行为。思想道德和法律都是调节人们思想行为、协调人际关系、维护社会秩序的基本杠杆。思想道德和法律虽然在调节领域、调节方式、调节目标等方面存在很大不同，但是二者都是上层建筑的重要组成部分，共同服务于一定的经济基础。在我国，中国特色社会主义思想道德建设和中国特色社会主义法治建设紧密联系、相互促进，为中国特色社会主义事业提供坚实的思想基础、精神支撑和法治保障。坚持和发展中国特色社会主义，既要发挥思想道德的引领和教化作用，又要发挥法律的规范和强制作用。一方面，思想道德为法律提供思想指引和价值基础。思想道德为法律的制定、发展和完善提供价值准则，是社会主义法律正当性和合理性的重要基础；思想道德能够促进人们自觉尊法学法守法用法，维护法律权威；思想道德调整社会关系的范围和方式更加广泛灵活，可以弥补法律调整的短板，与法律一道共同促进良好社会秩序的形成。另一方面，法律为思想道德提供制度保障。法律通过对思想道德的基本原则予以确认，为思想道德建设提供国家强制力保障。科学立法和民主立法，可以将思想道德有机融入法律体系，使法律具有鲜明道德导向，让法治成为良法善治；严格执法和公正司法，有利于维护社会公平正义，弘扬真善美、打击假恶丑，使思想道德要求在实践中得到切实遵循；全民普法和全民守法，有助于增强人们信守法律的思想道德水平，引导人们自觉履行法定义务、家庭责任、社会责任。

思想道德素质和法治素养是人应该具有的基本素质。思想道德素质是人们的思想观念、政治立场、价值取向、道德情操和行为习惯等方面品质和能力的综合体现，反映着一个人的思想境界和道德风貌，是促进个体健康成长、社会发展进步的重要保障。法治素养是指人们通过学习法律知识、理解法律本质、运用法治思维、依法维护权利与依法履行义务的素质、修养和能力，对于保证人们尊崇法治、遵守法律具有重要的意义。缺乏信仰的法律形同虚设。再多再好的法律，必须转化为人们的内心自觉才能真正为人们所遵行。良好的思想道德素质和法治素养，是在学习中升华、内省中完善、自律中养成、实践中锤炼的结果，同时也是大学生把握发展机遇、创造人生精彩的基础条件和宝贵资源。大学生应当通过理论学习和实践体验，牢固树立坚定的理想信念和正确的价值观念，陶冶高尚的道德情操，增强尊法学法守法用法的自觉性，不断提高自身的思想品性。

三、践行社会主义核心价值观

任何一个社会在一定的历史发展阶段上，都会形成与其根本制度和要求相适应的、主导全社会思想和行为的价值体系。人类社会发展的历史表明，对一个民族、一个国家来说，最持久、最深层的力量是全社会共同认可的核心价值观。社会主义核心价值观是当代中国精神的集中体现，凝结着全体人民共同的价值追求。大学生要深刻领会社会主义核心价值观的重要意义和科学内涵，自觉践行社会主义核心价值观，努力成为培育和弘扬社会主义核心价值观最积极、最活跃、最充分的青年先进代表。

（一）社会主义核心价值观的基本内容

核心价值观在一个社会的思想观念体系中处于主导地位，体现着社会制度、社会运行的基本原则和社会发展的基本方向。中华人民共和国成立以来特别是改革开放以来，中国共产党带领全国人民在经济、政治、文化和社会等方面建立了一套比较成熟的基本制度和体制，成功探索出了引领中国走向富强的中国特色社会主义道路。与这些基本制度和体制相适应，必然要求有一个主导全社会思想道德观念和行为方式的核心价值观。党的十八大提出，要倡导富强、民主、文明、和谐，倡导自由、平等、公正、法治，倡导爱国、敬业、诚信、友善，积极培育和践行社会主义核心价值观。这与中国特色社会主义发展的要求相契合，与中华优秀传统文化和人类文明的优秀成果相承接，是中国共产党凝聚全党全社会价值共识作出的重要论断。社会主义核心价值观的提出，鲜明确立了当代中国的核心价值理念，生动展现了中国共产党和中华民族高度的价值自信与价值自觉。

社会主义核心价值观把涉及国家、社会、公民的价值要求融为一体，体现了社会主义本质要求，继承了中华优秀传统文化，吸收了世界文明有益成果，体现了时代精神，是对我们要建设什么样的国家、建设什么样的社会、培育什么样的公民等重大问题的深刻解答。

富强、民主、文明、和谐。坚持和发展中国特色社会主义，实现中华民族伟大复兴的中国梦，凝结着中华民族和中国人民对富强、民主、文明、和谐的价值追求。这一价值追求回答了我们要建设什么样的国家的重大问题，揭示了当代中国在经济发展、政治文明、文化繁荣、社会进步等方面的价值目标，从国家层面标注了社会主义核心价值观的时代刻度。

自由、平等、公正、法治。反映了人们对美好社会的期望和憧憬，是衡量现代社会是否充满活力且和谐有序的重要标志。这一价值追求回答了我们要建设什么样的社会的重大问题，与实现国家治理体系和治理能力现代化的要求相契合，揭示了社会主义社会发展的价值取向。

爱国、敬业、诚信、友善。爱国才能承担时代赋予的使命，敬业才能创造更大的人生价值，诚信才能赢得良好的发展环境，友善才能形成和谐的人际关系。爱国、敬业、诚信、友善，这一价值追求回答了我们要培育什么样的公民的重大问题，涵盖了社会公德、职业道德、家庭美德、个人品德等各个方面，是每一个公民都应当遵守的道德规范。有了这样的价值追求，人们才能更好地处理个人与国家、社会、他人的关系，不断提升自己的人生境界。

培育和践行社会主义核心价值观，是有效整合我国社会意识、凝聚社会价值共识、解决和化解社会矛盾、聚合磅礴之力的重大举措，是保证我国经济社会沿着正确的方向发展、实现中华民族伟大复兴的价值支撑，意义重大而深远。2018 年 3 月，十三届全国人大一次会议通过的《宪法修正案》，把国家倡导社会主义核心价值观正式写入宪法，进一步凸显了社会主义核心价值观的重大意义。

（二）核心价值观自信从何而来

"一个民族、一个国家，必须知道自己是谁，是从哪里来的，要到哪里去，想明白了、想对了，就要坚定不移朝着目标前进。"〔1〕这种坚定不移朝着目标前进的精神状态，就是一个民族、一个国家高度自觉自信的状态。坚定的核心价值观自信，是中国特色社会主义道路自信、理论自信、制度自信和文化自信的价值内核。社会主义核心价值观丰厚的历史底蕴、坚实的现实基础、强大的道义力量为我们坚定核心价值观自信提供了充分的理由。

1. 社会主义核心价值观具有丰厚的历史底蕴

任何一种价值观都不可能凭空产生，总是有其特定的历史底色和精神脉络。牢固的核心价值观，都有其固有的根本。社会主义核心价值观不是无源之水、无本之木，其深深地根植于中华优秀传统文化，具有丰厚的历史底蕴。

中华优秀传统文化是涵养社会主义核心价值观的重要源泉，是中华民族的精神命脉。在世界几大古代文明中，中华文明之所以能够没有中断并延续发展至今，一个重要原因就是中华民族有一脉相承的精神追求、精神特质、精神脉络。2000多年前，中国就出现过诸子百家的盛况，老子、孔子、墨子等思想家广泛探讨人与人、人与社会、人与自然的关系，提出了包括孝悌忠信、礼义廉耻、仁者爱人、与人为善、天人合一、道法自然、自强不息等很多理念，至今仍然深深影响着中国人的生活。中华优秀传统文化强调"民惟邦本""天人合一""和而不同"；强调"天行健，君子以自强不息""大道之行也，天下为公"；强调"天下兴亡，匹夫有责"，主张以德治国、以文化人；强调"君子义然后取""君子坦荡荡""君子义以为质"；强调"人而无信，不知其可也"；强调"德不孤，必有邻""仁者爱人""与人为善""己所不欲，勿施于人""老吾老以及人之老，幼吾幼

---

〔1〕《习近平谈治国理政》（第1卷），外文出版社2018年版，第171页。

以及人之幼""扶贫济困""不患寡而患不均";等等。像这样的思想和理念，不论过去还是现在，都有其鲜明的民族特色，都有其永不褪色的时代价值。正如习近平所说，要"深入挖掘和阐发中华优秀传统文化讲仁爱、重民本、守诚信、崇正义、尚和合、求大同的时代价值，使中华优秀传统文化成为涵养社会主义核心价值观的重要源泉"。[1]

时至今日，大学生培育和弘扬社会主义核心价值观，必须从中华优秀传统文化中汲取丰富营养，深入中华民族历久弥新的精神世界，把长期以来我们民族形成的积极向上向善的思想文化充分继承和弘扬起来，反对复古论和虚无论两种极端观点，坚持历史唯物主义立场，坚持古为今用、推陈出新，有鉴别地加以对待，有扬弃地予以继承；继承优秀传统文化又弘扬时代精神，立足本国又面向世界，把跨越时空、超越国度、富有永恒魅力、具有当代价值的文化精神弘扬起来，把当代中国文化的创新成果传播出去。

2. 社会主义核心价值观具有坚实的现实基础

习近平指出："一个民族、一个国家的核心价值观必须同这个民族、这个国家的历史文化相契合，同这个民族、这个国家的人民正在进行的奋斗相结合，同这个民族、这个国家需要解决的时代问题相适应。"[2]我们所积极弘扬和践行的社会主义核心价值观，不仅与中华民族悠久灿烂的历史文化相契合，具有深厚的历史文化底蕴，而且同我们正在进行的中国特色社会主义建设实践相结合，同我们所要解决的时代问题相适应，具有坚实的现实基础。

中国特色社会主义建设是社会主义核心价值观的实践根据。

〔1〕《习近平谈治国理政》（第1卷），外文出版社2018年版，第164页。
〔2〕《习近平谈治国理政》（第1卷），外文出版社2018年版，第171页。

价值观是人类在认识、改造自然和社会的过程中产生并发挥作用的。不同民族、不同国家由于其自然条件和发展历程不同，产生和形成的核心价值观也各有特点。建设富强民主文明和谐美丽的社会主义现代化强国，实现中华民族伟大复兴，是近代以来中国人民最伟大的梦想，是中华民族的最高利益和根本追求，承载着几代中国共产党人的理想和探索，寄托着无数仁人志士的愿望和期盼，凝聚着千千万万革命先烈的奋斗和牺牲，是近代以来中国社会发展的必然选择，是历史和人民的选择。事实也雄辩地证明，要发展中国、稳定中国，要全面建成小康社会、加快推进社会主义现代化，实现中华民族伟大复兴，必须坚定不移坚持和发展中国特色社会主义。推进中国特色社会主义建设，必然要求有自己鲜亮的精神旗帜，有明确有力的价值引领。社会主义核心价值观生成于中国特色社会主义建设实践，与当今中国最鲜明的时代主题相适应，是当代中国精神的集中体现，是中国特色社会主义本质规定的价值表达。

中国特色社会主义建设也以无可辩驳的事实形象展示着社会主义核心价值观的蓬勃生机。改革开放以来，我们坚持走中国特色社会主义道路，在复杂的国内外形势下，抓住和用好我国发展的战略机遇期，我国综合国力、人民生活水平和国际影响力都迈上了新台阶，彰显了中国特色社会主义的巨大优越性和强大生命力。中国特色社会主义建设的成功经验，是对社会主义核心价值观正确性、可信性的检验。同时，中国特色社会主义建设的新推进，也不断为社会主义核心价值观注入丰富而鲜活的时代内涵。

3. 社会主义核心价值观具有强大的道义力量

社会主义核心价值观以其先进性、人民性和真实性而居于人类社会的价值制高点，具有强大的道义力量。

　　社会主义核心价值观的先进性，体现在它是社会主义制度所坚持和追求的核心价值理念。社会主义制度建立在生产资料公有制的基础之上，消灭了剥削制度，劳动人民成为国家的真正主人，是人类社会迄今为止最先进的社会制度。中国特色社会主义制度是科学社会主义原则与中国实际的创造性结合，至今仍在不断地改革、完善和发展之中。中国特色社会主义所取得的开创性成就使得科学社会主义在 21 世纪的中国焕发出强大生机活力，为人类探索更加美好的社会制度提供了宝贵的中国智慧和中国方案。社会主义核心价值观反映着我国社会主义基本制度的本质要求，渗透于经济、政治、文化、社会、生态建设的各个方面，是我国社会主义制度的精神之魂。作为人类社会最为先进社会制度的本质规定在价值层面的集中反映，社会主义核心价值观代表着当今时代人类社会的价值制高点。

　　社会主义核心价值观的人民性体现在它所代表的最广大人民的根本利益，反映的最广大人民的价值诉求，引导着最广大人民为实现美好社会理想而奋斗。马克思主义最根本的政治立场，就是始终站在广大劳动人民的立场上，以广大劳动人民的解放为旨归，竭尽全力为人民求福利、谋利益。马克思、恩格斯指出："过去的一切运动都是少数人的，或者为少数人谋利益的运动。无产阶级的运动是绝大多数人的，为绝大多数人谋利益的独立的运动。"[1]与此相应，人民性是以马克思主义为理论基础、以社会主义运动为实践根据的社会主义核心价值观的根本特性。在引导中国特色社会主义建设的进程中，中国共产党也反复强调，人民是历史的创造者，要践行全心全意为人民服务的根本宗旨，坚持以人民为中心、坚持人民当家作主，把人

---

　　[1]《马克思恩格斯文集》（第 2 卷），人民出版社 2009 年版，第 42 页。

民对美好生活的向往作为奋斗目标；强调中国共产党人的初心和使命，就是为中国人民谋幸福，为中华民族谋复兴。鲜明的人民性，使得社会主义核心价值观具有强大的道义感召力。

社会主义核心价值观的道义力量还源于它的真实性。在人类社会发展进程中，许多统治阶级都曾提出了不少看上去非常美好的价值理念，其中有些在历史上也发挥了很大的积极作用，但由于其历史和阶级的局限性，这些美好的价值理念未能彻底地、真正地实现。民主、自由、博爱等是资产阶级时刻挂在嘴边的价值理念。但正如列宁所言："资产阶级民主同中世纪制度比较起来，在历史上是一大进步，但它始终是而且在资本主义制度下不能不是狭隘的、残缺不全的、虚伪的、骗人的民主，对富人是天堂，对被剥削者、对穷人是陷阱和骗局。"[1]人民当家作主的社会主义制度，则为社会主义核心价值观的真正实现奠定了根本的制度前提和制度保障，使得自由、民主、公正等价值观成为真切、具体、广泛的现实。

坚定社会主义核心价值观自信，要求大学生充分认识社会主义核心价值观的优越性及其在实现中国梦的奋斗中所具有的重大意义，自觉以社会主义核心价值观来引领前行的方向；要求大学生自觉以社会主义核心价值观引领多样化的社会思潮，运用马克思主义客观辩证地分析各种错误价值观的实质，增强抵御错误价值观侵蚀的能力；要求大学生在发展的进程中虚心学习借鉴人类社会创造的一切文明成果，但不能数典忘祖，不能照抄照搬别国的发展模式，也绝不会接受任何外国颐指气使的说教。

（三）做社会主义核心价值观的积极践行者

"有青春之民族，斯有白首之民族，有青春之国家，斯有白

---

〔1〕《列宁选集》（第3卷）（第3版），人民出版社1995年版，第601页。

首之国家。"青年的价值取向，既关系着自己的健康成长成才，又决定着未来整个社会的价值取向。青年是引风气之先的社会力量。要在全社会培育和弘扬社会主义核心价值观，则需要大学生始终走在时代前列，成为社会主义核心价值观的坚定信仰者、积极传播者、模范践行者。

1. 人生的扣子从一开始就要扣好

大学生在高校生活，少则三到四年，多则九到十年，正处在人生成长的关键时期，知识体系搭建尚未完成，价值观塑造尚未成型，情感心理尚未成熟，需要加以正确引导。这好比小麦的灌浆期，这个时候阳光水分跟不上，就会耽误一季的庄稼。青年的价值取向决定了未来整个社会的价值取向，而青年又处在价值观形成和确立的时期，抓好这一时期的价值观养成十分重要。正如习近平指出："这就像穿衣服扣扣子一样，如果第一粒扣子扣错了，剩余的扣子都会扣错。人生的扣子从一开始就要扣好。"[1]

大学生的成长成才和全面发展，离不开正确价值观的引领。当今世界和当代中国都处于大变革之中。这种变革反映到人们的思想观念中，自然会产生多种多样的思想理论和价值理念。面对世界范围内各种思想文化交流、交融、交锋的新形势，面对整个社会思想价值观念呈现多元多样、复杂多变的新特点，大学生健康成长成才更加需要正确价值观的引领。正确的价值观能够引导大学生把人生价值追求融入国家和民族事业，始终站在人民大众立场，同人民一道拼搏、同祖国一道前进，服务人民、奉献社会，努力成为中国特色社会主义事业的合格建设者和可靠接班人。

---

〔1〕《习近平谈治国理政》（第 1 卷），外文出版社 2018 年版，第 172 页。

核心价值观的养成绝非一日之功。大学生要坚持由易到难、由近及远，从现在做起，从自己做起，努力把核心价值观的要求变成日常的行为准则，形成自觉奉行的信念理念，并身体力行大力将其推广到全社会去，为实现国家富强、民族振兴、人民幸福的中国梦凝聚强大的青春能量。

2. 勤学修德明辨笃实

"一种价值观要真正发挥作用，必须融入社会生活，让人们在实践中感知它、领悟它。"[1]这就要求在培育和弘扬的过程中，下好落细、落小、落实的功夫。对于大学生而言，就是要切实做到勤学、修德、明辨、笃实，使社会主义核心价值观成为一言一行的基本遵循。

第一，勤奋学习。知识是树立社会主义核心价值观的重要基础。大学生正处于学习科学知识的黄金时期，要下得苦功夫，求得真学问，把学习作为一种精神追求、一种生活方式，以韦编三绝、悬梁刺股的毅力，以凿壁借光、囊萤映雪的劲头，努力扩大知识半径，既读有字之书，也读无字之书，砥砺道德品质，掌握真才实学，练就过硬本领。要努力掌握马克思主义理论，形成正确的世界观和科学的方法论，深化对社会主义核心价值观的认知认同。

第二，崇德修身。人无德不立。蔡元培曾经说过："若无德，则虽体魄智力发达，适足助其为恶。"道德之于个人、之于社会，都具有基础性意义，做人做事第一位的是崇德修身。"核心价值观，其实就是一种德，既是个人的德，也是一种大德，就是国家的德、社会的德。国无德不兴，人无德不立。"[2]一个人只有明大德、守公德、严私德，其才方能用得其所。修德，既

---

〔1〕《习近平谈治国理政》（第 1 卷），外文出版社 2018 年版，第 165 页。
〔2〕《习近平谈治国理政》（第 1 卷），外文出版社 2018 年版，第 168 页。

要立意高远，又要立足平实。要立志报效祖国、服务人民，这是大德，养大德者方可成大业。同时，还得从做好小事、管好小节开始起步，"勿以善小而不为，勿以恶小而为之"，踏踏实实修好公德、私德，学会助人、学会谦让、学会宽容、学会自律。

第三，明辨是非。培育和践行社会主义核心价值观，要增强自己的价值判断力和道德责任感，辨别什么是真善美、什么是假恶丑，自觉做到常修善德、常怀善念、常行善举。当前，在一些领域和一些人当中，价值判断没有了界限，丧失了底线，甚至以假乱真、以丑为美、以耻为荣。大学生一定要正视价值观选择和道德责任感，强化判断，善于明辨是非，善于决断选择，旗帜鲜明地弘扬真善美、贬斥假恶丑，树立正确导向，澄清模糊认识，匡正失范行为，自觉做良好道德风尚的建设者、社会文明进步的推动者。

第四，久久为功。道不可坐论，德不能空谈。于实处用力，从知行合一上下功夫，核心价值观才能内化为人们的精神追求，外化为人们的自觉行动。《礼记》中说："博学之，审问之，慎思之，明辨之，笃行之。"青年有着大好机遇，关键是要迈稳步子、夯实根基、久久为功。心浮气躁，朝三暮四，学一门丢一门，干一行弃一行，无论为学还是创业，都是最忌讳的。"天下难事，必作于易；天下大事，必作于细。"成功的背后，永远是艰辛努力。青年要把艰苦环境作为磨炼自己的机遇，把小事当作大事干，一步一个脚印往前走。千里之行，始于足下。只要坚韧不拔、百折不挠，成功就一定在前方等你。

培育和践行社会主义核心价值观，既要目标高远，保持定力，不懈奋进，又要脚踏实地，严于律己，精益求精，将社会主义核心价值观转化为人生的价值准则，勤学以增智、修德以立身、明辨以正心、笃实以为功。

第二章

奉献品性

习近平同青年大学生座谈时强调："要树立正确的世界观、人生观、价值观，掌握了这把总钥匙，再来看看社会万象、人生历程，一切是非、正误、主次，一切真假、善恶、美丑，自然就洞若观火、清澈明了，自然就能作出正确判断、作出正确选择。"[1] 大学生思考和规划自己的人生之路，首先要学会科学看待人生的根本问题，认识个人与社会的辩证关系，掌握人生观的基本理论。马克思指出："人的本质不是单个人所固有的抽象物，在其现实性上，它是一切社会关系的总和。"[2] 人的本质属性在于人的社会性。人的社会属性决定了人生的价值首先在于奉献。新时代大学生应认识到个人价值与社会价值的内在联系，树立服务人民、奉献社会的人生观，真正地关心他人和社会，必要时刻勇于牺牲自我，在为社会和他人的无私奉献中创造有价值的人生。

一、个人与社会的辩证关系

人是社会的人，每一个人都存在和活动于具体的、基于特定历史的现实社会当中。人的本质属性在于人的社会性。人生历程与复杂多样的社会关系和社会活动密不可分。个人与社会的关系问题是认识和处理人生问题的重要着眼点和出发点。

---

〔1〕《习近平谈治国理政》（第 1 卷），外文出版社 2018 年版，第 173 页。

〔2〕《马克思恩格斯文集》（第 1 卷），人民出版社 2009 年版，第 501 页。

（一）个人与社会是对立统一的关系，两者相互依存、相互
　　　制约、相互促进

社会是由现实的人组成的，离开了人就没有社会，社会是人的存在形式。同时，人是社会的人，离开了社会人也无法生活。社会犹如一个富有生命和活力的有机体，个人就像这个有机体中的细胞。一方面，只有有机体的所有细胞都充满活力，这个有机体才能生机勃勃。另一方面，细胞如果脱离了有机体，也将失去赖以存在的必要条件。因此，社会成员素质的不断提高是社会发展的前提基础，推动和实现人的全面发展是社会发展的根本目标。

（二）个人与社会的关系，最根本的是个人利益与社会利益
　　　的关系

社会需要是个人需要的集中体现，是社会全体成员带有根本性、全局性、长远性需要的反映。个人利益的满足只能是在一定的社会条件下、通过一定的社会方式来实现。社会主义社会的经济基础决定了个人利益与社会利益在根本上是一致的。社会利益离不开个人利益，个人利益也离不开社会利益。当然，社会利益不是个人利益的简单相加，而是所有人利益的有机统一。社会利益体现了作为社会成员的个人的根本利益和长远利益，是个人利益得以实现的前提和基础，同时它也保障和实现着个人利益。

（三）人的社会性决定了人只有在推动社会进步的过程中，
　　　才能实现人生价值

如果人人都只关心自己的利益，甚至以损害他人利益、社会利益的方式满足一己之私，那么人们赖以生存的社会不仅难以发展进步，还将最终因私欲的膨胀而走向崩溃。大学生思考人生问题，应该正确认识和处理个人与社会的关系，把小我和

大我更好地统一起来，把自己的人生追求同社会的发展进步紧密结合起来，在为社会作贡献的过程中成长进步，实现人生价值。

二、树立服务人民、奉献社会的人生观

历史上，人们对人生目的的探索从未停止过，古今中外的思想家们留下了无数的答案。在各式各样的关于人生目的的思想中，高尚的人生目的总是与奋斗奉献联系在一起。大学生只有把自己的人生目的与国家前途、民族命运、人民幸福联系在一起时，才能自觉自愿地为社会、他人奉献一生。

（一）树立科学高尚的人生观

"服务人民、奉献社会"的思想以其科学而高尚的品质，代表了人类社会迄今为止最先进的人生追求。现实的人是社会历史的主体，是社会物质财富和精神财富的创造者，是社会变革的决定力量，如毛泽东所讲，"人民，只有人民，才是创造世界历史的动力"。[1]服务人民、奉献社会的人生追求，以历史唯物主义关于人民群众是历史的创造者的基本观点为理论基础，指明了人在成长和发展过程中应确立的人生目标和方向。在不同的历史时期，中国共产党人将马克思主义与中国革命、建设、改革的具体实际相结合，阐述了倡导服务人民和奉献社会的人生观的深刻道理。无论在革命战争年代，还是在和平建设时期，服务人民、奉献社会这一高尚的人生追求，熏陶、感染了一代代革命者和建设者，对中国革命、建设、改革事业产生了重要的推动作用。大学生要把为国家和人民事业无私奉献作为人生的最高追求，在服务他人、奉献社会中收获成长和进步。

一个人确立了服务人民、奉献社会的人生追求，才能清楚

---

〔1〕《毛泽东选集》（第3卷）（第2版），人民出版社1991年版，第1031页。

地把握人的生命历程和奋斗目标，深刻理解人为了什么而活、应走什么样的人生之路等道理。人的能力有大小、职业有不同、职位有高低，但只有自觉把个人之小我融入社会之大我，不以物喜，不以己悲，才能够在推动社会进步中创造不朽的业绩。一个人确立了服务人民、奉献社会的人生追求，才能以正确的人生态度对待人生境遇、解决实际生活中的各种问题，以人民利益为重，始终对祖国和人民具有高度的责任感，在服务人民、奉献社会中实现人生价值。一个人确立了服务人民、奉献社会的人生追求，才能掌握正确的人生价值标准，才能懂得人生的价值首先在于奉献，自觉用真善美来塑造自己，努力成为一个高尚的人。

（二）确立积极进取的人生态度

人生态度能够为人生目的的达成提供持续不断的心理能量。没有积极进取的人生态度，再崇高的人生目标也难以真正实现。走好人生之路，需要大学生正确认识、处理生活中各种各样的困难和问题，保持认真务实、乐观进取的人生态度。

1. 人生须认真

人生如看书，有的人稀里糊涂、囫囵吞枣很快就将一本书翻完了，结果收获甚少。以认真的态度对待人生，就是要严肃思考人的生命应有的意义，明确生活目标和肩负的责任，既要清醒地看待生活，又要积极认真地面对生活。虽然人生道路很长，但关键处只有几步；虽然人生问题很复杂，但要害在于把握住最基本的东西。大学生要学会对自己负责，对亲人负责，对周围的人和更多的人负责，进而对民族、国家、社会负责，做一个有价值、负责任的人。要正确认识和处理人生中遇到的各种问题，不能得过且过、游戏人生，否则就会虚掷光阴，甚至误入歧途。

2. 人生当务实

空谈误国，实干兴邦。大学生要从人生的实际出发，以科学的态度看待人生，以务实的精神创造人生。要把远大的理想寓于具体的行动中，不能好高骛远、空谈理想、眼高手低、浅尝辄止，否则就会脱离实际、一事无成。要坚持实事求是的思想方法和人生态度，正确面对人生目的与现实生活之间的矛盾，遵循客观规律，透过复杂现象抓住事物的本质，更好地把人生意愿与自身情况和社会实际结合起来，从小事做起，从身边的事做起，脚踏实地、一步一个脚印地走好人生路。

3. 人生应乐观

开朗乐观、热爱生活、对人生充满自信，体现了对自己、对生活、对社会的积极态度，这种态度是人们承受困难和挫折的心理基础。人生不如意，十有八九。大学生处于人生特定的成长阶段，面对学习、就业、恋爱等各种实际问题，许多事情不会总是尽如人意，也可能有失望和暂时的困难、挫折。大学生要始终保持乐观向上的人生态度，不能因为没有满足自己的期望或者遇到困难和挫折，就消极悲观、畏难退缩，甚至颓废堕落、自暴自弃。"山重水复疑无路，柳暗花明又一村。"大学生要在生活实践中不断调整心态，磨炼意志，形成乐观向上的人生态度。

4. 人生要进取

逆水行舟，不进则退。人生实践是一个创造的过程。适应历史发展的趋势，以开拓进取的态度迎接人生的各种挑战，才能不断领悟美好人生的真谛，体验生活的快乐和幸福。"自信人生二百年，会当击水三千里。"大学生要积极进取，不断丰富人生的意义，不能贪图安逸、满足现状、因循守旧、故步自封，否则人生就会失去应有的光彩。

（三）正确评价与实现人生价值

人生的意义，需要从人生价值的角度进行审视和评价。对人生价值及其相关问题的正确认识，是人们自觉朝着选定的目标努力，以全部的情感、意志、信念去创造有价值的人生的重要前提。

1. 正确评价人生价值

人的社会性决定了人生的社会价值。评价人生价值的根本尺度，是看一个人的实践活动是否符合社会发展的客观规律，是否促进了历史的进步。在今天，衡量人生价值的标准，最重要的就是看一个人是否用自己的劳动和聪明才智为国家和社会真诚奉献，为人民群众尽心尽力服务。客观、公正、准确地评价社会成员人生价值的大小，除了要掌握科学的标准外，还需要掌握恰当的评价方法。

第一，坚持能力有大小与贡献须尽力相统一。每个人的职业不同、能力大小不同，对社会贡献的绝对量也不同，不能简单地认为能力大的人就实现了人生价值，能力小的人就没有实现人生价值。考察一个人的人生价值，要把个人对社会的贡献同他的能力以及与能力相对应的职责联系起来。任何人只要在自己的岗位上尽职尽责，兢兢业业，就应该对他的人生价值给予积极肯定的评价。

第二，坚持物质贡献与精神贡献相统一。人的生产劳动是物质生产劳动和精神生产劳动的统一及两种生产劳动成果的相互转化。社会的发展与进步是物质文明和精神文明的共同发展与进步。评价人生价值，既要看一个人对社会作出的物质贡献，也要看他对社会作出的精神贡献。

第三，坚持完善自身与贡献社会相统一。人生的社会价值是实现人生自我价值的基础，评价人生价值的大小应主要看一个人对社会所作的贡献，但这并不意味着要否认人生的自我价值。人的自我完善和全面发展、人生自我价值的实现，是社会发展的根本目标；而人生自我价值的实现，是个体为社会创造更大价值的前提。

2. 人生价值的实现条件

人创造环境，同样环境也创造人。人的实践活动从来都不是随心所欲的，任何人都只能在一定的主客观条件下去实现自己的人生价值。因此，正确把握人生价值实现的条件至关重要。

第一，实现人生价值要从社会客观条件出发。人生价值是在社会实践中实现的，人的创造力的形成、发展和发挥都要依赖于一定的社会客观条件。人类历史上，许多有抱负有才能的人之所以未能实现自己的人生价值追求，就是因为缺乏一定的社会客观条件。一般说来，随着社会的进步，人生价值实现的社会客观条件也在不断改善。改革开放以来，我国经济社会发展取得的巨大成就，中国特色社会主义制度的自我完善和发展，为人们实现人生价值提供了有利条件和机遇。大学生要珍惜历史机遇，把自己的人生追求建立在正确把握当今中国社会发展实际的基础上，努力实现自己的人生价值。

第二，实现人生价值要从个体自身条件出发。人的自身条件会有一定的差异，某一个具体的价值目标，对这个人来说是恰当的、比较容易实现的，而对另一个人来说却未必如此。大学生正处在风华正茂的最好时期，每天都有新收获，每天都有新期待。在这样一个特殊阶段，大学生或多或少会受自身社会经验偏少、知识储备不够等方面的限制，容易把主观的想象当作对自身条件的认知。因此，大学生要针对自己成长成才过程的实际，注重完善知识结构、丰富社会实践，努力客观认识自己，实事求是地把握影响人生价值实现的自身条件。

第三，不断增强实现人生价值的能力和本领。人在实现人生价值的过程中不可避免地要受到客观条件的限制，但这并不是说，人的主观努力就不起作用。事实上，个人的主观努力，在相当大的程度上也决定着人生价值实现的程度。人的潜力无限，人的能力具有累积效应，能够通过学习、锻炼而得以提升。大学生可塑性强，可以通过各种方式和途径，全面提高自身的综合素质和能力，努力创造实现人生价值的良好条件。

三、创造有价值的人生

社会实践是科学理论、创新思维的源泉，是检验真理的试金石，也是青年锻炼成长的有效途径。美好的人生目标要靠社会实践才能转化为现实。人生之所以有价值，是因为人能够自觉地、有意识地认识和改造客观世界与主观世界，创造物质财富和精神财富，通过创造性的社会实践把人生提升到一个更高的境界。因此，社会实践是实现人生价值的必由之路。大学生要在服务人民、奉献社会人生观的指引下，辩证对待人生矛盾，自觉抵制错误观念，创造有价值的人生。

（一）辩证对待人生矛盾

"路漫漫其修远兮，吾将上下而求索。"大学生的人生成长之路还很长，未来前进途中，有丽日也有风雨，有喜悦也有哀伤。大学生要科学认识实际生活中的各种问题，勇敢面对和正确处理各种人生矛盾。

1. 树立正确的幸福观

幸福都是奋斗出来的。"奋斗本身就是一种幸福。只有奋斗的人生才称得上幸福的人生。"[1]奋斗者是精神最为富足的人，

---

[1]　习近平："在2018年春节团拜会上的讲话"，载《人民日报》2018年2月15日。

也是最懂得幸福、最享受幸福的人。什么是人生的真正幸福，追求什么样的幸福，通过什么样的方式实现幸福，是大学生应该认真思考的人生课题。首先，幸福是一个总体性范畴，它意味着人总体上生活得美好，家庭和睦、职业成功、行为正当、人格完善等都是幸福的重要因素。幸福总是相对的，不是尽善尽美的，不同的人有不同的幸福标准。追求幸福的过程就是不满足于现状、不断追求和创造更美好生活的过程。幸福不会从天而降，都是努力奋斗的结果。其次，实现幸福离不开一定的物质条件，物质需要的满足、物质生活的富足是幸福的重要方面，但人的幸福不能仅仅局限于物质方面，精神需要的满足、精神生活的充实也是幸福的重要方面。在追求物质生活水平提高的同时，要更加注重追求德性和人格的高尚，注重追求健康向上的精神生活。最后，在追求幸福的过程中，大学生不能将自己的幸福建立在损害社会整体和他人利益的基础上。人只有在为社会作贡献、为他人服务的过程中，才能获得幸福所需要的环境和条件，产生更大的幸福感，实现个人幸福与社会进步的相得益彰。

2. 树立正确的得失观

如何认识和对待人生发展过程中的得与失这对矛盾，对一个人走好人生之路、实现人生价值有重要影响。大学生要以乐观进取的态度去面对生活中的成败得失，使一时的成败得失成为人生的财富而不是人生的包袱。首先，不要拘泥于个人利益的得失。个人利益的得失只能部分地衡量人生价值的大小，在奉献社会中才能实现更大的人生价值。只有跳出对狭隘利益的计较，才能赢得他人和社会的尊重。其次，不要满足于一时的得。一个人如果总是满足于一时的得，往往会停步在小小的成功和已有的成绩之上，放弃接下来的努力，以致造成最后的失败。生活从不眷顾因循守旧、满足现状者，从不等待不思进取、坐享其成者，而是将更多机遇留给勇于创新创造的人们。最后，不要惧怕一时的失。正所谓"吃一堑，长一智"，"塞翁失马，焉知非福"。在失意之际坚持不懈，在坎坷之时不断努力，这样的人生才能更有意义。

3. 树立正确的生死观

生命的历程是一个从生到死的过程，有生必有死，这是恒常不变的自然现象。生与死是贯穿人生始终的一对基本矛盾。从一定意义上说，正是因为生命短暂，每个人只有一次生命，才更显示了人生的弥足珍贵。如何认识、对待生与死，体现了一个人人生境界的高低，更直接影响着他的实际生活。大学生要牢固树立生命可贵的意识，倍加爱护自己和他人的生命，理性面对生老病死的自然规律，努力使自己的生命绽放人生应有的光彩。同时，孔子谓"杀身成仁"，孟子曰"舍生取义"，司马迁认为"人固有一死，或重于泰山，或轻于鸿毛"，这些千古名句说明人的生命是有限的，而生命的价值却是无限的。我们无法增加生命的长度，但却能追求生命应有的厚度。大学生应珍惜韶华，在服务人民、奉献社会中开发出生命所蕴藏的巨大潜能，努力给有限的个体生命赋予更大价值。

（二）反对错误人生观

由于受国内外各种错误思潮、腐朽观念等因素的影响，现实中还存在拜金主义、享乐主义和极端个人主义等种种错误观念和看法。这些错误人生观容易侵蚀大学生的心灵，不利于大学生树立科学高尚的人生观。大学生要学会思考、善于分析、正确抉择，认清这些错误思想观念的实质，警惕和自觉抵制它们的侵蚀。

1. 反对拜金主义

金钱作为物质财富，为人所创造并为人服务。人应当是金钱的主人，而不是金钱的奴隶；应当依靠自己的劳动创造财富，合理合法获取金钱。同时，金钱不是万能的，生活中还有许多远比金钱更有意义的东西值得我们去追寻。正如挪威剧作家易卜生所说："金钱能买来食物，却买不来食欲；金钱能买来药品，却买不来健康；金钱能买来熟人，却买不来朋友；金钱能用来奉承，却带不来信赖。"拜金主义是一种认为金钱可以主宰一切，把追求金钱作为人生至高目的的腐朽观念。拜金主义思想源远流长，但其作为一种社会思潮却是伴随着资本主义的发展而形成的，这种思潮至今还对一些人思考和认识人生目的产生着不可忽视的影响。拜金主义将金钱神秘化、神圣化，视金钱为圣物，把追逐和获取金钱作为人生的目的和生活的全部意义，金钱成为衡量人生价值的唯一标准。迷陷于拜金主义，并由此确立人生目的，其危害显而易见，个人生命的意义就会如人们所形容的那样，"可怜到只剩下钱了"；人与人之间除了赤裸裸的利益关系、冷酷无情的金钱交易，再没有其他的关系，人的尊严和情感被淹没在金钱的铜臭之中。因此，大学生要反对拜金主义人生观。

2. 反对享乐主义

健康有益的、适度的物质生活和文化生活，是人的正当需要，也有利于促进经济社会的发展。享乐主义是一种把享乐作为人生目的，主张人生就在于满足感官的需求与快乐的思想观念。把享乐尤其是感官的享乐变成人生的唯一目的，作为一种"主义"去诠释人生的根本意义，是对人的需要的一种极端错误理解。有的大学生用父母辛苦劳作挣来的血汗钱追逐名牌和奢侈品，盲目攀比，在消费上超出自己的承受能力，有的甚至因此负债累累、违法犯罪。这些错误的观念和行为，不仅危害大学生的健康成长，而且败坏社会风气。

3. 反对极端个人主义

个人主义主张个人本身就是目的，具有最高价值，社会和他人只是达到个人目的的手段，是以个人利益为出发点和归宿的一种思想体系和道德原则。它是生产资料私有制的产物，是资产阶级人生观的核心。在资产阶级革命的早期，在争取个人权利和自由、反对封建专制方面，个人主义具有一定的积极意义，但是一些敏锐的资产阶级思想家很早就已经意识到它同时还具有销蚀社会的一面。极端个人主义是个人主义的一种表现形式，它突出强调以个人为中心，在个人与他人、个人与社会的关系上表现为极端利己主义和狭隘功利主义。大学生应旗帜鲜明地予以反对。

拜金主义、享乐主义、极端个人主义等错误的人生观，没有正确把握个人与社会的辩证关系，忽视或否认社会性是人的存在和活动的本质属性，对人的需要的理解极端、狭隘和片面，其出发点和落脚点都是一己之私利。大学生应当顺应时代潮流，认清这些错误思想和腐朽观念的实质，选择并追求高尚的人生目的，在服务人民、奉献社会的人生实践中完善自我，创造人生的美好价值。

（三）成就出彩人生

当代大学生担当新时代赋予的历史责任，应当与历史同向、与祖国同行、与人民同在，在服务人民、奉献社会的实践中创造有意义的人生。

1. 与历史同向

历史车轮滚滚向前，时代潮流浩浩荡荡。历史只会眷顾坚定者、奋进者、搏击者，而不会等待犹豫者、懈怠者、畏难者。

当代大学生要正确认识世界和中国的发展大势，尊重顺应历史的选择和人民的选择，准确把握中国发展的重要战略机遇期，提升民族自信心，增强时代责任感，与历史同步伐，与时代共命运。

2. 与祖国同行

青年只有自觉将人生目标同国家和民族的前途命运紧紧联系在一起，才能最大限度地实现人生价值。回溯历史，五四运动时期，青年学生勇立时代潮头，为救亡图存奔走呐喊；新民主主义革命时期，为国捐躯的青年典范不胜枚举；中华人民共和国成立以来，更有无数青年学生积极投身社会主义现代化建设事业，勇于开拓进取。当代中国正处于中华民族伟大复兴的关键时期，建设社会主义现代化强国任重道远。大学生要正确认识国家和民族赋予的历史使命，自觉与国家和民族共奋进、同发展。

3. 与人民同在

人民群众是历史的创造者，是国家的主人。大学生要在为人民服务的实践中实现人生价值。只有走与人民群众相结合的道路，向人民群众学习，从人民群众中汲取营养，做中国最广大人民根本利益的维护者，才能使自己的人生大有作为。青春只有一次，当一个人在青年时就把自己的人生与人民的事业紧密相连，他所创造的就是多彩的青春。

青年兴则国家兴，青年强则国家强。在当今中国，最重要的社会实践，就是全面建成小康社会、加快推进社会主义现代化强国、实现中华民族伟大复兴的实践。大学生要坚持理论联系实际，积极投身社会实践，在基层一线砥砺品质，在同人民群众的密切联系中锤炼作风，在解决实际问题的过程中增长才干，不断提高实践能力、创新能力，在无私奉献中实现最大的人生价值。

第三章

理想品性

　　理想信念是人的精神世界的核心，是人精神上的"钙"。没有理想信念，理想信念不坚定，精神上就会"缺钙"。一个人精神上"缺钙"，就容易精神空虚甚至陷入心灵荒漠，既不可能感受精神生活的丰满充实，更不可能承担时代所赋予的历史重任。追求远大理想、坚定崇高信念，是大学生健康成长、成就事业、开创未来的精神支柱和前进动力。

一、理想信念是精神之"钙"

　　理想指引方向，信念决定成败。如果说社会是大海，人生是小舟，那么理想信念就是引航的灯塔和远航的风帆。没有理想信念的人生，就像失去了方向和动力的小船，在生活的波浪中随处漂泊，甚至会沉没于急流之中。理想信念是人生发展的内在动力。在大学期间，大学生不仅要提高知识水平，增强实践才干，更要坚定崇高的理想信念。

　　（一）理想信念昭示奋斗目标

　　人生是一个在实践中奋斗的过程。要使生命富有意义，就必须在科学的理想信念指引下，沿着正确的人生道路前进。理想信念是人的思想和行为的定向器，一旦确立就可以使人方向明确、精神振奋，即使前进的道路曲折、人生的境遇复杂，也能使人看到未来的希望和曙光，永不迷失前进的方向。只有理想信念坚定的人，才能始终不渝、百折不挠，坚定不移为实现既定目标而奋斗。人的理想信念，反映的是对社会和人自身发展的期望。因此，有什么样的理想信念，就意味着以什么样的期望和方式去改造自然和社会，塑造和成就自身。只有树立起崇高的理想信念，才能够解答好人生的意义、奋斗的价值以及做什么样的人等重要的人生课题。

（二）理想信念提供前进动力

远大的志向如太阳，唯其大，才有永不枯竭的热能。一个人有了崇高坚定的理想信念，才会以惊人的毅力和不懈的努力成就事业。与此相反，一个人如果没有崇高坚定的理想信念，就有可能浑浑噩噩、庸庸碌碌、虚度一生，甚至腐化堕落、走上违法犯罪的道路。无数杰出人物之所以能在平凡的岗位上做出不平凡的业绩，在极其困难的条件下创造奇迹，一个重要的原因就在于他们具有崇高坚定的理想信念，从而具有乘风破浪、锲而不舍的动力。大学时期确立的理想信念，对今后的人生之路将产生重大影响，甚至会影响终身。大学生人生目标的确立、生活态度的形成、知识才能的丰富、发展方向的设定、工作岗位的选择，以及如何择友、如何面对挫折、如何克服困难等问题的解决，都离不开理想信念的指引和激励。大学生应当重视理想信念的选择和确立，努力树立科学崇高的理想信念，使人生道路越走越宽广。

（三）理想信念提高精神境界

理想信念是衡量一个人精神境界的重要标尺。理想信念作为人的精神世界的核心，一方面能使人的精神生活的各个方面统一起来，使人的精神世界成为一个健康有序的系统，避免精神空虚和迷茫；另一方面又能引导人们不断地追求更高的人生目标，并在追求和实现理想目标的过程中提升精神境界、塑造高尚人格。在追求理想和实现理想的过程中，人们要不断面对各种挑战、抵御各种诱惑、突破各种局限、克服各种困难。这个过程是人的精神世界从狭隘走向高远、从空虚走向充实、从犹疑走向执着的过程，也是一个人沿着自我成长和完善的阶梯不断攀登、逐步提升精神境界的过程。

大学生只有树立崇高的理想信念，才能激发起为民族复兴和人民幸福而发愤学习的强烈责任感与使命感，掌握建设祖国、服务社会的本领。不论今后从事什么职业，大学生都要把个人的奋斗志向同国家和民族的前途命运紧紧联系在一起，把个人的学习进步同祖国的繁荣昌盛紧紧联系在一起，使理想信念之花结出丰硕的果实。

二、树立崇高的理想信念

要实现国家富强、民族复兴、人民幸福，离不开崇高理想信念的有力支撑。新时代大学生应当确立马克思主义的科学信仰，树立共产主义的远大理想和中国特色社会主义共同理想。

（一）确立马克思主义信仰

坚定的理想信念，必须建立在对马克思主义的深刻理解上，建立在对历史规律的深刻把握上。马克思主义作为我们立党立国的根本指导思想，是近代以来中国历史发展的必然结果，是中国人民长期探索的历史选择，也是由马克思主义严密的科学体系、鲜明的阶级立场和巨大的实践指导作用决定的。大学生只有确立马克思主义的科学信仰，才能真正确立崇高的理想信念。

1. 马克思主义体现了科学性和革命性的统一

马克思主义深刻揭示了自然界、人类社会、人类思维发展的普遍规律，为人类社会发展进步指明了方向；马克思主义坚持实现人民解放、维护人民利益的立场，以实现人的自由而全面的发展和全人类解放为己任，反映了人类对理想社会的美好憧憬；马克思主义揭示了事物的本质、内在联系及发展规律，是"伟大的认识工具"，是人们观察世界、分析问题的有力思想武器。时代在变化，社会在发展，但马克思主义基本原理依然是科学真理。尽管我们所处的时代同马克思所处的时代相比发生了巨大而深刻的变化，但从世界社会主义 500 年的大视野来看，我们依然处在马克思主义所指明的历史时代。这是我们对马克思主义保持坚定信心、对社会主义保持必胜信念的科学根据。

2. 马克思主义具有鲜明的实践品格

马克思主义不仅致力于科学解释世界，而且致力于积极改变世界。在伦敦海格特公墓的马克思墓碑上，镌刻着马克思的一句名言："哲学家们只是用不同的方式解释世界，而问题在于改变世界。"[1]这鲜明地表明了马克思主义重视实践、以改造世界为己任的鲜明特征。170 多年来，正是在马克思主义的指导下，社会主义由空想变成科学，由科学理论转变为社会实践。社会主义国家的出现和社会主义制度的建立，深刻改变着人类历史的走向。虽然东欧剧变和苏联解体使世界社会主义运动遭受了严重挫折，但是历史发展的总趋势并没有改变。特别是中国特色社会主义的成功实践，无可辩驳地证明马克思主义是认识世界和改造世界的强大思想武器，社会主义具有光明的未来。在人类思想史上，还没有一种理论像马克思主义这样对人类文明进步产生如此广泛而巨大的影响。

3. 马克思主义具有持久生命力

马克思主义具有与时俱进的理论品格和持久生命力。马克思主义诞生于 19 世纪中叶，但并没有停留在 19 世纪。作为一个

---

〔1〕《马克思恩格斯文集》（第 1 卷），人民出版社 2009 年版，第 506 页。

开放的理论体系，马克思主义不但不排斥而且最能够吸收、提炼人类创造的一切科学知识和文明成果，并将其运用于推动社会历史的进步。马克思主义进入中国，既引发了中华文明的深刻变革，也走过了一个逐步中国化的过程。在革命、建设、改革的各个历史时期，中国共产党坚持马克思主义基本原理同中国具体实际相结合，运用马克思主义立场、观点、方法研究解决各种重大问题，不断推进马克思主义中国化、时代化、大众化，指导党和人民取得了新民主主义革命、社会主义革命和社会主义建设、改革开放的伟大成就。实践证明，马克思主义只要与本国国情相结合、与时代发展同进步、与人民群众共命运，就能焕发出强大的生命力、创造力和感召力。邓小平指出："我坚信，世界上赞成马克思主义的人会多起来的，因为马克思主义是科学。它运用历史唯物主义揭示了人类社会发展的规律。"[1]无论时代如何变迁、科学如何进步，马克思主义依然占据着真理和道义的制高点，仍然具有强大持久的生命活力。

"对马克思主义的信仰，对社会主义和共产主义的信念，是共产党人的政治灵魂，是共产党人经受住任何考验的精神支柱。"[2]背离或放弃马克思主义，就会失去灵魂、迷失方向。大学生坚定马克思主义信仰，最重要的是学习和掌握马克思主义的立场、观点、方法，确立正确的世界观和历史观，准确把握时代发展潮流，以科学的理想信念指引人生前进的道路和方向。

（二）树立中国特色社会主义共同理想

有共同理想，才能有共同步调。在中国共产党的领导下，坚持和发展中国特色社会主义，实现中华民族伟大复兴，必须

---

〔1〕《邓小平文选》（第3卷），人民出版社1993年版，第382页。

〔2〕《习近平谈治国理政》（第1卷），外文出版社2018年版，第15页。

树立中国特色社会主义共同理想。这个共同理想，把国家、民族与个人紧紧地联系在一起，把各个阶层、各个群体的共同愿望有机结合在一起，集中代表了我国工人、农民、知识分子和其他劳动者、建设者、爱国者的利益和愿望，有着广泛的社会共识，具有令人信服的必然性、广泛性和包容性。大学生要牢固确立在中国共产党领导下走中国特色社会主义道路、为实现中华民族伟大复兴而奋斗的共同理想和坚定信念。

1. 中国特色社会主义是科学社会主义

历史和现实都告诉我们，只有社会主义才能救中国，只有中国特色社会主义才能发展中国。中国特色社会主义是改革开放以来党的全部理论和实践的主题，是党和人民历尽千辛万苦、付出巨大代价取得的根本成就。中国特色社会主义，既坚持了科学社会主义基本原则，又根据时代条件赋予其鲜明的中国特色，以全新的视野深化了对共产党执政规律、社会主义建设规律、人类社会发展规律的认识，使我们国家快速发展起来，使我国人民生活水平快速提高起来。新时代坚持和发展中国特色社会主义，总任务是实现社会主义现代化和中华民族伟大复兴，在全面建成小康社会的基础上，分两步走在 21 世纪中叶建成富强民主文明和谐美丽的社会主义现代化强国。在当代中国，坚持中国特色社会主义，就是真正坚持科学社会主义。

2. 中国特色社会主义是实现中国梦的正确道路

改革开放以来我们取得一切成绩和进步的根本原因，归结起来就是：开辟了中国特色社会主义道路，形成了中国特色社会主义理论体系，确立了中国特色社会主义制度，发展了中国特色社会主义文化。中国特色社会主义道路是实现社会主义现代化、指引中国人民创造美好生活的必由之路。中国特色社会主义理论体系是指导党和人民沿着中国特色社会主义道路实现中华民族伟大复兴的正确理论，是立于时代前沿、与时俱进的科学理论。中国特色社会主义制度是当代中国发展进步的根本制度保障，是具有鲜明中国特色、明显制度优势、强大自我完善能力的先进制度。中国特色社会主义文化源自于中华民族5000多年文明历史所孕育的中华优秀传统文化，熔铸于党领导人民在革命、建设、改革中创造的革命文化和社会主义先进文化，植根于中国特色社会主义伟大实践，是中国人民胜利前行的强大精神力量。中国特色社会主义，既是我们必须不断推进的伟大事业，又是我们开辟未来的根本保证。

3. 中国共产党的领导是中国特色社会主义最本质的特征

中国共产党是中国工人阶级的先锋队，同时是中国人民和中华民族的先锋队，是中国特色社会主义事业的领导核心。中国共产党自诞生之日起，就把为中国人民谋幸福、为中华民族谋复兴作为自己的初心和使命，并团结带领全国各族人民不懈奋斗，战胜各种艰难险阻，不断取得革命、建设和改革的伟大胜利。中国共产党领导中国人民取得的伟大胜利，使具有5000多年文明历史的中华民族全面迈向现代化，让中华文明在现代化进程中焕发出新的蓬勃生机；使具有500年历史的社会主义主张在世界上人口最多的国家成功开辟出具有高度现实性和可行性的正确道路，让科学社会主义在21世纪焕发出新的蓬勃生机；使具有70多年历史的国家建设取得举世瞩目的成就，中国这个世界上最大的发展中国家在短短40多年里摆脱贫困并跃升为世界第二大经济体，创造了人类社会发展史上惊天动地的发展奇迹，使中华民族焕发出新的蓬勃生机。"党政军民学，东西南北中，党是领导一切的。"当今中国，只有中国共产党，才能领导中国人民坚持和发展中国特色社会主义，才能担当起带领中国人民创造幸福生活、实现中华民族伟大复兴的历史使命。

（三）胸怀共产主义远大理想

马克思主义科学预测了未来社会的理想状态，指明了人类社会的发展方向。共产主义社会是物质财富极大丰富、按需分配、人的精神境界极大提高、每个人自由而全面发展的社会。共产主义只有在社会主义社会充分发展和高度发达的基础上才能实现。中国共产党从成立之日起，就确立了共产主义的远大理想，始终团结带领中国人民朝着这个伟大理想前行。

1. 共产主义是现实运动和长远目标相统一的过程

共产主义是崇高的社会理想，是关于无产阶级解放的学说，同时也是一种现实运动。共产主义远大理想既是面向未来的，又是指向现实的，不仅反映了人们对未来社会的美好向往，更是一个从现实的人出发，不断满足人的现实利益需求、推进人的全面发展、推动社会发展进步的历史过程与现实运动。有人认为，共产主义理想离现实太遥远，是无法实现的，这实际上割裂了共产主义远大理想与现实的辩证统一关系。事实上，共产主义的思想和实践早已存在于我们的现实生活中，那种认为"共产主义是渺茫的幻想""共产主义没有经过实践检验"的观点，是完全错误的。

2. 共产主义远大理想的最终实现是一个漫长、艰辛的历史过程

回顾共产主义运动的历史进程，从1848年《共产党宣言》问世到1917年第一个社会主义国家建立，从第二次世界大战后一大批社会主义国家勃然兴起到20世纪80年代末90年代初东欧剧变、苏联解体，再到新时代中国特色社会主义焕发出前所未有的生机和活力，社会主义和共产主义的理想与实践不仅没有像西方某些人所预言的那样进入历史博物馆，反而在长期的艰辛探索中展现出更加光明的前景。理想实现的路途是艰难曲

折的，共产主义远大理想的实现更是需要一代又一代人的不懈奋斗和接续努力。

作为当代大学生，要正确认识共产主义远大理想和中国特色社会主义共同理想之间的关系。实现共产主义是我们的远大理想，坚持和发展中国特色社会主义，就是向着远大理想而进行的实实在在的努力。心中有信仰，脚下有力量。走好新时代的长征路，大学生要不断增强中国特色社会主义道路自信、理论自信、制度自信、文化自信，自觉做共产主义远大理想和中国特色社会主义共同理想的坚定信仰者、忠实实践者，为崇高理想信念而矢志奋斗。

三、在实践中将理想化为现实

理想信念是一个思想认识问题，更是一个实践问题。理想不等于现实，理想的实现往往不会一帆风顺，需要脚踏实地、持之以恒的奋斗。唯有实践，才是通往理想彼岸的桥梁。

（一）正确认识理想与现实的关系

有人说，理想很丰满，现实很骨感。的确，在追求理想的过程中，人们常常会感受到理想与现实之间的矛盾。对于思想活跃的青年大学生来说，也容易对理想与现实的矛盾产生困惑，这就需要正确认识理想与现实的关系。

1. 辩证看待理想与现实的矛盾

理想与现实是对立统一的。在日常生活中，人们在处理理想与现实的关系时，往往只看到二者对立的一面，看不到二者统一的一面。一种认识偏向是用理想来否定现实，当发现现实不符合理想预期的时候，就对现实大失所望，甚至对现实采取全盘否定的态度。另一种认识偏向是用现实来否定理想，在追求理想的过程中一遇到困难就产生畏难情绪，觉得理想遥不可及，丧失为理想而奋斗的信心和勇气，直至最终放弃理想。之所以会出现这些认识误区，是由于不能辩证地看待和处理理想与现实的矛盾。理想和现实存在着对立的一面，二者的矛盾与冲突，属于"应然"和"实然"的矛盾。假如理想与现实完全等同，那么理想的存在就没有意义。理想与现实又是统一的。理想受现实的规定和制约，是在对现实认识的基础上发展起来的。一方面，现实中包含着理想的因素，孕育着理想的发展；另一方面，理想中也包含着现实，既包含着现实中必然发展的因素，又包含着由理想转化为现实的条件，在一定的条件下，理想就可以转化为未来的现实。脱离现实而谈理想，理想就会成为空想。

2. 理想的实现是一个长期、艰巨、曲折的过程

理想变为现实不是一帆风顺的，往往会遭遇波澜和坎坷。在现实生活中，人们对于理想的美好有着充分的想象，而对于理想实现的艰难则往往估计不足。渴望早日实现理想，希望顺利实现理想，这是人之常情。但是，如果把实现理想设想得过分容易，对前进道路上的困难缺乏思想准备，遭遇到一点困难、曲折或失败就灰心丧气、悲观失望，那就会影响理想的实现。

3. 艰苦奋斗是实现理想的重要条件

"人类的美好理想，都不可能唾手可得，都离不开筚路蓝缕、手胼足胝的艰苦奋斗。"[1]一个没有艰苦奋斗精神作支撑的民族，是难以自立自强的；一个没有艰苦奋斗精神作支撑的国家，是难以发展进步的；一个没有艰苦奋斗精神作支撑的政党，它的事业是难以兴旺发达的。艰苦奋斗是我们的传家宝。我们的国家，我们的民族，从积贫积弱一步一步走到今天的发展繁荣，靠的就是一代又一代人的顽强拼搏，靠的就是中华民

---

[1]《习近平谈治国理政》（第1卷），外文出版社2018年版，第52页。

族自强不息的奋斗精神。大学生要明白艰苦奋斗绝不是一时的权宜之计。物质生活条件的改善，社会观念的变化，赋予了艰苦奋斗以新的时代内涵和实践要求，艰苦奋斗的精神永远不会过时。当代中国既面临着重要的发展机遇，也面临着前所未有的困难和挑战。自胜者强，自强者胜。实现我们的发展目标，需要广大青年锲而不舍、驰而不息的奋斗，不断书写奉献青春的时代篇章。

（二）坚持个人理想与社会理想的统一

坚持个人奋斗目标与国家、民族的奋斗目标相统一，把个人理想融入社会理想之中，在为实现社会理想而奋斗的过程中实现个人理想，这是大学生成长成才的必由之路。

个人理想是指处于一定历史条件和社会关系中的个体对于自己未来的物质生活、精神生活所产生的种种向往和追求。社会理想是指社会集体乃至社会全体成员的共同理想，即在全社会占主导地位的共同奋斗目标。个人理想与社会理想的关系实质上是个人与社会关系在理想层面的反映。个人与社会有机地联系在一起，二者相互依存、相互制约、共同发展。同样，社会理想与个人理想也不是彼此孤立的，它们之间相互联系、相互影响、相互制约。

1. 个人理想以社会理想为指引

追求个人理想的实践活动都是在社会中进行的，正确的个人理想不是依个人主观愿望随意确定的，从根本上说它是由正确的社会理想规定的。同时，个人理想的实现，必须以社会理想的实现为前提和基础。因此，在整个理想体系中，社会理想是最根本、最重要的，而个人理想则从属于社会理想。换言之，个人理想的确立要以社会理想为引导，个人理想的实现依赖于社会理想的实现。个人理想只有同国家的前途、民族的命运相结合，个人的向往和追求只有同社会的需要和人民的利益相一致，才可能变为现实。

2. 社会理想是对个人理想的凝练和升华

社会是个人的联合体，社会理想与个人理想密不可分。社会理想不是凭空产生的，也不是由外在力量强加的，而是建立在众人个人理想基础之上的。强调个人理想要符合社会理想，并不是要排斥和抹杀个人理想，而是要摆正个人理想同社会理想的关系。社会理想归根到底要靠全体社会成员的共同努力来实现，并具体体现在每个社会成员为实现个人理想而进行的活生生的实践中。当社会理想同个人理想有矛盾冲突的时候，有志气、有抱负的人可以作出最大的自我牺牲，使个人的理想服从于全社会的共同理想。

"得其大者可以兼其小。"个人只有把人生理想融入国家和民族的事业中，才能最终成就一番事业。大学生对自己未来生活的追求和向往，不能脱离当代中国的社会现实。坚持和发展中国特色社会主义，实现中华民族的伟大复兴，是当代中国最大的现实，也是全体中国人民共同的社会理想。正如钱学森、邓稼先、黄旭华等许许多多献身祖国发展的科学家一样，大学生要在社会理想的指引下，珍惜韶华，奋发有为，勇于追求个人理想，在实现社会理想的过程中努力实现个人理想。

（三）在奋斗中实现人生理想

"幸福都是奋斗出来的"[1]，"奋斗本身就是一种幸福"。[2]大学生肩负实现中华民族伟大复兴中国梦的历史重任，只有把

---

〔1〕习近平："在2018年春节团拜会上的讲话"，载《人民日报》2018年2月15日。

〔2〕习近平："在2018年春节团拜会上的讲话"，载《人民日报》2018年2月15日。

实现理想的道路建立在脚踏实地的奋斗上，才能放飞青春梦想，实现人生理想。

1. 立志当高远

中国传统文化中有许多励志警句。如墨子说"志不强者智不达"，诸葛亮说"志当存高远"。这里的"志"具有双重含义：一是对未来目标的向往，二是实现奋斗目标的顽强意志。志向，就是理想信念；立志，就是确立理想信念。远大的志向如太阳，唯其大，才有永不枯竭的热能；如灯塔，唯其高，才能照亮前进的航程。有志者，事竟成；有大志者，人生事业才能辉煌。志向高远，就是要放开眼界，不满足于现状，也不屈服于一时一地的困难与挫折，更不要斤斤计较个人私利的多少与得失。那些在事业上取得伟大成就、对人类作出卓越贡献的人，都是在青年时期就立下了鸿鹄之志，并为之坚持不懈、努力奋斗。周恩来中学时期就立下了"为中华崛起而读书"的志向，李四光、钱学森、邓稼先等老一代知识分子，青年时期就立志用自己的聪明才智报效祖国。树雄心、立壮志，是关系大学生一生前途命运的重大课题。

2. 立志做大事

中国民主革命的先行者孙中山曾激励广大青年：要立志做大事，不要立志做大官。其中的道理就是希望青年以国家民族的命运为己任，而不要以个人的荣华富贵为人生的理想。如果一个人不顾自身所处时代的召唤，脱离自己所归属的国家和民族繁荣发展的需要，一切以自我为中心，自私自利，那么，不仅他的人生价值取向是错误的，而且这种追求因为脱离了国家、民族和时代的需要，也是难以实现的。在今天，做大事就是献身于新时代中国特色社会主义伟大事业。无论从事什么具体、平凡的工作，只要是与这一伟大事业相联系、服务于祖国和人民的，就值得我们去做。新时代的大学生应该把个人的命运与国家和人民的命运联系在一起，立为国奉献之志，立为民服务之志，为祖国和人民的利益而奋斗，在为实现社会理想而奋斗的过程中实现个人理想。

3. 立志须躬行

漫长征途需要一步一步地走，崇高理想的实现需要一点一滴地奋斗。通往理想的路是遥远的，但起点就在脚下，就在一切平凡的岗位上，就在扎扎实实的学习和工作中。中国古代先哲老子说："合抱之木，生于毫末；九层之台，起于累土；千里之行，始于足下。"踏踏实实、循序渐进，与雄心壮志、力争上游并不矛盾。不踏踏实实打好基础，就无法攻尖端、攀高峰，有时表面上看好像是爬上去了，但实际底子是空的。大学生要牢记"空谈误国、实干兴邦"，志存高远、脚踏实地、埋头苦干，充分展现自己的抱负和激情，用勤劳的双手成就属于自己的人生精彩。

中国梦是中华民族的振兴之梦，也是每一个大学生的成才之梦。中国梦让生活在这个时代的大学生与祖国人民一起共同享有人生出彩的机会，共同享有梦想成真的机会，共同享有同祖国和时代一起成长与进步的机会。青春只有在为祖国和人民的真诚奉献中才能更加绚丽多彩，人生只有融入国家和民族的伟大事业中才能闪闪发光。

第四章

忠诚品性

黑格尔曾经感慨道："世界四大文明古国中，古巴比伦、古埃及、古印度都灭亡了，只有黄河、长江流过的那个中华帝国是世界上唯一持久的国家。"5000多年来，为什么我们中华民族能够自立于世界民族之林而生生不息？这是因为："爱国主义精神深深植根于中华民族心中，是中华民族的精神基因，维系着华夏大地上各个民族的团结统一，激励着一代又一代中华儿女为祖国发展繁荣而不懈奋斗。5000多年来，中华民族之所以能够经受住无数难以想象的风险和考验，始终保持旺盛生命力，生生不息，薪火相传，同中华民族有深厚持久的爱国主义传统是密不可分的。"〔1〕在中华民族5000多年绵延发展的历史长河中，爱国主义始终是激昂的主旋律，始终是激励我国各族人民自强不息的强大力量。实现中华民族伟大复兴的中国梦，是当代中国爱国主义的鲜明主题。青年大学生要继承中华民族爱国主义光荣传统，培养自己的忠诚品性，自觉做新时代的忠诚爱国者。

一、爱国主义的基本内涵

爱国主义是千百年来人们在社会实践中形成的对自己祖国无限忠诚和热爱的深厚情感，揭示了个人对祖国的依存关系，

---

〔1〕 习近平："大力弘扬伟大爱国主义精神　为实现中国梦提供精神支持"，载《人民日报》2015年12月31日。

是人们对自己家园以及民族和文化的归属感、认同感、尊严感与荣誉感的统一。它是调节个人与祖国之间关系的道德要求、政治原则和法律规范，也是中华民族精神的核心。中华民族从来就有爱国主义的光荣传统。一部中华民族的发展史，就是一部中华儿女的爱国奋斗史。在漫长的历史发展过程中，中华民族形成了追求进步、维护民族尊严和国家主权的光荣传统，形成了对外来侵略者无比痛恨、对卖国求荣的民族败类无比鄙视、对爱国志士无比崇敬的宝贵民族性格。爱国主义成为动员和鼓舞人们为祖国的生存发展前赴后继、奋斗不息的伟大精神旗帜。爱国是每个人都应当自觉履行的责任和义务，是对祖国的报答。

（一）爱祖国的大好河山

祖国的河山在人们的心中占据着至高无上的地位。祖国的山山水水滋养哺育着她的子子孙孙。"禾苗离土即死，国家无土难存"，祖国的大好河山，不只是自然风光，还是主权、财富、民族发展和进步的基本载体。因此，领土完整涉及国家的重大核心利益，每一个爱国者都会把"保我国土""爱我家乡"、维护祖国领土的完整和统一，作为自己的神圣使命和义不容辞的责任。

（二）爱自己的骨肉同胞

对骨肉同胞的爱，反映的是对整个民族利益共同体的自觉认同。中华民族的利益是我国各族人民的共同利益、长远利益和最高利益，这种利益高于各个民族内部的、局部的、暂时的利益。爱自己的同胞就是爱人民群众。对人民群众感情的深浅程度，是检验一个人对祖国忠诚程度的"试金石"。爱自己的骨肉同胞，最主要的是培养对人民群众的深厚感情，坚持以人民为中心的立场，始终紧紧地同人民群众站在一起。

（三）爱祖国的灿烂文化

文化是一个国家、一个民族的灵魂。文化传统常常被称为

"国家和民族的胎记"，是一个国家民族得以延续的精神基因，是培养民族心理、民族个性、民族精神的摇篮，是形成民族凝聚力的重要基础。在现实生活中，人们或许会远离故土、彼此隔绝，但对祖国的灿烂文化和历史传统的认同总会把彼此的心连在一起。爱祖国的灿烂文化，就是要认真学习和真正了解祖国的历史，在充分理解和尊重的基础上，积极推动祖国优良历史文化传统的传承和发展。

（四）爱自己的国家

"家是最小国，国是千万家"，"没有国哪有家，没有家哪有我"，这些看似平常的话语，却道出了国家和个体之间相互依存、密不可分的关系，也道出了最深刻的爱国理由。祖国的大好河山，自己的骨肉同胞，民族的灿烂文化，都是同我们的国家联系在一起的，我们每个人的发展也都时刻同国家的发展进步紧密关联。失去国家的庇佑和保护，人们将失去成长和发展最基本的屏障和最坚实的依托。因此，爱自己的国家，拥护国家的基本制度，遵守国家的宪法、法律，维护国家安全和统一，捍卫国家的利益，为国家繁荣发展贡献自己的力量，是爱国主义的基本要求。

爱国主义是历史的、具体的，在不同的历史条件和文化背景下所形成的爱国主义，总是具有不同的内涵和特点。爱国主义的丰富性和生命力，正是通过它的历史性和具体性来表现的。在新民主主义革命时期，爱国主义主要表现为致力于推翻帝国主义、封建主义和官僚资本主义的反动统治，把黑暗的"旧中国"改造成光明的"新中国"。在现阶段，爱国主义主要表现为献身于建设新时代中国特色社会主义伟大事业，献身于实现中华民族伟大复兴中国梦的实践，献身于促进祖国统一大业。

二、新时代爱国主义的基本要求

爱国主义是一个历史范畴，它随着历史条件和历史阶段的变化而发展变化，在社会发展的不同时期，随着各民族具有的不同历史任务而具有不同的时代内容和时代价值。新时代的爱国主义，既承接了中华民族的爱国主义优良传统，又体现了鲜明的时代特征，内涵更加丰富。新时代的爱国主义基本要求是：坚持爱国主义和社会主义相统一、维护祖国统一和民族团结、尊重和传承中华民族历史和文化、坚持立足民族又面向世界。

（一）坚持爱国主义和社会主义相统一

我国爱国主义始终围绕着实现民族富强、人民幸福而发展，最终汇流于中国特色社会主义。祖国的命运和党的命运、社会主义的命运是密不可分的。只有坚持爱国和爱党、爱社会主义相统一，爱国主义才是鲜活的、真实的，这是当代中国爱国主义精神最重要的体现。

在当代中国，爱国主义首先体现在对社会主义中国的热爱上。爱国主义与爱社会主义的统一是中国历史发展的必然结果。社会主义制度的建立，为中国的繁荣发展提供了可靠的保障。社会主义在中国不是一句空洞的口号，而是集中代表着、体现着、实现着国家、民族和人民的根本利益。中国的历史和现实充分证明，只有社会主义才能救中国。当然，社会主义中国不是从天生掉下来的，而是中国共产党领导广大人民群众经过流血牺牲、长期艰苦奋斗建立起来的。"没有共产党就没有新中国"，这是中国的历史和现实所昭示的真理。中国共产党的历史就是一部为实现民族独立和人民解放、为实现中华民族伟大复兴而奋斗的历史。中国共产党的历史上矗立着一座座爱国主义的丰碑。透过这一座座丰碑，不仅可以了解中国共产党的光辉历史，而且也能懂得中国共产党为国家、民族和人民谋利益的艰辛历程。中国的历史和现实充分证明，中国共产党是高举爱国主义旗帜并躬身实践的光辉典范，是中国特色社会主义事业的坚强领导核心。坚定拥护中国共产党的领导，是新时代爱国主义的必然要求。

（二）维护祖国统一和民族团结

新时代，弘扬爱国主义精神，必须把维护祖国统一和民族团结作为重要着力点和落脚点。维护和推进祖国统一，是中华民族走向伟大复兴的题中之义。解决台湾问题、实现祖国完全统一，是不可阻挡的历史进程，也是全体中华儿女的共同心愿。和平统一最符合包括台湾同胞在内的中华民族的根本利益。要从中华民族整体利益的高度把握两岸关系大局，在认清历史发展趋势中把握两岸前途，坚持增进互信、良性互动、求同存异、务实进取，促进两岸关系发展取得更多积极成果，努力增进两岸人民福祉，增进对两岸命运共同体的认知，不断拓宽两岸关系和平发展的道路。

多民族是我国的一大特色，也是我国发展的一大有利因素。各民族共同开发了祖国的锦绣河山、广袤疆域，共同创造了悠久的中国历史、灿烂的中华文化，造就了我国各民族在分布上的交错杂居、文化上的兼收并蓄、经济上的相互依存、情感上的相互亲近，形成了你中有我、我中有你、谁也离不开谁的多元一体格局。中华民族和各民族的关系，是一个大家庭和家庭成员的关系；各民族的关系，是一个大家庭里不同成员的关系。弘扬新时代的爱国主义精神，大学生要自觉维护全国各族人民大团结的政治局面，不断增强对伟大祖国、中华民族、中华文化、中国共产党、中国特色社会主义的认同，坚决维护国家主权、安全、发展利益，筑牢国家统一、民族团结、社会稳定的铜墙铁壁。

（三）尊重和传承中华民族历史和文化

对祖国悠久历史、深厚文化的理解和接受，是人们爱国主义情感培育和发展的重要条件。中华优秀传统文化是中华民族的精神命脉，其中蕴涵着中华民族世世代代形成和积累的思想营养和实践智慧，是中华民族得以延续的文化基因，也是我们在世界文化激荡中站稳脚跟的根基。中华文化独一无二的理念、智慧、气度、神韵，增添了中国人民和中华民族内心深处的自信和自豪。我们必须尊重和传承中华民族的历史和文化，以时代精神激活中华优秀传统文化的生命力，延续文化基因，萃取思想精华，推进中华优秀传统文化创造性转化和创新性发展。

习近平指出："历史是一面镜子，从历史中，我们能够更好看清世界、参透生活、认识自己；历史也是一位智者，同历史对话，我们能够更好认识过去、把握当下、面向未来。"[1]抛弃传统、丢掉根本，就等于割断了自己的精神命脉。历史和现实都表明，一个抛弃了或者背叛了自己历史文化的民族，不仅不可能发展起来，而且很可能上演一场历史悲剧。"灭人之国，必先去其史。"一些人打着所谓"重评历史"的幌子，否定近现代中国革命历史、党的历史和中华人民共和国历史，抹黑英雄，诋毁革命领袖，企图混淆视听、扰乱人心，从根本上否定马克思主义指导地位和中国走向社会主义的历史必然性，否定中国共产党的领导。我们不是历史虚无主义者，也不是文化虚无主义者，不能数典忘祖、妄自菲薄。祖国是人民最坚实的依靠，英雄是民族最闪亮的坐标。"天地英雄气，千秋尚凛然。"大学生要对中华民族的英雄心怀崇敬，自觉传承好中华民族辉煌灿烂的历史文化。

---

〔1〕《习近平谈治国理政》（第 2 卷），外文出版社 2017 年版，第 351 页。

（四）坚持立足民族又面向世界

中国的命运与世界的命运紧密相关。经过改革开放40多年的发展，中国日益走近世界舞台的中央。当今社会越来越成为你中有我、我中有你的命运共同体。坚持新时代的爱国主义，要求我们正确处理好立足民族与面向世界的辩证统一关系，把弘扬爱国主义精神与扩大对外开放结合起来，既要尊重各国的历史特点、文化传统，尊重各国人民选择的发展道路，从不同文明中寻求智慧、汲取营养，又要积极倡导求同存异、交流互鉴，促进不同国度、不同文明相互借鉴、共同进步。

弘扬新时代的爱国主义，必须坚持立足民族，维护国家发展主体性。经济全球化是世界经济发展的必然趋势，但不等于全球政治、文化一体化。在经济全球化的条件下，国家仍然是民族存在的最高组织形式，是国际社会活动中的独立主体。只要国家继续存在，爱国主义就有坚实的基础。在参与经济全球化的过程中，必须坚定地捍卫自己国家的利益，这就更需要爱国主义的支撑。在参与经济全球化的过程中，我们一定要保持清醒的认识，既充分利用经济全球化所提供的机遇发展自己，又坚决维护国家的主权和尊严，按照本国国情坚持、发展自己的政治制度和民族文化。

弘扬新时代的爱国主义，必须面向世界，构建人类命运共同体。坚持推动构建人类命运共同体，是新时代坚持和发展中国特色社会主义基本方略的重要内容。当今世界，没有哪个国家能够独自应对人类面临的各种挑战，也没有哪个国家能够退回到自我封闭的孤岛。如何共同建设一个持久和平、普遍安全、共同繁荣、开放包容、清洁美丽的世界，是全人类的共同利益和共同价值追求。构建人类命运共同体的理念，源于中国，属于世界，是中国与世界的交响协奏。中国人民的梦想同各国人民的梦想息息相通，实现中国梦离不开和平的国际环境和稳定的国际秩序。当代中国的爱国主义继承并发扬了中华文化协和万邦、热爱和平的优秀传统，积极维护国际和平与文明和谐。新时代弘扬面向世界的爱国主义精神，意味着我们要有更加宽广的世界胸怀和全球视野，为维护人类共同利益、推动人类文明发展进步提供中国智慧，始终做世界和平的建设者、全球发展的贡献者、国际秩序的维护者。

三、做新时代的忠诚爱国者

爱国既需要情感的基础，也需要理性的认识，更需要实际的行动。爱国不是简单的情感表达，而是一种理性的行为，要讲原则、守法律，以合理合法的方式来进行。只有把国家的安全、荣誉和利益放在至高无上的地位，始终做到爱国的深厚情感、理性认识和实际行动相一致，与祖国同呼吸、共命运，才是真正的爱国者。

（一）维护和推进祖国统一

保持香港、澳门长期繁荣稳定，实现祖国完全统一，是实现中华民族伟大复兴的必然要求，是不可阻挡的历史进程，也是全体中华儿女的共同心愿。

推进祖国统一，必须保持香港、澳门长期的繁荣稳定。香港、澳门与祖国内地的命运始终紧密相连，实现中华民族伟大复兴的中国梦，需要香港、澳门与祖国内地坚持优势互补、共同发展，需要港澳同胞与内地人民坚持守望相助、携手共进。要始终准确把握"一国"和"两制"的关系。"一国"是根，根深才能叶茂；"一国"是本，本固才能枝荣。要坚定不移贯彻"一国两制"方针，把维护中央对香港、澳门特别行政区全面管治权和保障特别行政区高度自治权有机结合起来，确保"一国两制"方针不会变、不动摇，确保"一国两制"实践不变形、不走样；要始终依照宪法和基本法办事。《宪法》和《香港特别行政区基本法》共同构成香港特别行政区的宪制基础。要把中央依法行使权力和特别行政区履行主体责任有机结合起来，不断完善与基本法实施相关的制度和机制。要把发挥祖国内地坚强后盾作用和提高港澳自身竞争力有机结合起来，发展经济，改善民生。

和平统一最符合包括台湾同胞在内的中华民族的根本利益。要从中华民族整体利益的高度把握两岸关系大局，在认清历史发展趋势中把握两岸前途，坚持增进互信、良性互动、求同存异、务实进取，促进两岸关系发展取得更多积极成果，努力增进两岸人民福祉，增进对两岸命运共同体的认知，不断拓宽两岸关系和平发展的道路。

坚持一个中国原则。一个中国原则是两岸关系的政治基础。体现一个中国原则的"九二共识"明确界定了两岸关系的根本性质，是确保两岸关系和平发展的关键。两岸双方应始终坚持"九二共识"的共同立场，在巩固和维护一个中国框架这一原则问题上形成更为清晰的共同认知，并在此基础上求同存异。大陆和台湾同属一个中国，是不可分割的整体，这个事实从未改变，也不可能改变。两岸双方应本着对历史、对人民负责任的态度，以中华民族整体利益为重，把握好两岸关系和平发展大局，推动两岸关系沿着正确方向不断向前迈进。

推进两岸交流合作。在两岸关系大局稳定的基础上，两岸各领域交流合作有着广阔空间。两岸双方应该为深化经济、科技、文化、教育等领域合作采取更多积极举措，提供更多政策支持，创造更加便利的条件，以拓宽合作领域，提高合作水平，产生更大效益，开创两岸关系和平发展新前景。

促进两岸同胞团结奋斗。两岸同胞是命运与共的骨肉兄弟，是血浓于水的一家人，有着共同的血脉、共同的文化、共同的联结、共同的愿景，这是推动两岸关系相互理解、携手同心、一起前进的重要力量。兄弟同心，其利断金。两岸双方应秉持"两岸一家亲"的理念，顺势而为，齐心协力，守望相助，巩固和扩大两岸关系发展成果。凡是有利于增进两岸同胞共同福祉的事情，我们都应尽最大努力做好。

反对"台独"分裂图谋。"统则强、分必乱。""台独"分裂势力及其分裂活动是对台海和平的现实威胁，必须坚决反对和遏制任何形式的"台独"分裂主张和活动，不能有任何妥协。"台独"分裂行径损害国家主权、领土完整，破坏台海和平稳定，挑动两岸对抗紧张，损害两岸同胞共同利益，必然走向彻底失败。我们坚决维护国家主权和领土完整，绝不容忍国家分裂的历史悲剧重演。我们绝不允许任何人、任何组织、任何政党在任何时候、以任何形式、把任何一块中国领土从中国分裂出去。要贯彻《反分裂国家法》，旗帜鲜明地反对一切损害两岸关系的言行。

实现中华民族伟大复兴，是全体中国人共同的梦想。只要包括港澳台同胞在内的全体中华儿女顺应历史大势、共担民族大义，把民族命运牢牢掌握在自己手中，就一定能够共创中华民族伟大复兴的美好未来。大学生要感悟两岸关系和平发展的潮流，担当起实现民族伟大复兴的历史重任，为推动两岸关系和平发展、实现祖国统一作出自己的贡献。

（二）促进民族团结

处理好民族问题、促进民族团结，是关系祖国统一和边疆巩固的大事，是关系民族团结和社会稳定的大事，是关系国家长治久安和中华民族繁荣昌盛的大事。大学生要像爱护自己的眼睛一样维护民族团结，像爱护自己的生命一样维护社会稳定，自觉做民族团结进步事业的建设者、维护者、促进者。

深化对党的民族理论和民族政策的认识，认真学习国家关于民族事务的法律法规，深入了解中华民族"多元一体"的发展历史，坚定"汉族离不开少数民族，少数民族离不开汉族，各少数民族之间也相互离不开"的思想观念。要牢固树立正确的祖国观、民族观，增强对伟大祖国的认同、对中华民族的认同、对中华文化的认同、对中国特色社会主义道路的认同。要铸牢中华民族共同体意识，加强各民族交往交流交融，促进各个民族像石榴籽一样紧紧抱在一起，共同团结奋斗、共同繁荣发展。在与其他民族同胞接触交往的日常生活中，维护和发展各民族的平等团结互助和谐关系，要尊重兄弟民族的传统文化、风俗习惯和宗教信仰，多说有利于民族团结、有利于社会稳定的话，多做有利于民族团结、有利于社会稳定的事，不说伤害民族感情的话，不做不利于民族团结和社会稳定的事。

认清"藏独"和"疆独"等各种分裂主义势力的险恶用心和反动本质，坚持原则、明辨是非，不信谣、不传谣，不受分裂分子挑拨煽动，不参与违法犯罪活动，与破坏民族团结的行为作坚决斗争。在危急关头、关键时刻，要立场坚定、挺身而出，敢于同各种分裂活动作斗争，坚决捍卫民族团结进步、共同繁荣发展的大好局面，筑牢各族人民共同维护祖国统一、维护民族团结、维护社会稳定的钢铁长城。

（三）增强国家安全意识

国家安全问题事关国家安危和民族存亡。在国家安全形势越来越复杂的今天，大学生要增强国家安全意识，对境内外敌对势力的渗透、颠覆、破坏活动保持高度警惕，切实履行维护国家安全的义务。

1. 确立总体国家安全观

国家安全是指一个国家不受内部和外部的威胁、破坏而保持稳定有序的状态。当前，我国国家安全内涵和外延比历史上任何时候都要丰富，时空领域比历史上任何时候都要宽广，内外因素比历史上任何时候都要复杂，必须坚持总体国家安全观，坚持国家利益至上，以人民安全为宗旨，以政治安全为根本，以经济安全为基础，以军事、文化、社会安全为保障，以促进国际安全为依托，走出一条中国特色国家安全道路。确立总体国家安全观，必须既重视外部安全，又重视内部安全；既重视国土安全，又重视国民安全；既重视传统安全，又重视非传统安全；既重视发展问题，又重视安全问题。要坚持走和平发展道路，既重视自身安全，又重视共同安全，打造人类命运共同体，推动世界朝着互利互惠、共同安全的目标相向而行。

2. 增强国防意识

强大的国防是国家生存与发展的安全保障。我国的国防是全民的国防。我国《宪法》明确规定，保卫祖国、抵抗侵略是中华人民共和国每一个公民的神圣职责。大学生既是社会主义现代化建设的有用人才，也是国防建设的后备人才，必须具有很强的国防观念和忧患意识，自觉接受国防和军事方面的教育训练，关心国防、了解国防、热爱国防、投身国防，积极履行国防义务，成为既能建设祖国、又能保卫祖国的优秀人才。

3. 履行维护国家安全的义务

我国《宪法》明确规定了公民维护国家安全的基本义务，《国家安全法》《保守国家秘密法》《国防法》《兵役法》《反间谍法》等法律明确规定了公民维护国家安全的各项具体的法律义务。大学生应自觉遵守国家安全法律，履行维护国家安全的法律义务：依照法律服兵役和参加民兵组织的义务，保守国家秘密的义务，为国防建设和国家安全工作提供便利条件或其他协助的义务，在国家安全机关调查了解有关危害国家安全的情况下如实提供有关证据、情况的义务，及时报告危害国家安全行为的义务，不得非法持有、使用专用间谍器材的义务，不得非法持有国家秘密文件、资料和其他物品的义务，等等。对每一项责任和义务，每个大学生都应当勇于担当，尽职尽责。

"振兴中华，从我做起"，这是改革开放初期大学生喊出的响亮口号。这个口号鼓舞着无数青年学子投身祖国的现代化建设事业，在各自的工作岗位上建功立业。新时代的大学生应当高扬爱国主义旗帜，把爱国之情、强国之志、报国之行统一起来，永远做忠诚的爱国者，为国家和民族作出应有的贡献。

第五章

向善品性

人无德不立，国无德不兴。"一个人只有明大德、守公德、严私德，其才方能用得其所。"[1]道德之于个人和社会都具有基础性意义，做人做事第一位的是崇德修身。道德是以善恶为评价方式，主要依靠社会舆论、传统习俗和内心信念来发挥作用的行为规范的总和。作为人类社会特有的一种社会现象，道德是人类社会发展到一定阶段的必然产物。劳动是道德起源的首要前提，人们在劳动中结成社会关系，并产生需要调整的人与人之间的利益关系，创造人们的道德需要，提供道德产生和发展的动力，也形成道德产生所需要的主客观统一的重要条件。道德属于上层建筑的范畴，是一种特殊的社会意识形态。

善良是精神世界的阳光。大学时期是个体道德意识形成和发展的一个重要阶段，在这个时期形成的道德观念对大学生一生的影响很大。大学生积极提高自身的向善品性，需要树立正确的道德观，"勿以恶小而为之，勿以善小而不为"，认真践行和弘扬社会主义道德，加强个人品德修养，锤炼高尚品格，向上向善、知行合一，在实践中不断提高向善品性。

一、践行和弘扬社会主义道德

人类道德发展的历史过程与社会生产方式的发展进程大体

---

[1]《习近平谈治国理政》（第 1 卷），外文出版社 2018 年版，第 173 页。

一致，每一个社会都有与其经济基础相适应的占统治地位的道德。弘扬社会主义道德，必须坚持以为人民服务为核心、以集体主义为原则，推进社会公德、职业道德、家庭美德、个人品德建设。大学生要自觉讲道德、尊道德、守道德，加强品德修养，锤炼道德品质，努力做到向上向善、知行合一。

（一）为人民服务是社会主义道德建设的核心

社会主义道德建设是社会主义文化建设的重要内容。中华人民共和国成立以来特别是改革开放以来，社会主义道德建设不断取得进展，社会主义道德的核心、原则等也逐步确立，在培养全体人民的道德品质、提高全社会的道德素质、提升整个社会的文明水平方面发挥了重要指导作用。了解社会主义道德的核心和原则，对于大学生践行社会主义道德、锤炼道德品质具有重要意义。

1. 为人民服务是社会主义道德观的集中体现

为什么人服务是道德的核心问题，决定并体现着道德建设的根本性质和发展方向，规定并制约着道德领域中的所有道德现象。为人民服务是中国共产党人把马克思主义基本原理与中国革命、建设、改革的具体实践相结合的伟大创造。为人民服务，不仅是坚持历史唯物主义的必然要求，是中国共产党践行的根本宗旨，也是社会主义道德观的集中体现，是全体中国人民共同遵循的道德要求。

2. 为人民服务是社会主义经济基础和人际关系的客观要求

在社会主义社会，每个劳动者和建设者都在为社会、为他人同时也是为自己而劳动和工作。各行各业的劳动者和建设者，只是社会分工不同，没有高低贵贱之分。权利和义务不再分属于两个对立的阶级，而是统一于人民自己身上，每个人都是服务对象，又都为他人服务，全体人民通过社会分工和相互服务来实现共同利益。在我国，以公有制为主体和以按劳分配为主体，是为人民服务的根本制度保证，在此基础上逐步形成的团结互助、平等友爱、共同进步的人际关系，是为人民服务的基础。

3. 为人民服务是社会主义市场经济健康发展的要求

在社会主义市场经济条件下，市场主体必须通过向社会和他人提供一定数量和质量的产品，建立满足社会和他人需求的良好信誉。换言之，社会主义市场经济，不仅不排斥为社会和他人服务，而且需要通过服务甚至是优质服务，才能实现市场主体的利益。社会主义市场经济本质上要求为人民服务，不仅在于人们在一切经济活动中，应正确处理个人与社会、竞争与协作、效率与公平、先富与共富、经济效益与社会效益等关系，形成健康有序的经济和社会生活规范；更在于强调在社会主义物质文明和精神文明的引导下，每个市场主体都要有为人民服务的思想，自觉积极地为人民服务、为社会服务，更好地使市场主体把自身的特殊利益同国家和人民的共同利益结合起来。

4. 为人民服务是先进性要求和广泛性要求的统一

为人民服务，既伟大又平凡，既高尚又普通，它并非高不可攀、遥不可及，而是可以通过不同层次、不同形式表现出来。"每个人的力量是有限的，但只要我们万众一心、众志成城，就没有克服不了的困难；每个人的工作时间是有限的，但全心全意为人民服务是无限的。"[1] 在今天，毫不利己、专门利人、无私奉献是为人民服务；顾全大局、先公后私、爱岗敬业、办事公道是为人民服务；同志间、师生间、同学间互相关心、互相爱护、互相帮助是为人民服务；热心公益、助人为乐、见义勇为、扶贫帮困、扶残助残是为人民服务；遵纪守法、诚实劳动

---

〔1〕《习近平谈治国理政》（第1卷），外文出版社2018年版，第5页。

并获取正当的个人利益同样是为人民服务。那种认为为人民服务只适于党员干部而不能推广到全体人民的看法是一种错误。一个有道德的人、一个具有为人民服务意识的人，必定会有为他人服务、为社会献身的精神，会时时处处想到别人，想到社会，想到国家，从而能够推己及人、与人为善，服务他人、奉献社会。只要一个人对社会、对他人尽了心、尽了力、尽了职，他的言行就具有道德价值。

为人民服务作为社会主义道德的核心，是社会主义道德区别和优越于其他社会形态道德的显著标志。大学生践行为人民服务的道德观，就是要弘扬为人民服务的精神，尊重人、理解人、关心人，为人民、为社会多做好事、多作贡献。

（二）集体主义是社会主义道德的原则

集体主义是社会主义道德的原则。在我国，国家利益、社会整体利益和个人利益根本上的一致性，使得集体主义已经成为调节国家利益、社会整体利益和个人利益关系的基本原则。

1. 集体主义强调国家利益、社会整体利益和个人利益的辩证统一

在社会中，人既作为个体而存在，又作为集体中的一员而存在，集体和个人是不能分割的。"一方面，个人离不开集体，集体把每个劳动者的智慧和力量凝聚在一起，形成巨大的创造力。另一方面，集体是由若干个人组成的，不调动个人的积极性，也就不会有集体的创造力。集体与个人，即'统'与'分'，是相互作用、相互依赖、互为前提的辩证统一关系。只有使二者有机地结合起来，才能使生产力保持旺盛的发展势头，偏废任何一方，都会造成大损失。"[1]在社会主义社会中，国家

---

〔1〕 习近平：《摆脱贫困》，海峡出版发行集团、福建人民出版社1992年版，第144页。

利益、社会整体利益和个人利益是不能分割的。一方面，国家利益、社会整体利益体现着个人根本的、长远的利益，是所有社会成员共同利益的统一。另一方面，每个人的正当利益，又都是国家利益、社会整体利益不可分割的组成部分。国家社会的兴衰与个人利益得失息息相关。在现实生活中，国家利益、社会整体利益和个人利益是相辅相成的，不是靠抑制一方来发展另一方，而是要力求做到共同发展、相互增益、相得益彰。

2. 集体主义强调国家利益、社会整体利益高于个人利益

在实际生活中，个人利益和国家利益、社会整体利益难免会发生矛盾。这种矛盾，有的是可以缓和、化解的，有的则会发生或大或小的冲突。集体主义强调，在个人利益与国家利益、社会整体利益发生矛盾冲突，尤其是发生激烈冲突的时候，必须坚持国家利益、社会整体利益高于个人利益的原则，即个人应当以大局为重，使个人利益服从国家利益、社会整体利益，在必要时作出牺牲。集体主义要求个人为国家、社会作出牺牲并不是任意的，只有在不牺牲个人利益就不能保全国家利益、社会整体利益的情况下，才要求个人为国家利益、社会整体利益作出牺牲。社会主义集体主义之所以强调个人利益要服从国家利益、社会整体利益，归根到底，既是为了维护国家、社会的共同利益，最终也是为了维护个人的根本利益和长远利益。

3. 集体主义重视和保障个人的正当利益

集体主义促进和保障个人正当利益的实现，使个人的才能、价值得到充分的发挥。这不但与集体主义不矛盾，而且正是集体主义思想的应有之义。只有在国家、社会中的个人才能获得全面发展，才可能有个人自由。那种把集体主义看作是对个人的压制、是对个性的束缚的思想，是与集体主义的本意相违背的。事实上，正是集体主义为培养个人的健全人格、鲜明个性

和创新精神提供了道义保障。对于集体主义来说，只有个人的价值、尊严得到实现，个人的正当利益得到保证，集体才能有更强大的生命力和凝聚力。集体主义重视个人利益的实现，但这并不等于说，任何个人不分场合不分时间的利益需求，都应该无条件得到满足。社会主义集体主义所重视和保障的是个人的正当利益，而不是任何性质的个人利益，对于损人利己、损公肥私的行为，集体主义不但不保护，而且强烈反对和禁止。

根据我国现阶段经济社会生活和人们思想道德的实际，可将集体主义分为三个层次的道德要求：一是无私奉献、一心为公，这是集体主义的最高层次，是共产党员、先进分子应努力达到的道德目标。二是先公后私、先人后己，这是已经具有较高社会主义道德觉悟的人能够达到的要求。三是顾全大局、遵纪守法、热爱祖国、诚实劳动，这是对公民最基本的道德要求。

集体主义离我们并不遥远，就存在并体现于具体的学习工作生活之中。人人都应当践行集体主义原则，沿着道德的阶梯循序渐进地向上攀登。当代大学生应正确认识和处理国家、集体、个人的利益关系，自觉坚持个人利益服从集体利益、局部利益服从整体利益、当前利益服从长远利益，反对小团体主义、本位主义和极端个人主义。

二、加强个人品德修养，锤炼高尚品格

个人品德在社会道德建设中具有基础性作用。在现实生活中，社会公德、职业道德和家庭美德的状况，最终都是以每个社会成员的道德品质为基础的。社会公德、职业道德和家庭美德建设，最终都要落实到个人品德的养成上。

（一）个人品德及其作用

个人品德是通过社会道德教育和个人自觉的道德修养所形成的稳定的心理状态和行为习惯。它是个体对某种道德要求认

同和践履的结果，集中体现了道德认知、道德情感、道德意志、道德信念和道德行为的内在统一。大学生要自觉践行爱国奉献、明礼守法、厚德仁爱、正直善良、勤劳勇敢等个人品德要求，不断提升个人的道德修养和境界。

无论是社会的和谐有序，还是个人的人格健全，都有赖于个人品德的不断提升。

1. 个人品德对道德和法律作用的发挥具有重要的推动作用

个人品德是道德和法律作用发挥的推动力量。社会道德和法律要求只有内化为个人品德，才能成为现实的规范力量。同时，个人品德提升的过程也是能动地作用于社会道德和法律的过程，它能够为社会道德和法律的发展进步创造条件、提供动力。

2. 个人品德是个体人格完善的重要标志

在个人的素质结构中，个人品德是一个非常重要的组成部分，才智等其他素质的完善和成就，离不开品德力量的支持。一方面，个人品德决定着一个人在实际生活和社会实践中的行为选择，以及对各种关系的协调和处理，直接显示出个人境界和素质的高低；另一方面，个人品德又为自我整体素质的修养、锻炼和完善规划目标指明方向，为个人成长提供指引和调控。

3. 个人品德是经济社会发展进程中重要的主体精神力量

社会是由通过各种不同的社会关系联结起来的社会成员组成的，社会道德状况也是由相互影响的每个社会成员的个人品德体现出来的。个人品德的提升，不仅直接成为社会道德水平的有机组成部分，而且还可以通过自身的影响和带动，为社会道德更大程度的发展进步开辟道路、提供动力。在中国特色社会主义新时代，充分发挥个人品德的功能和作用的意义显得更加突出。作为社会主义道德建设的落脚点，个人品德状况影响着社会主义市场经济制度的完善和社会主义民主政治的进程。社会成员的思想观念和道德素质普遍得到提高，是全面建成小康社会、实现中华民族伟大复兴中国梦的前提和保障。

（二）掌握道德修养的正确方法

个人品德需要不断地通过道德修养加以提升。道德修养作为人类道德实践活动的重要形式之一，是个体自觉地将一定社会的道德规范、准则及要求内化为内在的道德品质，以促进人格的自我陶冶、自我培育和自我完善的实践过程。加强道德修养，提升个人品德，应借鉴历史上思想家们所提出的各种积极有效的方法，并结合当今社会发展的需要身体力行。

1. 学思并重

学思并重的方法，即通过虚心学习，积极思索，辨别善恶，学善戒恶，以涵养良好的德行。在提升个人品德的过程中，首先要善于学习各种道德理论和知识，尤其是社会主义道德理论和知识。同时要善于思考，并且把善于学习和善于思考有机地统一起来。孔子说"学而不思则罔，思而不学则殆"，只有坚持既不断学习又深入思考的修养方式，才能对人为什么要讲道德、讲什么样的道德和怎样讲道德形成全面而深刻的认识，产生道德智慧，过有意义的生活。

2. 省察克治

省察克治的方法，即通过反省检验以发现和找出自己思想与行为中的不良倾向，并及时对它们进行抑制和克服；在日常生活中，我们要经常在自己内心深处用道德标准检查、反省，找出自身的坏毛病、坏思想、坏念头并加以纠正。自我反省，是自我认识错误、自我改正错误的前提。曾子说："吾日三省吾身，为人谋而不忠乎？与朋友交而不信乎？传不习乎？"善于反省自己的言行，并对错误加以克治，才能使自己的德行不断完善。

3. 慎独自律

慎独自律的方法，即在无人知晓、没有外在监督的情况下，坚守自己的道德信念，自觉按道德要求行事，不因无人监督而恣意妄为。慎独自律的道德修养方法，既是对中国传统道德修养方法的批判性传承，也是在现代社会条件下仍需坚持的道德修养方法。《礼记·中庸》中提到："道也者，不可须臾离也，可离非道也。是故君子戒慎乎其所不睹，恐惧乎其所不闻。莫见乎隐，莫显乎微。故君子慎其独也。""道"是不可以须臾离开的。品德高尚的人在没有人看见的地方也能谨慎做人处事，在没有人听见的地方也能有所戒惧和敬畏，严格要求自己。可见，慎独就是一种关于个人善于独处、乐于隐处、慎于微处，于独处、隐处、微处自觉坚守道德情操的修炼功夫。自律是"慎独"达致的一种自觉自为的修养境界。"自"即自主、自觉，"律"为衡量、约束；自律即是一种自我认识、自我约束、自觉控制的个人修养方法。

4. 知行合一

知行合一的方法，即把提高道德认识与躬行道德实践统一起来，以促进道德要求内化为个人的道德品质，外化为实际的道德行为。强调知行合一也是儒家修身思想的重要特征。在言与行的关系上，孔子明确主张"听其言而观其行"。他告诫学生，衡量人的品德不能只听其言论，更应看其实际行动。他认为学习的目的在于"行道""君子学以致其道""行义以达其道"。只有"行"才能使"道"变为现实。

5. 积善成德

积善成德的方法，即通过积累善行或美德，使之巩固强化，以逐渐凝结成优良的品德。积善成德强调道德修养需要日积月累的坚持，成就理想的人格靠"积"，正如《荀子·劝学》所说："不积跬步，无以至千里；不积小流，无以成江海。骐骥一跃，不能十步；驽马十驾，功在不舍。锲而舍之，朽木不折；锲而不舍，金石可镂。"我们应该注重平时的坚持和孜孜不倦的努力，在个人品德修养方面坚持不懈，就一定能够不断提高自己的精神境界和道德素质。

"不矜细行，终累大德。"加强个人品德修养不可能一蹴而就，更不可能一劳永逸。按照有效的品德修养方法去做并长期坚持下去，才能使自己不断进步、不断完善，从而成为品德高尚的人。

（三）锤炼高尚道德品格

习近平强调："道德建设，重要的是激发人们形成善良的道德意愿、道德情感，培育正确的道德判断和道德责任，提高道德实践能力尤其是自觉践行能力。"[1]大学生锤炼高尚道德品格，就要在知情意信行等方面加强道德修养，提高道德实践能力，自觉讲道德、尊道德、守道德，自觉明大德、守公德、严私德。

1. 形成正确的道德认知和道德判断

道德是人类社会生产实践和交往实践的产物。在不同的民族、不同的文化、不同的社会发展阶段里，道德的基本要求具有显著的差异，道德因此具有历史性、民族性和时代性的特征。在阶级社会中，道德作为意识形态的重要组成部分，还具有鲜明的阶级性。面对世界的复杂变化，大学生应注重增强道德判断能力，学会理性地辨析，形成正确的道德认知和道德观念。形成正确的道德认知和道德判断，最根本的就是要坚持以唯物

---

〔1〕　中共中央文献研究室编：《习近平关于社会主义文化建设论述摘编》，中央文献出版社 2017 年版，第 137~138 页。

史观的基本原理来看待道德。一方面要客观评判古代传统道德观和近现代资本主义道德观的进步性与局限性，另一方面还要深刻理解在以生产资料公有制为主体的社会主义生产实践基础上形成的道德所具有的时代进步性，牢固树立中国特色社会主义道德观念。

2. 激发正向的道德认同和道德情感

大学生在道德修养中激发正向的情感认同，总体而言就是要亲近真善美，抵制假恶丑，体验道德的愉悦，追求高尚的快乐。通过对美德的尊崇，真正把外在的社会道德规范内化为心悦诚服的自律准则。大学生在道德修养中激发正向的道德认同与道德情感，具体而言就是要自觉涵育对家庭成员的亲亲之情，对他人、集体的关心关爱，增强社会责任感、国家认同感、民族归属感、时代使命感，在与祖国同呼吸、与民族同步伐、与人民心连心的高尚情怀中，陶冶道德情操。

3. 强化坚定的道德意志和道德信念

道德修养重在践行，但有些大学生存在"知而不行"的现象，导致知行脱节。在道德认知向道德行为转化的过程中，道德意志和道德信念是关键环节。道德意志和道德信念是人们在践履道德原则、规范的过程中表现出的自觉克服一切困难和障碍的毅力。通过道德意志和信念的坚守，道德行为才能体现出恒久性。大学生需要明白"从善如登"的深刻道理，磨炼道德意志，坚定道德信念，学会克服学习、生活、交往、成长中的各种困难和挫折，远离干扰、避免懈怠、战胜诱惑，在砥砺中前行，并做到持之以恒、久久为功，从而成就高尚的道德品格。新时代的大学生，要有为国家民族奋斗、为人类事业献身的情怀和担当，不懈追求共产主义的崇高道德信念和高尚道德境界。

三、向上向善、知行合一

"纸上得来终觉浅，绝知此事要躬行。"高尚道德品格的形成重在实践，贵在坚持。大学生投身崇德向善的道德实践，就要向道德模范学习，培养志愿服务精神，大力弘扬时代新风，强化社会责任意识、规则意识、奉献意识。

（一）向道德模范学习

道德模范主要是指思想和行为能够激励人们不断向善且为人们所崇敬、模仿的先进人物。道德模范既包括在一定社会道德实践中涌现的符合特定道德理想类型的人物，又包括人们日常生活中能够近距离感受的具有积极道德影响的人物。学习道德模范的高尚品格和先进事迹，有利于提升全体社会成员的道德素质和社会整体道德水平。大学生要向道德模范学习，崇德向善、见贤思齐。

改革开放以来，各个地区、各行各业、各类人群都涌现出一大批具有先进事迹和高尚品格的道德模范，有助人为乐模范、见义勇为模范、诚实守信模范、敬业奉献模范、孝老爱亲模范等。他们有的用自己的平凡举动扶贫助困，让许多人感受到社会大家庭的温暖，用爱和付出奏响了社会和谐的主旋律；有的在死神和灾害面前大义凛然、知险而上，把平安和生的机会留给他人，用鲜血和生命将灾难和危机化解，展现出了人民至上、他人至上的英雄壮举；有的把困苦留给自己，把幸福送给他人，无怨无悔，彰显了中华文明代代相传的高尚品格。榜样的力量是无穷的。道德模范用自己的行动诠释着道德的内涵，展示着道德的力量。

尊崇道德模范、学习道德模范，是时代的呼声、是群众的心声。道德模范是群众身边看得见、摸得着的榜样，是可以学、能够学的标杆。大学生学习道德模范，就是要学习道德模范助人为乐、关爱他人的高尚情怀，在关心他人、帮助他人的过程中创造人生价值；学习他们见义勇为、勇于担当的无畏精神，在危难和考验关头挺身而出；学习他们以诚待人、守信践诺的崇高品格，老老实实做人、踏踏实实做事；学习他们敬业奉献、勤勉做事的职业操守，干一行爱一行，钻一行精一行；学习他们孝老爱亲、血脉相依的至美真情，常怀感恩之心、敬爱之情。大学生要时时处处以道德模范为榜样，多做好事，多办实事，做到崇德守礼、遵规守法，养成良好的道德习惯。大学生应积极从道德模范身上获取前进的动力，做社会良知的守望者、积极传播者和践行者。

（二）参与志愿服务活动

志愿服务是培育和弘扬社会主义核心价值观的重要载体。我国各地各有关部门把志愿服务与学雷锋活动有机结合，形成了志愿服务的中国特色，促进了志愿服务的制度化、常态化，推动志愿服务队伍规模不断壮大。

志愿服务的精神是奉献、友爱、互助、进步。其中，奉献精神是精髓。参与志愿服务活动，一方面，帮助了他人、服务了社会，推动了社会道德水平的提高；另一方面，也把为社会和他人的服务看作是自己应尽的义务和光荣的职责，从服务社会和帮助他人中获得成就感和幸福感。志愿服务所体现出来的这种自愿地、不计报酬地服务他人和参与社会公益事业的奉献精神，有助于传递社会关爱、弘扬社会正气、形成向上向善、诚信互助的良好社会风尚。志愿精神与雷锋精神在本质上是高度统一的，都是社会主义核心价值观的生动体现。"雷锋精神，人人可学；奉献爱心，处处可为。积小善为大善，善莫大焉。当有人需要帮助时，大家搭把手、出份力，社会将变得更加美好。"[1]

志愿服务已经成为大学生参与社会实践、成长成才的重要舞台，成为大学生关爱他人、传播青春正能量的重要途径。当前，大学生志愿服务活动已经遍及农村扶贫开发、城市社区建设、环境保护、大型活动、抢险救灾、社会公益等领域。大学生积极投身志愿服务活动，一是到最需要的地方去。在国际国内大型活动中提供优质高效的服务，在救灾一线不畏艰险、奋力救援，在贫穷落后地区帮扶、支教，带头把志愿服务活动做进基层、做进社区、做进家庭。二是帮助弱势群体。大学生应在志愿服务活动中多关注空巢老人、留守儿童、困难职工、农民工及其子女、残疾人等社会弱势群体，注重向他们送温暖、献爱心。三是做力所能及的事。大学生投身志愿服务活动，应注重结合自身的能力、专业、特长在实践中长知识、强本领、增才干，特别要积极参与教育、科技、文化、卫生等帮扶行动，多参与城乡清洁、绿色出行、低碳环保、美化家园等活动。

（三）引领社会风尚

良好的社会风尚是人们在社会道德实践中逐渐形成起来的。大学生投身崇德向善的道德实践，要弘扬真善美、贬斥假恶丑，做社会主义道德的示范者和引领者，促成知荣辱、讲正气、作奉献、促和谐的社会风尚。

1. 知荣辱

荣辱观对个人的思想行为具有鲜明的动力、导向和调节作用。社会风尚同荣辱观紧密相连，两者相互影响、相互作用。一个社会有什么样的荣辱观，也必然有什么样的社会风尚；反过来，一个社会有什么样的社会风尚，生活于其中的人们也就

---

[1] "习近平给'郭明义爱心团队'回信 勉励他们以实际行动书写新时代的雷锋故事"，载《人民日报》2014年3月5日。

会形成什么样的荣辱观。大学生应以正确的荣辱观为指导，坚定正确的行为导向，产生正确的价值激励，助推全社会形成知荣明辱的良好道德风尚。

2. 讲正气

讲正气，就是坚持真理、坚持原则，坚持同一切歪风邪气作斗争。大学生须有一腔浩然正气，才能无所畏惧地前进，才能不屈不挠地为国家、为社会建功立业。要做到讲正气，在日常生活中就要洁身自好、严于律己，自觉远离低级趣味；积极维护社会公共秩序，抵制歪风邪气，敢于伸张正义、见义勇为，坚决同践踏社会道德风尚的一切行为作斗争。

3. 作奉献

奉献精神是社会责任感的集中表现。社会是由一个个的人所构成的集合体，脱离了人，便没有社会。社会需要人们对其负起责任。有责任，就意味着要奉献。奉献精神传递社会温暖，能够拉近人与人之间的距离，建立和谐的人际关系和稳定的社会秩序，促进社会健康有序地发展。热心公益与爱心资助、心中有爱是奉献精神；在危难关头挺身而出、牺牲小我是奉献精神；以职业与事业为人生目标的爱岗敬业是奉献精神；以服务国家科学技术创新进步或捍卫国家安全为己任是奉献精神。选择奉献也就选择了高尚。"德厚者流光"，大学生要在奉献社会中积极发光发热。

4. 促和谐

民主法治、公平正义、诚信友爱、充满活力、安定有序、人与自然和谐相处的社会，是国家富强、民族复兴、人民幸福的重要保证。对于大学生来说，促和谐就是要促进自我身心的和谐、个人与他人的和谐、个人与社会的和谐、人与自然的和谐等。大学生要用和谐的态度对待人生实践，使崇尚和谐、维护和谐内化为自己的思想意识和行为习惯，推动人与人之间、人与社会之间融洽相处，实现人与自然之间友好共生。

　　社会文明状况是社会风尚的重要体现。各种创建文明城市、文明村镇、文明单位、文明家庭、文明校园的活动，就是要在全社会推动形成知荣辱、讲正气、作奉献、促和谐的社会风尚。新时代的大学生作为实现民族伟大复兴重任的中坚力量，其道德状态和精神风貌在很大程度上影响着整个社会的道德状态和精神风貌。大学生要以高度的主人翁精神，积极参与各种精神文明创建活动，为家庭谋幸福，为他人送温暖，为社会作贡献，不断引领社会风尚，提升向善品性。

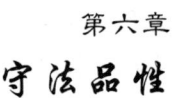

第六章

守法品性

法治是现代文明的制度基石。法治兴则国家兴，法治衰则国家乱。建设法治中国，离不开每个公民的参与和推动。在全面依法治国、建设法治中国的进程中，大学生肩负着重要责任。大学生要担当民族复兴大任，不仅要加强思想道德修养，而且要努力提高法治素养，培养守法品性，严守法律底线，带头遵守法律。这就需要进一步学习马克思主义法学理论，深刻理解社会主义法律的本质特征和运行机制，整体把握中国特色社会主义法律体系、法治体系和法治道路的精髓，培养法治思维，尊重和维护法律权威，依法行使权利与履行义务，以实际行动带动全社会努力做尊法学法守法用法的模范。

一、坚持走中国特色社会主义法治道路

我国社会主义法律是党的主张和人民意志的共同体现，是维护人民利益和公民权利的有力武器，是国家机关、社会组织和全体公民的活动规则和行为准绳。大学生学习社会主义法律，要准确把握社会主义法律的本质特征和运行机制，正确认识中国特色社会主义法律的发展规律和时代价值，不断增强建设社会主义法治国家的责任感和使命感。

（一）我国社会主义法律的本质特征

社会主义法律是新型的法律制度，有着与以往剥削阶级类型法律制度不同的经济基础与阶级本质。社会主义法律以公有

制为经济基础，保障全体劳动者共同占有生产资料，通过解放生产力和发展生产力来推动社会物质财富和精神财富的日益丰富，从而实现人的全面发展和全体社会成员的共同富裕。社会主义法律是最广大人民群众意志的集中体现，是实现人民当家作主、实行人民民主专政的重要保证。社会主义法律反映了社会主义生产关系的本质要求，为实现普遍意义的平等、自由奠定了坚实基础，开辟了广阔空间，实现了对历史上各种类型法律制度的超越。

我国社会主义法律，是在中国共产党领导的新民主主义革命时期孕育，在中华人民共和国成立后不断形成和发展起来的。改革开放以来，我国法治建设进入了前所未有的快速发展时期，形成了以宪法为统帅的中国特色社会主义法律体系，国家和社会生活各方面实现了有法可依，这是一个巨大的历史成就。从本质上说，我国社会主义法律是中国特色社会主义制度的重要组成部分，是党领导人民当家作主的制度保障。

1. 我国社会主义法律体现了党的主张和人民意志的统一

我国社会主义法律既具有鲜明的阶级性，又具有广泛的人民性，体现了阶级性与人民性的统一。我国是中国共产党领导下的社会主义国家，人民是国家的主人，制定法律的权力属于人民。中国共产党是中国工人阶级的先锋队，同时是中国人民和中华民族的先锋队，是中国特色社会主义事业的领导核心。社会主义法律维护人民的根本利益，巩固中国共产党的领导地位，体现了党的主张和人民意志的统一。党领导人民制定宪法法律，党领导人民实施宪法法律，党自身必须在宪法法律范围内活动，这就是党的领导力量的体现，也是我国社会主义法律最本质特征的具体表现。

2. 我国社会主义法律具有科学性和先进性

在剥削阶级占统治地位的社会中，法律受少数人狭隘利益的局限，容易与客观规律和历史发展趋势相背离。我国社会主义法律反映的不是少数人的特殊利益，而是全体人民的共同利益，尽管其具体内容会随着经济社会的发展而调整变化，但它与历史发展的基本方向和规律是一致的。因此，从本质上说，我国社会主义法律更能尊重和反映社会发展规律，具有科学性和先进性。我国法律坚持马克思主义世界观和方法论，并指导人们在法律实践中尊重和反映客观规律。我国法律适应时代发展要求，改革创新立法体制、立法程序、立法技术，使立法的质量和水平不断提高。

3. 我国社会主义法律是中国特色社会主义建设的重要保障

法的社会作用是从法在社会生活中要实现的目的角度来认识的。我国法律的社会作用体现了社会主义的本质要求，经济发展、政治清明、文化昌盛、社会公正、生态良好，都离不开社会主义法律的引领、规范和保障。经济建设方面，我国法律维护和巩固社会主义经济制度，促进社会主义市场经济持续健康发展，保障现代化经济体系建设顺利推进。政治建设方面，我国法律维护和巩固社会主义政治制度，保障社会主义民主政治顺利推进，保证人民享有广泛的民主权利和自由，巩固人民民主专政。文化建设方面，我国法律巩固社会主义意识形态，维护社会主义核心价值观，弘扬社会主义道德，促进文化事业和文化产业的发展，推动社会主义文化繁荣兴盛。社会建设方面，我国法律确保让改革发展的成果更多更公平地惠及全体人民，促进社会公平正义，形成有效的社会治理、良好的社会秩序，使人民获得感、幸福感、安全感更加充实、更有保障、更可持续。生态文明建设方面，我国法律倡导尊重自然、顺应自然、保护自然的理念，引导形成节约资源和保护环境的空间格局、产业结构、生产方式、生活方式，推动绿色发展，促进人与自然和谐共生。

(二) 坚持走中国特色社会主义法治道路

中国特色社会主义法治道路，明确了建设社会主义法治国家的性质和方向，是社会主义法治建设成就和经验的集中体现，是中国特色社会主义道路在法治领域的具体体现。走中国特色社会主义法治道路，必须坚持中国共产党的领导，坚持人民主体地位，坚持法律面前人人平等，坚持依法治国和以德治国相结合，坚持从中国实际出发。

1. 坚持中国共产党的领导

党的领导是中国特色社会主义最本质的特征，是社会主义法治最根本的保证。社会主义法治必须坚持党的领导，党的领导必须依靠社会主义法治。法是党的主张和人民意愿的统一体现，党和法、党的领导和依法治国是高度统一的。全面依法治国，方向要正确，政治保证要坚强，不能把党的领导和依法治国二者对立起来。

坚持党的领导，是社会主义法治的根本要求，是全面依法治国的题中应有之义。要把党的领导贯彻到依法治国全过程和各方面，坚持党的领导、人民当家作主、依法治国的有机统一。依法治国是我们党提出来的，把依法治国上升为党领导人民治理国家的基本方略也是我们党提出来的，而且党一直带领人民在实践中推进依法治国。只有在党的领导下依法治国、厉行法治，人民当家作主才能充分实现，国家和社会生活法治化才能有序推进。

坚持党的领导，必须具体体现在党领导立法、保证执法、支持司法、带头守法上。党领导立法，就是抓住提高立法质量这个关键，完善以宪法为核心的中国特色社会主义法律体系，坚持立法先行，发挥立法的引领和推动作用。党保证执法，就是深入推进依法行政，建设职能科学、权责法定、执法严明、公开公正、廉洁高效、守法诚信的法治政府。党支持司法，就是要保证公正司法，提高司法公信力。党带头守法，就是要带头弘扬社会主义法治精神，建设社会主义法治文化，形成守法光荣、违法可耻的社会氛围，使全体人民都成为社会主义法治的忠实崇尚者、自觉遵守者、坚定捍卫者。

2. 坚持人民主体地位

在社会主义法治国家，人民是依法治国的主体和力量源泉，坚持人民主体地位是依法治国的基本原则。必须把人民当家作主贯彻到依法治国的全过程之中，保证人民的广泛参与。人民代表大会制度是保证人民当家作主的根本政治制度，保证了人民依法民主选举、民主协调、民主决策、民主管理、民主监督，维护国家法制统一、尊严权威。协商民主保证了人民在日常政治生活中有广泛持续深入参与的权利，具有广泛、多层、制度化的特点，包括了政党协商、人大协商、政府协商、政协协商、人民团体协商、基层协商、社会组织协商，其中人民政协协商是社会主义协商民主的重要渠道和专门协商机构。

坚持人民主体地位，必须坚持法治建设为了人民、依靠人民、造福人民、保护人民，以保障人民根本权益为出发点和落脚点，保证人民依法享有广泛的权利和自由、承担应尽的义务，维护社会公平正义，促进共同富裕，为保证人民当家作主提供坚实的法治基础。人民权益要靠法律保障，法律权威要靠人民维护。依法治国的根本目的是实现人民幸福，尊重和保障人权。要把体现人民利益、反映人民愿望、维护人民权益、增进人民福祉落实到依法治国全过程，保证人民在党的领导下，依照法律规定，通过各种途径和形式，行使管理国家事务和社会事务、管理经济和文化事业的权力。

3. 坚持法律面前人人平等

平等是社会主义法律的基本属性，是社会主义法治的基本要求。坚持法律面前人人平等，对于坚持走社会主义法治道路具有十分重要的意义。其一，它可以充分显示中国特色社会主义制度的优越性，使人民在依法治国中的主体地位得到尊重和保障。其二，它鲜明地反对法外特权、法外开恩，对掌握公权力的人形成制约。其三，它鲜明地反对法律适用上的各种歧视，有利于贯彻执行"以事实为依据、以法律为准绳"的司法原则。其四，它要求人人都严格依法办事，既充分享有法律规定的各项权利，又切实履行法律规定的各项义务，有利于维护法律权威、健全社会主义法治，确保实现全面依法治国的总目标。

坚持法律面前人人平等，要求公民不分民族、种族、性别、职业、家庭出身、宗教信仰、教育程度、财产状况、居住期限等，都应当平等享受公民权利、平等履行公民义务。坚持法律面前人人平等，要坚决反对特权思想和特权现象。"把权力关进制度的笼子"，强化法律制度刚性。

4. 坚持依法治国和以德治国相结合

法安天下，德润人心。法治和德治，是治国理政不可或缺的两个基本杠杆，如车之两轮、鸟之双翼，忽视其中任何一个，都将难以实现国家的长治久安。只有让法治和德治共同发挥作用，才能使法律与道德相辅相成，法治与德治相得益彰。

第一，正确认识法治和德治的地位。对国家和社会治理而言，法治和德治都非常重要且不可或缺。法治是治国理政的基本方式，依法治国是基本方略，法治具有根本性、决定性和统一性，它强调对任何人都一律平等，任何人都必须遵守法律。德治是治国理政的重要方式，以德治国就是通过在全社会培育、弘扬社会主义核心价值观和社会主义道德，对不同人群提出有针对性的道德要求。

第二，正确认识法治和德治的作用。法治和德治对社会成员都具有约束作用，法律规范和道德规范也都具有必须遵守的性质，但约束作用的内在要求和表现形式不同，行为人违反两种规范以后承担的后果也不相同。法治发挥作用要以国家强制力为后盾，主要依靠法律的预测作用、惩罚作用、威慑作用和预防作用对公民和社会组织的行为进行约束，并对违反法律的行为追究法律责任；德治发挥作用主要通过人们的内心信念、传统习俗、社会舆论等进行道德教化，并对违反道德的行为进行道德谴责。

第三，正确认识法治和德治的实现途径。法治和德治的实现方式和实施载体不同。法治主要依靠制定和实施法律规范的形式来推进和实施，国家要保护什么、不保护什么，倡导什么、禁止什么，都得有明确的法律依据，实行法有禁止不得为，体现的是规则之治。德治主要依靠培育和弘扬道德等途径来推进和实施，道德是内心的法律，以价值、精神和理念等形式表现出来，引导人们自觉地在行动上符合道德才可为，违反道德不可为。

第四，推动法治和德治的相互促进。一是强化道德对法治的支撑作用。坚持依法治国和以德治国相结合，应重视发挥道德的教化作用，提高全社会文明程度，为全面依法治国创造良好人文环境；在道德体系中体现法治要求，发挥道德对法治的滋养作用，努力使道德体系同社会主义法律规范相衔接、相协调、相促进；在道德教育中突出法治内涵，注重培育人们的法律信仰、法治观念、规则意识，引导人们自觉履行法定义务、社会责任、家庭责任，营造全社会都讲法治、守法治的文化环境。二是把道德要求贯彻到法治建设中。以法治承载道德理念，道德才有可靠制度支撑。法律法规要树立鲜明的道德导向，弘扬美德义行，立法、执法、司法都要体现社会主义道德要求，使社会主义法治成为良法善治。要把实践中广泛认同、较为成熟、操作性强的道德要求及时上升为法律规范，引导全社会崇德向善。要坚持严格执法，弘扬真善美，打击假恶丑。要坚持公正司法，发挥司法断案惩恶扬善的功能。三是运用法治手段解决道德领域突出问题。法律是底线的道德，也是道德的保障。要加强相关立法工作，依法加强对群众反映强烈的失德行为的整治。

5. 坚持从中国实际出发

走什么样的法治道路、建设什么样的法治体系，是由一个国家的基本国情决定的。当前，中国特色社会主义进入新时代，社会主要矛盾已经转化为人民日益增长的美好生活需要与不平衡不充分的发展之间的矛盾。建设法治中国，必须从我国实际出发，同完善和发展中国特色社会主义制度、推进国家治理体系和治理能力现代化相适应，既不能罔顾国情、超越阶段，也不能因循守旧、墨守成规。

坚持从实际出发，就是要突出法治道路的中国特色、实践特色、时代特色。要汲取中华传统法律文化精华，总结和运用党领导人民探索社会主义法治道路的成功经验，围绕社会主义法治建设重大理论和实践问题，推进法治理论创新，构建符合中国实际、具有中国特色、体现社会发展规律的社会主义法治理论和话语体系，为依法治国提供理论指导和学理支撑。

坚持走中国特色社会主义法治道路，必须学习借鉴世界上优秀的法治文明成果。必须坚持以马克思主义法学理论为指导，坚持以我为主、为我所用，合理吸收国外法治理论、法学概念、法律话语、法律方法。

二、培养法治思维，尊重法律权威

尊法学法守法用法，必须养成良好的法治思维和行为方式，做到在法治之下，而不是法治之外，更不是法治之上。大学生要准确把握法治思维的基本含义和特征，正确理解法治思维的基本内容，逐步培养法治思维，提高运用法治思维分析、解决问题的能力。

（一）法治思维及其内涵

法治思维内涵丰富、外延宽广，它将法律作为判断是非和处理事务的准绳，要求崇尚法治、尊重法律，善于运用法律手段协调关系和解决问题。

1. 法治思维的含义与特征

法治思维是指以法治价值和法治精神为导向，运用法律原则、法律规则、法律方法思考和处理问题的思维模式。法治思维包含以下几层含义：第一，法治思维以法治价值和法治精神为指导，蕴含着公正、平等、民主、人权等法治理念，是一种正当性思维；第二，法治思维以法律原则和法律规则为依据来指导人们的社会行为，是一种规范性思维；第三，法治思维以法律手段与法律方法为依托分析问题、处理问题、解决纠纷，是一种可靠的逻辑思维；第四，法治思维是一种符合规律、尊重事实的科学思维。可见，法治思维是一种融法律的价值属性和工具理性于一体的特殊的高级法律意识。

培养法治思维，必须抛弃人治思维。法治思维以法律为最高权威，强调"必须使民主制度化、法律化，使这种制度和法律不因领导人的改变而改变，不因领导人的看法和注意力的改变而改变"；[1]人治思维则奉个人的意志为最高权威，当法律的

---

[1]《邓小平文选》（第2卷）（第2版），人民出版社1994年版，第146页。

权威与个人的权威发生矛盾时，强调服从个人而非服从法律的权威。对公民而言，法治思维就是当自己的理想目标、思想感情、行为方式、权利诉求和利益关系等与法律的价值、规则或要求发生冲突时，能够服从法律，作出符合法律的选择，按照法律的指引实施自己的行为。

2. 法治思维的基本内容

法治思维的内涵丰富、外延宽广，主要表现为价值取向和规则意识两个方面。价值取向是指如何看待和对待法律，规则意识是指如何用法律看待和对待自身。一般来讲，法治思维主要包括法律至上、权力制约、公平正义、权利保障、正当程序等内容。

第一，法律至上。法律至上是指在国家或社会的所有规范中，法律是地位最高、效力最广、强制力最大的规范。任何规范都不得超越法律规范，不得与法律规范相抵触。这里的法律，既包括宪法，也包括其他一般法律。法律至上尤其指宪法至上，因为宪法具有最高的法律效力，是其他一切法律的依据。法律至上具体表现为法律的普遍适用性、优先适用性和不可违抗性。大学生养成法律至上思维，对于自觉遵守法律、维护法律权威意义重大。

第二，权力制约。权力制约是指国家机关的权力必须受到法律的规制和约束。在我国，国家一切权力为民所有，一切权力为民所用。因此，只有依法对权力的配置和运行进行有效制约和监督，才能防止权力私用、权力滥用和权力腐败。权力制约分为权力由法定、有权必有责、用权受监督、违法受追究四项要求。养成权力制约思维，要求自觉运用权力、勇于监督权力，同时自觉监督宪法、法律的实施。

第三，公平正义。公平正义是指社会的政治利益、经济利益和其他利益在全体社会成员之间被合理、公平地分配和占有。一般来讲，公平正义主要包括权利公平、机会公平、规则公平和救济公平。养成公平正义思维，有利于增强实现公平正义的责任感，为促进全社会的公平正义而奋斗。

第四，权利保障。权利保障主要是指对公民权利的法律保障，具体包括公民权利的宪法保障、立法保障、行政保障和司法保障。宪法保障是权利保障的前提和基础。立法保障是权利保障的重要条件。行政保障是权利保障的关键环节。司法保障是公民权利保障的最后防线。

第五，正当程序。做一件事情，往往需要按照一定的程序，只有按照程序做，才能防止主观任性、无序混乱。只有严格按照法律程序办事办案，处理结果才可能公正并具有公信力和权威性。程序的正当，表现在程序的合法性、中立性、参与性、公开性、时限性等方面。

（二）尊重和维护法律权威

尊重法律权威，既要尊重一般法律的权威，更要尊重宪法至上的权威。大学生要培养法治思维，关键是要深刻认识尊重社会主义法律权威的重要意义，以实际行动维护社会主义法律权威。

法律权威是指法律在社会生活中的作用力、影响力和公信力，是法律应有的尊严和生命。法律权威源自人民的内心拥护和真诚信仰。我国宪法法律是党的主张和人民意志的统一体现，具有最高的权威。尊重法律权威，不仅要求尊重法律，更要求崇尚法治。只有思想上尊法、崇法，才能实践中守法、护法。

1. 尊重和维护法律权威具有重要意义

全体社会成员尊重社会主义法律权威，不仅是保证法律发挥作用的基本前提和要求，也是保障个人平安幸福的底线和红线。尊重和维护法律权威,对全面依法治国至关重要。

第一,尊重和维护法律权威是社会主义法治观念的核心要求和建设社会主义法治国家的前提条件。法律与国家前途、人民命运息息相关。树立法律权威,就是树立党和人民共同意志的权威;捍卫法律尊严,就是捍卫党和人民共同意志的尊严。只有切实尊重和有效实施法律,人民当家作主才有保证,党和国家的事业才能顺利发展。反之,如果法律受到漠视、削弱甚至破坏,人民的权利和自由就无法保证,党和国家的事业就会遭受挫折。

第二,尊重和维护法律权威对于推进国家治理体系和治理能力现代化、实现国家的长治久安极为重要。法律权威是国家治理的坚实基础和关键。以法安天下则天下安,依法治天下则天下治,这是千古不变的经验之谈。由于法律是一种超越个人意志的普遍性规则,并且具有稳定性和连续性,因此,当国家的最高权威系于法律时,任何组织和个人都不能拥有超越法律的特权,从而有助于保持政治与社会秩序的稳定和连续。

第三,尊重和维护法律权威是实现人民意志、维护人民利益、保障人民权利的基本途径。我国法律保护和实现的是人民的根本利益。从本质上讲,尊重和维护法律权威,就是尊重和维护人民的根本利益和其他合法权益的具体实践,也是尊重和保障人权的具体实践。尊重和维护法律权威,对于弘扬社会主义法治精神,坚定全社会尊法学法守法用法的自觉性,逐步树立社会主义法律信仰,让人民利益和权利得到有力保障和充分实现,具有重要意义。

第四,尊重和维护法律权威是维护个人合法权益的根本保障。在现实生活中,每个人都可能会遇到这样或那样的个人权益受到侵害的问题。在法治社会,只有依靠有权威的法律,才能维护和保障自身权益。有权威的法律能够威慑人、警示人、保护人，防范违法犯罪行为，能够增强个人的安全感。因此，公民尊重和维护法律权威，也是对个人幸福的最大尊重和保护。

2. 尊重和维护法律权威的基本要求

人民是国家的主人翁，是法治国家的建设者和捍卫者，尊重法律权威是其法定义务和必备素质。就大学生而言，作为一个公民，要在尊重法律权威方面加强砥砺，在学习和生活中积极作为，养成敬畏法律的良好品质，努力成为尊重法律权威、信仰法律的先锋。

第一，信仰法律。一切法律中最重要的法律，既不是刻在大理石上，也不是刻在铜表上，而是铭刻在公民的内心里。应当相信法律、信奉法律，树立崇尚法律、信仰法律的牢固观念，增强对法律的信任感、认同感。对法律常怀敬畏之心，常思敬重之情。法律必须被信仰，否则形同虚设。法律要发生作用，全社会都要信仰法律。

第二，遵守法律。要用实际行动捍卫法律尊严，保障法律实施。参与社会活动，实施个人行为，都要以法律为依据，不得违反法律规范。处理问题、作出决定时，要先问问在法律上"是什么"和"为什么"，是否合法可行。在处理守法与违法的关系时，要防微杜渐，防止因小失大。在面临选择的重大关头，要依法冷静权衡，防止头脑发热或心存侥幸而铸成大错。在创新创业活动中，要树立法治意识，学习和掌握工商企业法律规范、知识产权法律规范等，运用法律推进创新，转化成果，保护产权。在处理矛盾和冲突时，要法字当头，依法化解，谨防采取非法方式导致关系的紧张与事态的恶化。

第三，服从法律。应当拥护法律的规定，接受法律的约束，履行法定的义务，服从依法进行的管理，承担相应的法律责任。

对一切依据法律和事实作出的决定，真心接受与认可，自觉执行。

第四，维护法律。争当法律权威的守望者、公平正义的守护者、具有良知的护法者。对违法犯罪行为，要敢于揭露、勇于抵制，消除袖手旁观、畏缩不前的恐惧心理，抵制遇事回避的惧法现象。如，帮扶弱者，见义勇为，不仅是一种道德要求，也是一种法律规范，为我国法律所规定和保护，已经成为具有法律性质的社会行为，体现在我国的《民法典》《残疾人保障法》《老年人权益保障法》《未成年人保护法》等法律中，以及不少地方制定的见义勇为人员奖励和保护条例等地方性法规中，这对践行法律、弘扬正气起到了极大的推动作用。因此，大学生要遵法守规、抑恶扬善，做新时代的护法使者。

（三）逐步培养法治思维

在日常生活中，大学生可以通过各种途径学习法律知识、掌握法律方法、参与法律实践、养成守法习惯、守住法律底线等，在学习和生活中逐渐提高法治思维能力，培养法治思维方式。

1. 学习法律知识

学习和掌握基本的法律知识，是培养法治思维的前提。一个对法律知识一无所知的人，不可能形成法治思维。学习法律知识，就要求弄明白享有哪些权利和应当履行哪些义务，什么事能干、什么事不能干，心中高悬法律的明镜，手中紧握法律的戒尺。法律知识通常包括法律法规条文方面的知识和法律法治基本原理方面的知识，这两部分法律知识对于培养法治思维都很重要。只有既了解法律法规在某个问题上的具体规定，又了解法律的原理、原则，才能更好地领会法律精神，养成法治思维。除了从书本上获取法律知识外，还可以通过收听收看法制广播电视节目、阅读法律类报纸杂志，尤其是运用网络等途径学习法律知识。

2. 掌握法律方法

法治思维的过程，就是运用法律方法思考、分析和解决法律问题的过程。法律方法主要包括两个方面：一是正确理解法律的方法，包括理解法律条文的含义、内容和精神等。例如，抢劫与抢夺、定金与订金、合同的完全不履行与不完全履行等相近易混概念的理解。二是正确运用法律的方法。例如，债权人向对方债务人要债，而债务人未按约定清偿归还，经协商无效，债权人可以通过调解、仲裁和诉讼等途径解决，这就是运用法律方法，而拘禁债务人、哄抢物品就不是运用法律方法。理解和运用法律的基本方法，有助于培养法治思维。

3. 参与法律实践

法治思维是在丰富的法律实践中训练、培养和应用的思维方式。脱离法治建设的生动实践，难以养成法治思维方式。只有通过参与各种法律活动，在法律实践中运用法律知识和方法思考、分析、解决法律问题，才能养成自觉的法治思维习惯。现在，人们参与法律实践的方式和途径越来越多。一是参与立法讨论。我国中央或地方的很多立法都要广泛征求意见或者进行听证，大学生可以参与这些立法的讨论，发表自己的有关意见。二是依法行使监督权。宪法和法律赋予公民对国家机关及其工作人员的行为是否合法进行监督的权利，包括提出批评、建议和申诉、控告、检举。大学生可以通过行使这些权利，进行法律监督。三是旁听司法审判。凡是人民法院公开审判的案件，都允许公民旁听，大学生可以向人民法院申请旁听法院庭审，了解案件的审判过程。四是参与模拟法庭、法律诊所、法律辩论等校园法治文化活动，增长法律知识，锻炼法治思维。

4. 养成守法习惯

法治思维是一种习惯性思维，与长期自觉养成的生活习惯有很大关系。办事遇事习惯找"关系"，有问题习惯找政府，指望行政化手段干涉等，都是缺乏法治思维的具体表现，说明没有养成用法解决问题、依法办事的习惯。相反，在生产生活中养成遇到纠纷去查找法律的习惯，就是具备法治思维的具体表现。公民只有自觉遵守宪法和法律，坚持从具体事情做起，才能养成守法的习惯和法治思维。

5. 守住法律底线

法律红线不可逾越、法律底线不可触碰。法律不能成为"橡皮泥""稻草人"，触犯法律底线就要受到追究。如国家公职人员以权谋私、徇私枉法，是触犯法律底线的具体表现；公民应当依法纳税，而偷税漏税也是触犯法律底线的具体表现。因此，大学生应当坚持从我做起，从身边做起，形成底线思维，严守法律底线，带头遵守法律。

三、依法行使权利与履行义务

自觉尊法学法守法用法，要落实到依法行使权利与履行义务上。公民应该如何理解法律权利和法律义务的关系，如何依法行使法律权利和法律义务，以及滥用法律权利和违反法律义务后要承担什么法律责任等，是我们日常生活中经常遇到的法律问题。大学生应依法行使权利和履行义务，妥善处理学习、生活中遇到的法律问题和各种矛盾，这也是提高自己法治素养的途径。

权利和义务问题是人们经常遇到的现实问题，权利和义务关系也是社会关系的核心部分。我国公民享有广泛的权利，同时承担相应的义务；公民的权利和义务是平等的，任何人不得享有法外特权；公民的权利和义务是统一的，不允许任何人只享受法律权利，不履行法律义务；任何公民都是享有权利和履行义务的统一体，并把自己依法履行义务作为他人依法享受权利的实现条件。

（一）依法行使法律权利

依法行使法律权利，是体现权利正当性和保障权利实现的充分必要条件。在日常生活中，人们行使任何权利、做任何事情都不能超越法律界限。

我国宪法和法律规定了公民享有一系列权利，主要包括政治权利、人身权利、财产权利、社会经济权利、宗教信仰及文化权利等。

政治权利，是公民参与国家政治活动的权利和自由的统称。它的行使主要表现为公民参与国家、社会组织与管理的活动。公民的政治权利构成了实现人民主权原则及各种具体民主制度不可或缺的前提条件，反过来又体现了人民主权原则及各种具体民主制度的必然要求。政治权利主要包括选举权与被选举权、表达权、民主管理权和监督权等。

人身权利，是指公民的人身不受非法侵犯的权利，是公民参加国家政治、经济与社会生活的基础，是公民权利的重要内容。人身权利主要包括生命健康权、人身自由权、人格尊严权、住宅安全权、通信自由权等。

财产权利，是指公民、法人或其他组织通过劳动或其他合法方式取得财产和占有、使用、收益、处分财产的权利。对个人而言，财产权是公民权利的重要内容，是公民在社会生活中获得自由与实现经济利益的必要途径。财产权主要包括私有财产权、继承权等。

社会经济权利，是指公民要求国家根据社会经济的发展状况，积极采取措施干预社会经济生活，加强社会建设，提供社会服务，以促进公民的自由和幸福，保障公民过上健康而有尊严的生活的权利。主要包括劳动权、休息权、社会保障权、物质帮助权等。

宗教信仰及文化权利，是指公民依法享有的与宗教信仰活动和文化生活相关联的自由和权利的总称，主要包括宗教信仰自由、文化教育权等。依法保障宗教信仰和文化权利，是公民创造和享受精神文化财富、推动精神文化发展不可或缺的条件。同时，公民行使宗教信仰和文化权利也必须受宪法法律约束。文化权利有个人的文化权利和集体的文化权利之分，前者如由任何科学、文学或艺术作品所产生的精神上和物质上的利益受到保护的权利；后者如少数民族群众享有保留和发展其文化特性及其文化的各种形式的权利。

（二）依法履行法律义务

法律权利的行使，必须伴随着法律义务的履行，但法律义务更需要由法律加以规定。义务法定，一方面是说义务的设定必须有法律依据，另一方面是说法定的义务应当履行，否则会承担不利的法律后果。

除了在各个部门法中规定了公民的法律义务外，我国《宪法》特别规定了公民的基本义务。具体包括：维护国家统一和全国各民族团结的义务；遵守宪法和法律，保守国家秘密、爱护公共财产、遵守劳动纪律、遵守公共秩序、尊重社会公德的义务；维护祖国安全、荣誉和利益的义务；保卫祖国、抵抗侵略和依法服兵役、参加民兵组织的义务；依法纳税的义务。此外，公民还有劳动的义务和受教育的义务，夫妻双方有实行计划生育的义务，父母有抚养教育未成年子女的义务，成年子女有赡养扶助父母的义务等。

法治是治国之重器，守法是依法治国的必然要求。大学生培养守法品性，必须养成良好的法治思维和行为方式，将对法治的尊崇内化于心，将模范遵守法律外化于行，提高守法品性，成为法治中国建设的栋梁之材。

第二编

大学生历史情怀

重视历史的学习与研究，注意总结和汲取历史经验，历来是我们中国人的一个优良传统。邓小平十分重视历史教育，他说过："我是一个中国人，懂得外国侵略中国的历史。"[1]大学生是中国特色社会主义事业的生力军、建设者和接班人，更要读懂中国历史，明确中国发展背后的精神动力是什么。或者说，大学生应当具备强烈的历史情怀，读懂和热爱我们的祖国，争做新时代的优秀青年，承担起建设祖国的重任。具体来说包括六大情怀：忧国情怀、理论情怀、政党情怀、革命情怀、民族情怀和国家情怀。

《中国近现代史纲要》这门课的重要意义简单概括就是让学生认识近现代中国社会发展即革命、建设、改革的历史进程及其内在的规律性，了解国史、国情，深刻领会历史和人民是怎样选择了马克思主义，选择了中国共产党，选择了社会主义道路，选择了改革开放，开创和发展了中国特色社会主义。本部

---

〔1〕《邓小平文选》（第3卷），人民出版社1993年版，第357页。

分内容主要结合中国近现代史的大体过程和历史事件来分析大学生应当具备或体验的爱国主义情感和历史情怀。事实胜于雄辩，再多的理论分析也抵不过历史事实的强大感染力。另一方面，作为新时代的大学生，了解国情，认识历史也是最基本的要求之一，在此基础上提升个人修养，并且认识到国家与个人密不可分的关系，更好地服务社会的同时实现个人价值。

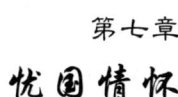

第七章

忧国情怀

1840 年，英国发动了侵略中国的鸦片战争。自此，中国历史的发展发生重大转折。随着外国资本主义的入侵，中国由封建社会逐步变成了半殖民地半封建社会。正因为如此，鸦片战争就成为中国近代史的起点。自此，帝国主义侵略中国的历史也成为中国人民反侵略、反封建的斗争史。随着民族意识的不断觉醒，中国农民阶级、地主阶级洋务派、资产阶级维新派、资产阶级革命派，他们从各自的阶级立场出发，对国家的出路进行探索，先后提出了不同的主张和方案。一代又一代的仁人志士和人民群众为救亡图存、改变国家命运所做的努力激励着后来者对国家出路的更多探索，这种"天下兴亡，匹夫有责"的忧国情怀值得我们大学生去继承和发扬。

一、不忘耻辱生于忧患的民族意识

帝国主义势力的侵略战争激起了中国人民的反抗，刺激了中国人民的觉醒。自鸦片战争以来，在一次又一次的侵华战争中，帝国主义势力不仅在军事战争中屠杀中国人民，还通过不平等条约侵占中国领土，划分势力范围，勒索赔款，掠夺财富。为了控制中国，资本帝国主义列强在政治上控制中国内政和外交，使中国当权者成为为其服务的傀儡工具。除了通过不平等条约割地赔款直接掠夺财富，帝国主义势力还通过各种途径操控中国的经济命脉，如控制中国的通商口岸、剥夺中国的关税自主权、实行商品倾销和资本输出等。此外，他们还通过传教等方式对中国进行文化渗透，宣扬殖民主义奴化思想麻痹中国人民，摧毁中国人民的民族自尊心和自信心。然而，与帝国主义的主观愿望相违背，他们疯狂的侵略迫害反而激起了中国人民的反抗，促使中国人民走上反对帝国主义侵略的斗争之路。

（一）反抗外来侵略的斗争

在中国社会逐步沦为半殖民地半封建社会的过程中，不屈的中国人民也开始了反侵略、反压迫的斗争过程。救亡图存，成了一代又一代中国人面临的神圣使命。

三元里人民的抗英斗争，是中国近代史上中国人民第一次大规模的反侵略武装斗争，显示了中国人民不甘屈服和敢于斗争的英雄气概。1841 年 5 月，英军在广州郊区三元里一带的淫掠暴行，激起当地乡民的义愤，"不呼而集者数万人"，与英军展开激烈战斗。太平天国农民战争后期，太平军曾多次重创英、法侵略军和外国侵略者指挥的洋枪队"常胜军""常捷军"。在外国侵略中国台湾的过程中，台湾人民也奋起反抗侵略者。1874 年，日本派陆军中将西乡从道率日军侵犯台湾琅峤地区，遭到高山族人民的迎头痛击。1884 年，中法战争期间，造船工人举行罢工，拒绝修理受伤的法舰，爱国商人也举行罢市，码头工人则不运送法货。

1895 年《马关条约》签订后，台北人民闻讯鸣锣罢市，反对割台。台湾绅民还发布檄文，表示"愿人人战死而失台，决不愿拱手而让台"，表达了誓与台湾共存亡的决心。台湾人民与总兵刘永福所率领的黑旗军共同抗击日本侵略。从 1895 年 6 月至 10 月，台湾军民浴血奋战，抗击了日本两个近代化师团和一支海军舰队，日军死伤 32 000 多人。台湾军民为保卫祖国神圣领土，写下了可歌可泣的一页。此后，在日本统治台湾的半个世纪里，台湾人民反抗日本侵略者的斗争从未间断过。

1900年八国联军侵华时，义和团及部分清军与之展开殊死战斗。6月，英国海军中将西摩指挥的八国联军2000多人，从天津乘火车向北京进犯，在廊坊遭到义和团的阻击。撤到杨村又遭到当地义和团和清军的围攻，死伤近300人。义和团和清军一起在天津老龙头火车站、紫竹林租界等地与八国联军拼死鏖战。义和团与清军还在东北抗击沙俄侵略军。

在历次反抗外国侵略的战争中，爱国官兵表现了英勇顽强的战斗精神，并在一些战役中取得了胜利。如在中越边境镇南关（今友谊关），年近七十的老将冯子材身先士卒，率部勇猛冲杀，大败法军，取得镇南关大捷。在抗击外国侵略的战争中，许多爱国官兵英勇献身。如：鸦片战争期间广东水师提督关天培，江南提督陈化成、副都统海龄（满族），第二次鸦片战争中提督史荣椿、乐善（蒙古族），中日甲午战争时致远舰管带（舰长）邓世昌、经远舰管带林永升等，都以身殉国。

从1840年至1919年的近80年间，中国人民对外来侵略进行了英勇顽强的反抗，这些斗争具有重大的历史作用。但是，历次的反侵略战争，都是以中国失败、中国政府被迫签订丧权辱国的条约而告结束的。其原因从中国内部因素来分析，主要有以下两个方面：一是社会制度的腐败，二是经济技术的落后。而前者则是更根本的原因。因为正是由于社会制度的腐败，才使得经济技术落后的状况长期得不到改变。但不可否认的是，近代中国人包括统治阶级中的爱国人士在反侵略斗争中表现出来的爱国主义精神，进一步铸成了中华民族的民族魂。正是由于中国人民前仆后继、英勇顽强的斗争，才使我们的国家和民族历尽劫难、屡遭侵略而不亡。那些不畏强暴、赴汤蹈火、血战疆场、宁死不屈的民族英雄，乃是中华民族的脊梁。

（二）民族意识的觉醒

外国资本帝国主义的侵略给中华民族带来了巨大的灾难。但是，列强发动的侵华战争以及中国反侵略战争的失败，从反面教育了中国人民，极大地促进了中国人的思考、探索和奋起。鸦片战争以后，先进的中国人开始睁眼看世界了；中日甲午战争以后，中国人民的民族意识开始普遍觉醒。

受到鸦片战争失败的强烈刺激，中国官吏和知识分子中少数爱国的有识之士，开始注意了解国际形势，研究外国史地，总结失败教训，寻找救国的道路和御敌的方法。林则徐是近代中国睁眼看世界的第一人。他被道光皇帝派到广东领导查禁鸦片和进行抗英斗争时，就组织人翻译西方书刊。魏源提出了"师夷长技以制夷"的思想，主张学习外国先进的军事和科学技术，以期富国强兵，抵御外国侵略。19世纪70年代以后，王韬、薛福成、马建忠、郑观应等人不仅主张学习西方的科学技术，同时也要求吸纳西方的政治、经济学说。他们的共同特点，就是具有比较强烈的反对外国侵略、追求中国独立富强的爱国思想，以及具有一定程度反对封建专制的民主思想。这些主张具有重要的思想启蒙的意义。

鸦片战争以后，中国还只是少数人有朦胧的民族觉醒意识。中日甲午战争以后，当中华民族面临生死存亡的关头时，中国人才开始有了普遍的民族意识的觉醒。中国在中日甲午战争中的失败，对中国人的刺激极大。接踵而来的瓜分狂潮，更使中华民族的各阶级、各阶层普遍产生了亡国灭种的危机感。民族危机激发了中华民族的觉醒，增强了中华民族的凝聚力。中国自古以来"天下兴亡，匹夫有责"的优良传统，得到了发扬和升华。救亡图存成了时代的主旋律。近代以来，中国的仁人志士正是怀着强烈的忧患意识和变革意识，历尽千辛万苦，不怕流血牺牲，去探索挽救中华民族危亡、实现民族复兴的道路的。甲午战争以后的戊戌维新、辛亥革命，都是在救亡图存、振兴中华这面爱国主义大旗下发生的。这些斗争和探索，使中华民族燃烧起了新的希望，标志着中华民族进一步的觉醒。

大学生回顾这段历史，可以更加深刻地体会到"落后就要挨打"的含义，中华民族泱泱大国受到外国侵略，中国人民生活在水深火热之中，唯有抗争方能改变中华民族的命运。每一个关心国家和民族命运的人都会为国而忧，通过各种努力去改变、变革或革命来实现中华民族的复兴。常怀这种忧国意识，才能更好地激发个人卫国报国的行动热情。

二、心忧国家前途命运的情怀

随着帝国主义的入侵，中国的民族危机和社会危机日益加深，社会各阶级都面临着"怎么办"的问题。农民阶级、地主阶级洋务派、资产阶级维新派、资产阶级革命派，他们从各自的阶级立场出发，对国家的出路进行探索，先后提出了不同的主张和方案。

（一）太平天国农民战争

农民是外国侵略者和本国封建统治者的主要的压迫对象和反抗力量。长期受到封建主义和帝国主义的双重压迫，残酷的压迫和剥削，迫使广大人民尤其是农民群众走上反抗斗争的道路。

1842年至1850年间，全国各族人民的反清起义在百次以上。清政府调兵镇压，但群众斗争此起彼伏，酝酿着更大规模的反抗。太平天国农民起义就是在这种情况下爆发的。1843年，洪秀全撷取原始基督教教义中反映下层民众要求的平等思想和某些宗教仪式，从农民斗争的需要出发加以改造，创立了拜上帝教，并利用它发动和组织群众。1851年1月，洪秀全率拜上帝教教众在广西桂平县（今桂平市）金田村发动起义，建号太平天国。随后，太平军从广西经湖南、湖北、江西、安徽，一直打到江苏，席卷 6 省。1853 年 3 月，占领南京，定为首都，改名天京，正式宣告太平天国农民政权的建立。

太平军所进行的战争，是一次反对清政府腐朽统治和地主阶级压迫、剥削的正义战争，加上太平军本身纪律严明，这使太平军受到群众的欢迎和拥护，也让太平天国起义得到了迅速的发展。到 1856 年上半年，除北伐失利外，太平军在湖北、江西、安徽和天京附近等战场都取得了重大胜利，控制了大片地区，达到了军事上的全盛时期。

太平天国定都天京后，进行了一系列制度建设，并颁布了《天朝田亩制度》。《天朝田亩制度》是最能体现太平天国社会理想和这次农民起义特色的纲领性文件。它确立了平均分配土地的方案，太平天国的领导者们希望通过施行这样的方案，建立"有田同耕，有饭同食，有衣同穿，有钱同使，无处不均匀，无人不饱暖"的理想社会。《资政新篇》是太平天国后期颁布的社会发展方案，是一个具有资本主义色彩的方案。但限于当时的历史条件，这两个文件都未能真正付诸实施。

太平天国运动最终以失败告终，但它具有不可磨灭的历史功绩和重大的历史意义。太平天国起义沉重地打击了封建统治阶级，强烈撼动了清政府的统治根基，还有力地打击了外国侵略势力。太平天国起义是中国旧式农民战争的最高峰。在 19 世纪中叶的亚洲民族解放运动中，太平天国起义是其中时间最久、规模最大、影响最深的一次。它和其他亚洲国家的民族解放运动汇合在一起，冲击了西方殖民主义者在亚洲的统治。它把千百年来农民对拥有土地的渴望在《天朝田亩制度》中比较完整地表达了出来。《资政新篇》则是中国近代历史上第一个比较系统的发展资本主义的方案，这反映了太平天国某些领导人在后期试图通过向外国学习来寻求出路的一种努力。因此，太平天国起义具有了不同于以往农民战争的新的历史特点。

（二）洋务运动的兴衰

洋务运动是在19世纪60年代初清政府镇压太平天国起义的过程中和第二次鸦片战争结束后兴起的。为了挽救清政府的统治危机，封建统治阶级中的部分成员如奕䜣、曾国藩、李鸿章、左宗棠、张之洞等，主张引进、仿造西方的武器装备和学习西方的科学技术，创设近代企业，兴办洋务，史称洋务运动。

洋务派兴办的洋务事业，主要包括以下几方面：

第一，兴办近代企业。洋务派首先兴办的是军用工业，这些企业都是官办的。其中规模较大的有5个：1865年，曾国藩支持、李鸿章筹办的上海江南制造总局，是当时国内最大的兵工厂；同年，李鸿章在南京设立金陵机器局；1866年，左宗棠在福建创办的福州船政局（附设有船政学堂）是当时国内最大的造船厂；次年，崇厚在天津建立天津机器局；1890年，张之洞在汉阳创办湖北枪炮厂。洋务派还兴办了一些民用企业。这些企业除少数采取官办或官商合办的方式外，多数都采取官督商办的方式。其中最重要的官督商办企业有轮船招商局、开平矿务局、天津电报局和上海机器织布局，都是李鸿章筹办或控制的。这些官督商办的民用企业，虽然受官僚的控制，发展受到很大限制，但基本上是资本主义性质的近代企业。

第二，建立新式海陆军。19世纪60年代，京师和天津、上海、广州、福州等地的军队纷纷改用洋枪、洋炮，聘用外国教练。李鸿章的淮军、左宗棠的湘军也是用洋枪装备的军队。1874年，日本派兵侵犯中国台湾，清政府筹办海防、建设海军之议随之兴起。从19世纪70年代至90年代，分别建成福建水师、广东水师、南洋水师和北洋水师。其中北洋水师是清政府的海军主力，拥有舰艇20多艘，这支舰队一直归李鸿章管辖。

第三，创办新式学堂，派遣留学生。洋务派创办的新式学堂主要有三种：一为翻译学堂，如京师同文馆，主要培养翻译人才；一为工艺学堂，培养电报、铁路、矿务、西医等专门人才；一为军事学堂，如船政学堂等，培养新式海军人才。在创办新式学堂的同时，还先后派遣赴美幼童和官费赴欧留学生200多人。

洋务派提出"自强""求富"的主张，通过所掌握的国家权力集中力量优先发展军事工业，同时也试图"稍分洋商之利"，发展若干民用企业，在客观上对中国的早期工业和民族资本主义的发展起了某些促进作用。但是，洋务派兴办洋务新政，主要是为了维护封建统治，并不是要使中国朝着独立的资本主义方向发展，加上洋务运动对列强具有依赖性。洋务运动历时30多年，虽然办起了一批企业，建立了海军，但却没有使中国富强起来。

（三）维新运动的兴起和夭折

19世纪90年代以后，中国民族资本主义有了初步发展。新兴的民族资产阶级迫切要求挣脱外国资本主义和国内封建势力的压迫和束缚，为在中国发展资本主义开辟道路。而站在救亡图存和变法维新前列的，正是代表民族资本主义发展要求的知识分子。他们把向西方学习推进到一个新的高度，即不但要求学习西方的科学技术，而且要求学习西方资本主义的政治制度和思想文化。在这样的历史条件下，资产阶级的改良思想迅速传播开来，逐步形成为变法维新的思潮，并发展成一场变法维新的政治运动。

以康有为、梁启超、谭嗣同、严复等为主要代表人物的资产阶级维新派，采取了下列行动宣传维新主张，即：①向皇帝上书。如康有为曾多次向光绪皇帝上书，他在 1895 年曾联合在京参加会试的举人共同发起"公车上书"。②著书立说。如康有为写了《新学伪经考》《孔子改制考》，梁启超写了《变法通议》，谭嗣同写了《仁学》，严复翻译了赫胥黎的《天演论》等。③介绍外国变法的经验教训。如康有为向光绪皇帝进呈了《日本变政考》《俄彼得变政记》《波兰分灭记》等书。④办学会。著名的有强学会、南学会、保国会等。⑤设学堂。重要的有康有为主持的广州万木草堂、梁启超任中文总教习的长沙时务学堂等。⑥办报纸。影响最大的有梁启超任主笔的上海《时务报》、严复主办的天津《国闻报》以及湖南的《湘报》等。维新派以各种方式宣传变法主张，制造维新舆论，培养变法骨干，组织革新力量，而重点则放在争取光绪皇帝及其周围的帝党官员的支持上，希望通过他们自上而下地实行变法主张。

维新派与守旧派之间展开了一场激烈论战。论战主要围绕以下三个问题展开：第一，要不要变法。第二，要不要兴民权、设议院，实行君主立宪。第三，要不要废八股、改科举和兴西学。维新派与守旧派的这场论战，实质上是资产阶级思想与封建主义思想在中国的第一次正面交锋。论战所涉及的领域十分广泛，进一步开阔了新型知识分子的眼界，解放了人们长期受到束缚的思想。通过论战，西方资产阶级社会政治学说在中国得到进一步的传播，戊戌变法运动的帷幕随之拉开。

由于民族危机越来越严重，在维新派的推动和策划下，富有爱国心、想要有所作为但又无实权的年轻的光绪皇帝也希望通过变法维新来救亡图存，并从以慈禧太后为首的后党手中夺取统治大权。1898 年 6 月 11 日，他颁布了"明定国是"谕旨，宣布开始变法，并在此后的 103 天中，接连发布了一系列推行新政的政令，史称戊戌变法，又称"百日维新"。其内容涉及政治、经济、军事、文化教育等各方面，旨在开放一定程度的言论、出版、结社自由，使资产阶级享受一定程度的政治权利，促进资本主义工商业的发展，因此，戊戌维新是一场资产阶级性质的改良运动。1898 年的"百日维新"如同昙花一现，只经历了 103 天就夭折了。以慈禧太后为首的保守势力扼杀维新变法的政变，史称"戊戌政变"。戊戌维新运动宣告失败。

　　太平天国运动、洋务运动以及资产阶级改良派的戊戌维新运动是在中华民族有所觉醒、国内资本主义有所发展的背景下出现的，相比之前各地的一些反对侵略斗争更具组织性和规模性，但是由于各阶级本身的局限性，加上帝国主义势力的强大，都没有取得成功。太平天国起义及其失败的结果表明，在半殖民地半封建的中国，农民具有伟大的革命潜力，但它自身不能担负起领导反帝反封建斗争取得胜利的重任。洋务运动由于本身的官办性质，不可能彻底反封建，对帝国主义也有一定依赖性。资产阶级改良派发起的论战及变法运动要求通过变法，发展资本主义，使中国走上富强的道路，但是由于维新派自身的局限和以慈禧太后为首的强大的守旧势力的反对，当时民族资本主义经济力量还十分微弱，民族资产阶级的社会基础相当狭窄，也不可能取得成功。但是这些探索可以说都是救亡图存的运动，不仅贯穿着强烈的爱国主义精神，而且推动了中华民族的觉醒。尤其是戊戌维新运动代表了部分知识分子的爱国救国之心，既是一场资产阶级性质的改良运动，更是一场思想启蒙运动，对于中国近代教育的发展起到了积极促进作用。大学生要以辩证的态度来看待以上运动，肯定其价值意义，也要看到其不足之处，从而更好地理解中国当时真正需要的是怎样的领导阶级和革命形式。

三、苟利生死报效祖国的情怀

辛亥革命是戊戌维新运动失败后，以孙中山为代表的革命派在中国掀起的一场资产阶级革命运动。这场革命的发生，是当时民族危机加深、社会矛盾激化的结果，具有历史的必然性。它是当时中国人民争取民族独立、振兴中华深切愿望的集中反映，是当时中国人民为救亡图存而前赴后继顽强斗争的集中体现。

历史进入 20 世纪，随着一批新兴知识分子的产生，各种宣传革命的书籍报刊纷纷涌现，民主革命思想得到广泛传播。在资产阶级革命思想的传播过程中，资产阶级革命团体也在各地次第成立。从 1904 年开始，出现了十多个革命团体，其中重要的有华兴会、科学补习所、光复会、岳王会等。这些革命团体的成立为革命思想的传播和革命运动的发展提供了不可缺少的组织力量。

1905 年 8 月 20 日，孙中山和黄兴、宋教仁等人以兴中会和华兴会为基础，在日本东京成立中国同盟会，孙中山被公举为总理，黄兴被任命为执行部庶务，实际主持会内日常工作。同盟会以《民报》为机关报，并确定了革命纲领。这是近代中国第一个领导资产阶级革命的全国性政党，它的成立标志着中国资产阶级民主革命进入了一个新的阶段。同盟会的政治纲领是"驱除鞑虏，恢复中华，创立民国，平均地权"。1905 年 11 月，在同盟会机关报《民报》发刊词中，孙中山将同盟会的纲领概括为三大主义，即民族主义、民权主义、民生主义，后被称为"三民主义"。民族主义包括"驱除鞑虏，恢复中华"两项内容。一是要以革命手段推翻清朝政府，改变它一贯推行的民族歧视和民族压迫政策；二是建立中华民族"独立的国家"。但是，同盟会纲领中的民族主义没有从正面鲜明地提出反对帝国主义的主张。民权主义的内容是"创立民国",即推翻封建君主专制制度,建立资产阶级民主共和国。这就是孙中山所说的政治革命。不过,民权主义虽然强调了要建立民主共和国,却忽略了广大劳动群众在国家中的地位,因而难以使人民的民主权利得到真正的保证。民生主义在当时指的是"平均地权",也就是孙中山所说的社会革命。但是,孙中山的"平均地权"的主张,没有正面触及封建土地所有制,不能满足广大农民的土地要求,在革命中难以成为发动广大工农群众的理论武器。孙中山的三民主义学说,初步描绘出中国还不曾有过的资产阶级共和国方案,是一个比较完整而明确的资产阶级民主革命纲领。它的提出,对推动革命的发展产生了重大而积极的影响。

在资产阶级民主革命思潮广泛传播、革命形势日益成熟的时候,康有为、梁启超等人坚持走改良道路,反对用革命手段推翻清朝统治。1905年至1907年间,围绕中国究竟是采用革命手段还是改良方式这个问题,革命派与改良派分别以《民报》《新民丛报》为主要舆论阵地,展开了一场大论战。投入这场论战的还有其他十几种报刊。资产阶级革命派与改良派通过这场论战,划清了革命与改良的界限,传播了民主革命思想,促进了革命形势的发展。

孙中山领导的同盟会不仅提出了革命纲领,而且从事实际的革命活动,先后发动了多次武装起义。这些起义虽然相继失败,但是产生了广泛的影响。其中影响最大的是1911年4月27日举行的广州起义。是日,黄兴率敢死队120余人在广州举行起义,大部在激战中牺牲。其中72位烈士的遗骸被葬于黄花岗,故是役史称"黄花岗起义"。1911年5月,清政府宣布"铁路干线收归国有",并与四国银行团订立粤汉、川汉铁路借款合同,借"国有"名义把铁路利权出卖给帝国主义,同时借此"劫夺"商股。这激起了湖北、湖南、广东、四川四省的保路风潮，其中以四川为最烈。清政府在铁路利权问题上采取的政策，进一步激起了民众的愤慨和反抗，加速了革命的爆发。由于革命形势已经成熟，湖北新军中的共进会和文学社两个革命团体决定联合行动，在武昌举行武装起义。1911 年 10 月 10 日晚，驻武昌的新军工程第八营的革命党人打响了起义的第一枪。起义军一夜之间就占领武昌，取得首义的胜利。革命军在三天之内就光复了武汉三镇，成立了湖北军政府。武昌起义掀起了辛亥革命的高潮，打开了清王朝统治的缺口。大江南北、长城内外，到处燃起革命的烈火。在一个月内，就有 13 个省以及上海和许多州县宣布起义，脱离清政府的统治。腐朽的清王朝迅速土崩瓦解。1912 年 2 月 12 日，清帝被迫退位。在中国延续了两千多年的封建帝制终于覆灭。

1911 年底，孙中山从海外回到上海。"独立"各省的代表在南京选举孙中山为临时大总统。1912 年 1 月 1 日，孙中山在南京宣誓就职，改国号为中华民国，定 1912 年为民国元年，并成立中华民国临时政府。南京临时政府是一个资产阶级共和国性质的革命政权。资产阶级革命派在这个政权中占有领导和主体的地位。1912 年 3 月，临时参议院颁布《中华民国临时约法》（以下简称《临时约法》）。这是中国历史上第一部具有资产阶级共和国宪法性质的法典。《临时约法》以根本大法的形式废除了两千多年来的封建君主专制制度，确认了资产阶级共和国的政治制度。但是，由于中国民族资产阶级的软弱性和妥协性，没有提出彻底的反帝反封建的纲领，不能充分发动和依靠人民群众，也没有建立坚强的政党，辛亥革命虽然取得了巨大的成功，但仍以失败而告终。

辛亥革命是资产阶级领导的以反对封建君主专制制度、建立资产阶级共和国为目的的革命，是一次比较完全意义上的资产阶级民主革命。正如毛泽东指出的："中国反帝反封建的资产阶级民主革命，正规地说起来，是从孙中山先生开始的。"[1]在近代历史上，辛亥革命是中国人民为救亡图存、振兴中华而奋起革命的一个里程碑，它使中国发生了历史性的巨变，具有伟大的历史意义。辛亥革命结束了中国两千多年封建社会的君主专制制度，建立了中国历史上第一个资产阶级共和政府，使民主共和的观念开始深入人心，推动了中国人民的思想解放。自古以来，皇帝被看作至高无上、神圣不可侵犯的绝对权威，如今连皇帝都可以被打倒，那么还有什么陈腐的东西不可以被怀疑、不可以被抛弃？辛亥革命激发了人民的爱国热情和民族觉醒，打开了禁锢思想进步的闸门。辛亥革命的失败也表明，资产阶级共和国的方案没有能够救中国，先进的中国人需要进行新的探索，为中国谋求新的出路。大学生透过这一过程可以更加明确前面提出的问题的答案：中国当时真正需要的是怎样的领导阶级和革命形式。历史地总结各阶级、各阶层进行的抗争和失败的原因，可以更好地理解中国革命需要一个有组织的彻底革命的阶级，中华民族的独立需要进行彻底的革命。

---

〔1〕《毛泽东选集》（第2卷）（第2版），人民出版社1991年版，第563页。

第八章

理论情怀

国家的前进、社会的发展、个人的进步都离不开科学理论的指导。历史和实践证明，中国革命、改革的转折和关键点无不是源于选择和坚持了马克思主义道路。马克思主义在中国的发展经历了一个长期的过程，选择马克思主义是历史的必然。了解这一过程，有利于学生认识到中国选择马克思主义是实践发展的结果，是符合广大人民群众意愿的正确选择，认识到马克思主义对个人、对国家的重要意义，激发其学习马克思主义的热情，树立崇高的马克思主义信念。要引导学生树立正确的理想信念，加强马克思主义理论学习，学会运用马克思主义的立场观点方法分析问题，做一个有理论素养和理论涵养的人。

一、以开放态度对待不同理论

近代以来，为了挽救国家的危亡，中国的先进分子曾经历尽千辛万苦，向西方国家寻找真理。但是，中国人学习西方的努力在实践中却一而再、再而三地碰壁。辛亥革命的失败和北洋军阀统治的建立，更使人们陷入了深深的绝望、苦闷和彷徨之中。一些先进的中国知识分子认为，以往少数先觉者的救国斗争之所以成效甚少，是因为中国国民对之"若观对岸之火，熟视而无所容心"。[1]因此，欲图根本之救亡，必须改造中国的

---

〔1〕《陈独秀文章选编》（上），生活·读书·新知三联书店 1984 年版，第104页。

国民性。他们决心发动一场新的启蒙运动，以期廓清蒙昧、启发理智，使人们从封建思想的束缚中解放出来。这个运动后来被称为"新文化运动"。

1919 年五四运动以前的新文化运动是资产阶级民主主义的新文化反对封建主义的旧文化的斗争。这个运动是从 1915 年 9 月陈独秀在上海创办《青年杂志》（后改名《新青年》）开始的。1917 年 1 月，爱国民主主义者、教育家蔡元培出任北京大学校长。他聘陈独秀为北大文科学长。《新青年》编辑部也随之迁至北京。李大钊、鲁迅、胡适等参加编辑部并成为主要撰稿人。《新青年》杂志和北京大学成了新文化运动的主要阵地。陈独秀在发表于《青年杂志》第一卷第一号的通信中说过："盖改造青年之思想，辅导青年之修养，为本志之天职。批评时政，非其旨也。"[1]不过，在政治斗争中，他们并非旁观者。他随后讲过，他们之所以把主要注意力倾注于清除旧思想方面，是由于他们认定"伦理问题不解决，则政治学术，皆枝叶问题"。[2]国民性不改造，"不但共和政治不能进行，就是这块共和招牌，也是挂不住的"。[3]基于以上的认识，新文化运动的倡导者以提倡新道德反对旧道德、提倡新文学反对旧文学为文化革命的两大旗帜。他们犀利地抨击封建思想和封建礼教，如鲁迅的小说《狂人日记》等对封建礼教的有力揭露和控诉，使反对"吃人的礼教"成了许多人的共同呼声。陈独秀提出的文学革命的主张，胡适对白话文的提倡，也产生了深远的影响。

《新青年》提出的基本口号是民主和科学，即所谓拥护"德先生"（Democracy）和"赛先生"（Science），这也成为新文化

---

〔1〕《陈独秀文章选编》（上），生活·读书·新知三联书店 1984 年版，第 82 页。
〔2〕《陈独秀文章选编》（上），生活·读书·新知三联书店 1984 年版，第 144 页。
〔3〕《陈独秀文章选编》（上），生活·读书·新知三联书店 1984 年版，第 207 页。

运动的基本口号。孔学是封建社会的正统思想。进入民国时期，北洋军阀政府仍然把孔学当作宗教教条一样强迫人民去信奉，这种情况严重地束缚了人们的思想，压制了民族的生机和创造力。新文化运动的倡导者提倡民主、反对专制，提倡科学、反对迷信盲从，是切中时弊的。正因为如此，这两个口号在当时即获得了人们广泛的赞同，并产生了深远的影响。新文化运动的倡导者并没有因为批判孔学就否定中国的全部传统文化。他们指出，孔学并不等于全部国学，孔学也并非一无是处。他们批判孔学，是为了指明它在根本上已经不适于现代生活，是为了反对孔学对人们的思想禁锢，是为了动摇孔学的绝对权威的地位，从而使人们敢于冲破封建思想的牢笼，去进行独立思考，以求得"真实合理的信仰"。

新文化运动在当时被认为是活泼的、革命的、前进的，并在社会上掀起了一股思想解放的潮流，但五四运动以前的新文化运动也存在着一些明显弱点。第一，新文化运动的倡导者批判孔学，是为了给中国发展资本主义扫清障碍。但是，由于资产阶级共和国的方案在中国行不通，所以从根本上说，提倡资产阶级民主主义，并不能为人们提供一种有效的思想武器去认识中国，去对中国社会进行改造。第二，他们把改造国民性置于优先的地位。但是，离开改造产生封建思想的社会环境的革命实践，仅仅依靠少数人的呐喊，依靠有限的宣传手段，要根本改造由这种社会环境产生的思想、所造成的国民性，是不可能的。第三，那时的许多领导人物，还没有马克思主义的批判精神，他们使用的方法，一般还是资产阶级的方法。他们中有的人看问题很片面，坏就是绝对的坏，好就是绝对的好。这种形式主义地看问题的方法，影响了这个运动后来的发展。

值得一提的是，在当时的先进分子中，有的人在宣传西方资产阶级民主主义时，就已经开始对它有所怀疑和保留了。比如，陈独秀在1915年赞颂法国文明时，把创立社会主义（指空想社会主义）看作是法国人对于近代文明所作的三大贡献之一，认为这是"反对近世文明之欧罗巴最近文明"。[1]李大钊在1916年5月即说过，"代议政治虽今犹在试验之中，其良其否，难以确知，其存其易，亦未可测"。[2]他们之所以对资本主义持某种程度的怀疑和保留的态度，是因为：在帝国主义时代，资本主义制度的内在矛盾已经比较充分地暴露了出来。第二，1914年至1918年的第一次世界大战，以极端的形式进一步暴露了资本主义制度固有的不可克服的矛盾。第三，中国人学习西方的努力屡遭失败的事实，更使他们对资产阶级共和国方案在中国的可行性产生了极大的疑问。新文化运动左翼人士对资产阶级民主主义的怀疑，推动着他们去探索挽救危亡的新的途径，为他们以后接受马克思主义准备了合宜的土壤。

新文化运动提出科学与民主的口号，提倡改造国民性，这在当时极具进步意义，掀起了国内思想解放的潮流。虽然他们的口号和行动，受西方资本主义思想影响，使用的方法也多是资产阶级的方法，但是从此时开始的思想解放潮流为马克思主义在中国的传播提供了前提条件。思想解放是社会解放的一个先决条件，或者说社会上一部分人领先觉悟起来，再去影响更多的人提高觉悟，进而进行社会革命，这是必然过程。文化在百家争鸣、百花齐放的情形下可以大放异彩，甚至跨越式发展。当今社会也是阶段式发展的，或称处于日新月异的变化之中，思想领域则更为自由。青年大学生具有朝气蓬勃、易于接受新事物的特点，所以在思想领域更应当保持头脑清醒、敏锐，把

---

〔1〕《陈独秀文章选编》（上），生活·读书·新知三联书店1984年版，第80页。

〔2〕《李大钊全集》（第1卷），人民出版社2013年版，第281页。

握时代脉搏，积极学习新知识，并向周围的人宣传新思想、新观念。从新文化运动的过程我们也可以看出，对待事物或思想要坚持辩证的态度，不能一刀切地反对或接受，要坚持与时俱进地对待思想观念的问题。

二、在鉴别中选择马克思主义理论

中国的先进分子走上马克思主义指引的道路，是他们经过长期的、艰苦的探索之后所作出的一种选择。马克思主义学说在 19 世纪 40 年代创立以后，在长时间里，其影响主要限于欧洲，国内有人如梁启超、朱执信等人也曾提到过马克思主义，但并没有人真正知道马克思主义是什么。

1917 年俄国爆发的十月革命是一个具有划时代意义的世界性的历史事件。它昭示人们，资本主义制度并不是永恒的，无产阶级和其他劳动群众一旦觉醒起来、组织起来，完全可以依靠自身的力量创造出维护绝大多数人利益的崭新的社会制度。由于这个革命发生在中国学习西方的努力遭到失败、中国的先进分子陷于彷徨和苦闷之时，它使中国人看到了民族解放的新希望。李大钊说，十月革命所开始的，"这个新纪元是世界革命的新纪元，是人类觉醒的新纪元。我们在这黑暗的中国，死寂的北京，也仿佛分得那曙光的一线，好比在沉沉深夜中得一个小小的明星，照见新人生的道路"。[1] 十月革命推动中国的先进分子把目光从西方转向东方，从资产阶级民主主义转向社会主义。十月革命给予中国人的几大启示：经济文化落后的国家也可以用社会主义思想指引自己走向解放之路；十月革命诞生的社会主义俄国号召反对帝国主义，并以新的平等的态度对待中国，有力地推动了社会主义思想在中国的传播；十月革命中俄

---

[1]《李大钊全集》（第 2 卷），人民出版社 2013 年版，第 377 页。

国工人、农民和士兵群众的广泛发动并由此赢得胜利的事实，给予中国的先进分子以新的革命方法的启示，推动他们去研究这个革命所遵循的主义。这样，在十月革命以后、五四运动前后的中国思想界，就产生了一批赞成俄国十月革命、具有初步共产主义思想的知识分子。社会主义开始在中国形成一股有相当影响的思想潮流。

不过，在开始时，人们对社会主义还只是一种朦胧的向往。无政府主义、工团主义、基尔特（行会）社会主义、社会民主主义以及新村主义、泛劳动主义等，各种社会主义流派的观点，在各种报刊上纷然杂陈。中国的先进分子是经过反复的比较、推求，才选择了马克思主义的科学社会主义的。在中国大地上率先举起马克思主义旗帜的，是李大钊。李大钊是从爱国的立场出发，从民主主义者转变为共产主义者的。十月革命以后，他于1918年7月发表《法俄革命之比较观》一文，指出"二十世纪初叶以后之文明，必将起绝大之变动"。[1]在同年11月、12月发表的《庶民的胜利》《Bolshevism的胜利》两文中，他指出十月革命"是二十世纪中世界革命的先声"，[2]确信"将来的环球，必是赤旗的世界"。[3]1919年9月、11月，他发表了《我的马克思主义观》一文，明确地把马克思主义称为"世界改造原动的学说"，[4]并且对马克思主义中的唯物史观、剩余价值学说和阶级斗争理论作了比较系统的介绍。与以往一些人对马克思学说所作的片断的、不确切的表述不同，这篇文章对马克思主义的介绍已经具有相当完整的形态，而且作出了基本正确

〔1〕《李大钊全集》（第2卷），人民出版社2013年版，第329页。

〔2〕《李大钊全集》（第2卷），人民出版社2013年版，第359页。

〔3〕《李大钊全集》（第2卷），人民出版社2013年版，第367页。

〔4〕《李大钊全集》（第3卷），人民出版社2013年版，第2页。

的阐释。这表明，李大钊已经成为中国的第一个马克思主义者。

十月革命赢得了中国民众的广泛好感，并且引导着中国的先进人物尤其是知识分子去了解、学习十月革命的经验。于是，在中国出现了第一批的共产主义知识分子。正是这些知识分子，肩负起了传播、宣传和实践马克思主义的重任。这为中国走马克思主义道路奠定了组织基础。十月革命在俄国的合理性现在在中国找到了新的合理性所在。而对于中国而言，恰恰是十月革命直接推动了中国对马克思主义的道路选择，并在这一过程中证明了这一道路的历史合理性。

实践发展到今天，马克思主义已作为中国特色社会主义道路的指导思想而存在，而且也被实践证明其具有持久的生命力。大学生作为社会主义事业的生力军、建设者和接班人，应当是被科学理论武装的新时代青年。大学生要主动自觉地加强马克思主义理论的学习，增强马克思主义理论自信。马克思主义理论自信就是对马克思主义科学性的深刻认识、对马克思主义理论价值的充分肯定、对马克思主义科学性和真理性的坚定信念、对马克思主义在实践中彰显的生命力的坚定信心。加强马克思主义理论自信具有必然性。第一，马克思主义作为无产阶级和全人类解放的学说，要引起人们的共鸣，激起人们的激情，需要理论自信。第二，马克思主义揭示了人类社会发展的规律，指明了人类发展的方向，要捍卫马克思主义的真理性需要理论自信。第三，马克思主义本身的理论创新和实践创新需要理论自信。马克思主义本身不是教条，需要在实践中不断丰富和发展，要做到既坚持马克思主义又有所创新。第四，马克思主义应对各种非马克思主义理论挑战的必需。马克思主义自创立伊始就在与各种非马克思主义思潮作斗争，只有坚定马克思主义理论自信，才能捍卫马克思主义的权威。大学生应当以自己的实践来捍卫马克思主义，做坚定的马克思主义信仰者和践行者。

三、主动宣传马克思主义理论

1919 年 5 月爆发的五四运动，是中国近代史上的一个划时代的事件。这个运动是在新的时代条件和社会历史条件下发生的。它的背景就是受新文化运动所带来的思想解放潮流的影响、俄国十月革命的影响以及中国资产阶级和工人阶级力量进一步壮大。

五四运动的直接导火线，是巴黎和会上中国外交的失败。在 1919 年上半年召开的巴黎"和平会议"上，中国政府代表提出废除外国在华势力范围、撤退外国在华驻军等七项希望和取消日本强加的"二十一条"及换文的陈述书，遭到拒绝。这个由几个西方列强把持的会议，竟规定德国应将在中国山东获得的一切特权转交给日本。北洋政府居然准备在这样的和约上签字。消息传到国内，激起了各阶层人民的强烈愤怒。1919 年 5 月 4 日，北京大学等北京十几所学校的学生 3000 余人在天安门前集会，随后举行示威游行。学生的爱国行动受到北洋政府的严厉镇压。正是在这个时候，中国工人阶级开始以独立的姿态登上历史舞台。从 6 月 5 日起，上海六七万工人为声援学生先后自动举行罢工。工人罢工推动了商人罢市、学生罢课。随后，这场反帝爱国运动扩展到了 20 多个省区、100 多个城市。五四运动开始时，英勇地出现在斗争前面的是学生群众。这时，运动突破了知识分子的狭小范围，成为有工人阶级、小资产阶级和资产阶级参加的全国范围的革命运动了。斗争的主力由学生转向了工人，运动的中心由北京转到了上海。迫于人民群众的压力，北洋政府不得不于 6 月 10 日宣布罢免亲日派官僚曹汝霖、章宗祥、陆宗舆的职务。6 月 28 日，中国政府代表也没有出席巴黎和约的签字仪式。五四运动的直接斗争目标得到了实现。

　　由于五四运动是在新的社会历史条件下发生的，是中国革命的新阶段即新民主主义革命阶段的开端。它与以往的旧民主主义革命不同：五四运动表现了反帝反封建的彻底性，是一次真正的群众运动，促进了马克思主义在中国的传播及其与中国工人运动的结合。五四运动以前，信仰马克思主义的，还只是李大钊这样个别的人物。马克思主义是在五四运动的推动下，才在中国传播开来的。

　　五四运动中先进的知识分子发挥了先锋和桥梁的作用，为1921年中国共产党的成立作了思想上和干部上的准备，五四运动以后，社会主义思潮在中国蓬勃兴起，马克思主义开始在知识界中得到传播。在李大钊等的影响和当时形势的推动下，一批爱国的进步青年，尤其是那些具有初步共产主义思想的知识分子，经过各自的摸索，逐步划清了资产阶级民主主义和无产阶级社会主义、科学社会主义和其他社会主义流派的界限，走上了马克思主义的道路。

　　为适应中国社会发展和革命发展的需要，早期马克思主义者在中国掀起了一场研究、传播马克思主义的思想运动。这个运动一开始就具有以下几个特点：第一，重视对马克思主义基本理论的学习，明确地同第二国际的社会民主主义划清界限。第二，注意从中国的实际出发，学习、运用马克思主义理论。中国的先进分子一旦学得马克思主义，就主张运用它去研究和解决中国面临的实际问题。第三，开始提出知识分子应当同劳动群众相结合的思想。尽管当时到工人中去的知识分子为数不多，但这毕竟是一个重要的开端，它预示着先进的知识分子应当遵循的新方向和应当走的新道路。中国的先进分子在接受马克思主义之后，并没有抛弃而是继承了五四运动的科学和民主的精神，并赋予它们以新的含义，使它们在更高的层次上得到了发扬。民主不再指狭隘的资产阶级民主，而是指多数人的民主、以劳动群众为主体的民主。

马克思主义的传播，并没有中断或取消五四运动以前开始的反封建的思想启蒙工作。中国的先进分子以唯物史观为武器，从反对封建思想入手，进而提出必须反对产生封建思想的社会制度；把反封建思想的斗争的立足点，从争取个人的个性解放，扩展到争取人民群众的社会解放的高度；把反封建的斗争方式，从少数人进行的思想批判，逐步地发展为人民群众的革命实践。他们在很大程度上克服了以往启蒙者的弱点，把反封建的启蒙运动有力地推向了前进。如果说，五四运动之前的新文化运动主要是资产阶级民主主义的新文化反对封建主义的旧文化的斗争，那么，五四运动之后的新文化运动已经发展到了一个新阶段，马克思主义开始逐步地在思想文化领域中发挥指导作用了。

中国的先进分子选择了马克思主义，这是具有伟大历史意义的事件。毛泽东指出："自从中国人学会了马克思列宁主义以后，中国人在精神上就由被动转入主动。从这时起，近代世界历史上那种看不起中国人，看不起中国文化的时代应当完结了。"[1]五四运动是中国革命史上具有划时代意义的事件，显示了中国知识分子的伟大觉醒，中国工人阶级从此登上了政治舞台，拉开了新民主主义革命的序幕，也是一次彻底的反对帝国主义和封建主义的爱国运动。五四运动已经过去，然而五四精神却在中国大地上发扬光大，激励着一代又一代的青年为了民族的独立与解放，为了国家的繁荣富强，前赴后继，英勇奋斗，积极进取，勤奋工作。五四精神被总结为忧国忧民、热爱祖国、

---

〔1〕《毛泽东选集》（第4卷）（第2版），人民出版社1991年版，第1516页。

积极创新、探索科学的爱国主义精神。有人说青年学生代表了历史的潮流和发展方向，为什么当时的青年学生率先起来发动游行示威的抗议活动，为什么知识分子走在运动的最前沿。原因就在于青年学生和知识分子是最先接触先进思想的，是具备我们所说的理论武装的头脑的，是具有理论情怀和理论修养的，是社会上最先觉悟的那一部分。这一点在后来的革命实践中都有鲜明的体现。

　　处于和平年代的当代大学生，肩负着建设祖国的重任。建设不同于革命，建设任务也更为漫长。为把我国建设成为富强、民主、文明、和谐、美丽的社会主义现代化强国，青年要有报国热情，更要践报国之行，可以从以下三方面努力。第一，要勤于学习。在科技日新月异的今天，更需要发挥五四运动中的科学精神。科学技术是第一生产力。建设社会主义现代化强国离不开先进科技的支撑和关键作用。大学生要在马克思主义理论的指引下，增强自身理论素养，既包括马克思主义理论素养，也包括专业素养。只有学习和掌握马克思主义理论知识的前沿理论，树立崇高的马克思主义信念，兼备丰富的科学文化知识，方能担当重任。第二，要善于创造。与时俱进是马克思主义的理论品质，实践在发展，中国特色社会主义事业更是没有模板可以复制。在这一伟大建设实践中，有大量的新情况、新问题有待去认识、去研究和解决。只有不断创造、不断开拓，社会才能进步，国家才能更强。青年时期也是个人一生中最富创造力的时期，青年又是最富创造力的群体。当今大学生作为青年的集中代表更应当把握有利条件，在认识和把握规律的基础上，勇于创造，善于创造，为社会主义建设贡献力量。第三，要甘于奉献。甘于奉献可以说是理论武装之下觉醒青年的必然选择。甘于奉献是崇高的精神境界，在马克思主义还不是思想主流时，为什么先进的知识分子愿意在中国去尝试、去宣传甚至去行动，这本身就是一种爱国救国尝试的奉献精神的体现。当代大学生更应当把个人命运与祖国命运紧紧连在一起，把个人追求融入全民族的共同理想之中，自觉服务祖国和人民，无私奉献社会。

第九章
政党情怀

中国共产党是中国工人阶级的先锋队，同时是中国人民和中华民族的先锋队，是中国特色社会主义事业的领导核心，代表中国先进生产力的发展要求，代表中国先进文化的前进方向，代表中国最广大人民的根本利益。党的最高理想和最终目标是实现共产主义。蓬勃朝气、昂扬锐气、浩然正气、铿锵勇气，是中国共产党人弥足珍贵的精神财富，又是克服形式主义、官僚主义、享乐主义和奢靡之风的"灵丹妙药"。作为新时代的接班人，当代大学生要培养对我们党的政党情怀，了解我们党的成立历史，明晓党的初心和使命，努力使自己成为一名关心政治、参与政治，追求进步、积极上进的人。

一、了解党的成立历史

了解党的成立历史是培养政党情怀的基本。在近代中国，如何使中国摆脱半殖民地半封建社会，实现民族独立和民族复兴成为每一个先进中国人的期盼和需求。历史的发展告诉我们，洋务运动失败了，戊戌变法失败了，辛亥革命最终也失败了。中国革命迫切需要一个有着科学理论指导，能够拯救中华民族和中国万万民众的党。中国共产党也正是在这一历史背景下走上历史舞台的。

共产党的成立与发展不是一时之功，更非一夜燎原，而是符合历史潮流和广大劳动人民意愿的必然结果。随着中国工人阶级开始作为独立的政治力量登上历史舞台和马克思主义在中国的逐步传播，建立一个以马克思主义理论为指导的工人阶级政党的任务被提上了日程。辛亥革命以后，许多原先的革命党人有的消极退隐，有的甚至蜕变为军阀、官僚、政客。五四运动时，国民党并没有站在群众运动的前列。蔡和森感叹说："这个趋势很可以证明国民党已不能领导革命了，客观的革命势力发展已超过它的主观力量了。"[1]成立新的政党来领导中国革命，成了近代中国社会发展和革命发展的客观要求。

1920年4月，经共产国际批准，俄共（布）远东局派维经斯基来华，他先后在北京、上海会见李大钊、陈独秀等，介绍苏俄和俄共情况，并说中国可以组织共产党。这对中国共产党的创建起了一定的促进作用。中国工人阶级政党最早的组织，是在中国工人阶级最密集的中心城市上海建立的。时间约在1920年8月，参加者有陈独秀、李汉俊、李达等。首次会议决定，推陈独秀为书记，并函约各地社会主义分子组织支部。11月，创办《共产党》（月刊）。这标志着共产党和共产主义的旗帜在中国大地上树立起来了。同年10月，李大钊、张国焘等在北京成立共产党的早期组织；11月，将其定名为中国共产党北京支部，李大钊任书记。从1920年秋至1921年春，董必武、陈潭秋、包惠僧等在武汉，毛泽东、何叔衡等在长沙，王尽美、邓恩铭等在济南，谭平山、谭植棠等在广州，都成立了共产党的早期组织。在日本、法国留学的中国先进分子，也成立了这样的组织。

中国共产党早期组织成立以后，主要进行了以下几方面的工作：

---

〔1〕《蔡和森文集》（下），人民出版社2013年版，第149页。

第一，研究和宣传马克思主义。共产党早期组织的成员开始着重从马克思、恩格斯的原著来学习马克思主义，同时也开始学习列宁的著作。他们在《新青年》杂志（此时成了上海党的早期组织的机关刊物）、《共产党》（月刊）以及《民国日报》等报刊上发表文章，宣传马克思主义和俄国革命的经验。上海、北京的共产党早期组织还积极进行马克思主义著作的译介工作。1920年8月，陈望道翻译的《共产党宣言》中文全译本公开出版。同月，恩格斯的《科学的社会主义》中译本也公开出版。之后，还陆续出版了若干种介绍马克思主义的著作，如《马克思资本论入门》《唯物史观解说》等。为了扩大马克思主义的思想阵地，共产党早期组织的成员同反马克思主义的思想流派进行了斗争。马克思主义者指出，必须用革命手段夺取政权，建立无产阶级专政，才能保护劳动者的利益，最终消灭阶级和阶级差别，从而使国家消亡；主张个人绝对自由，会使得工人阶级不能集中为强大的力量，从而有利于资产阶级瓦解工人运动；在社会生产力高度发达之前，要实行各尽所能、各取所需的原则，"社会的经济秩序就要弄糟了"。同反马克思主义思潮进行的斗争，帮助一批倾向社会主义的进步分子划清了社会主义同资本主义、科学社会主义同资产阶级、小资产阶级社会主义的界限，推动他们走上了马克思主义的道路。

第二，到工人中去进行宣传和组织工作。共产党早期组织的成员认识到，组织共产党必须动员工人阶级加入。他们为此提出了"请钻进工场去罢"的口号。为了能在工人群众中有效地开展工作，一些先进的知识分子穿起工人的服装，学习工人的语言，从事工人的劳动，力求与工人打成一片。如上海党的早期组织的成员俞秀松改名换服，到厚生铁工厂做工。马克思主义思想运动成了知识分子与工人群众相结合的运动。各地共产党的早期组织创办了一批专门供工人阅读的进行马克思主义启蒙教育的刊物。如上海有《劳动界》、北京有《劳动音》和《工人月刊》、济南有《济南劳动月刊》等。同时，还创办了各种形式的工人学校，其中影响最大的，是邓中夏在北京长辛店、李启汉在沪西小沙渡分别开办的劳动补习学校。开办学校，是党的早期组织对工人做工作的入手方法，借此以接近群众。经过宣传教育，觉悟的工人有了组织起来的要求。1920年11月，共产党早期组织领导的第一个工会——上海机器工会宣告成立。1921年五一国际劳动节，长辛店成立工人俱乐部（工会）。武汉、长沙、广州、济南等地的工人也相继成立工会。工会开始发动工人开展罢工斗争。工人的觉悟程度和组织程度在斗争中得到了进一步的提高。

第三，进行关于建党问题的讨论和实际组织工作。1920年11月，党的发起组制定了《中国共产党宣言》，阐述共产主义者的理想、共产主义者的目的和阶级斗争的最近状态。这个宣言没有向外发表，不过以此作为收纳党员的标准。各地的共产主义者对建党的有关问题展开了讨论。在共产党早期组织的领导下，1920年11月，社会主义青年团在上海成立。其后，北京、天津、武汉、长沙等地也成立了团的组织。各地团组织通过引导青年学习马克思主义，参加实际斗争，为党造就了一批后备力量。共产党早期组织成立后进行的上述活动，促进了马克思列宁主义的传播及其与中国工人运动的结合。在这一过程中，初步确立了共产主义信念的知识分子的关注点进一步转变到工人阶级方面来；同时，部分工人也由于受到马克思列宁主义的教育而提高了阶级觉悟。这样，就形成了一批工人阶级的先进分子，为在中国创建工人阶级的先锋队——中国共产党——

创造了基础条件。在当时的背景之下，只有代表最广大劳动者利益的党才能够带领中国走向黎明，只有深入工人阶级内部，最大范围地动员和教育广大工人阶级，才能更好地传播马克思主义，为救中国凝聚力量。

当代大学生应当了解这一过程，只有这样才能更好地理解党的成立来之不易，才能更好地理解我们党的成立是符合历史潮流和广大劳动者意愿的。知识分子代表的共产党员深入工人阶级内部，了解工人阶级思想，通过创办刊物、开办工人学校等方式对其进行教育引导，极大地提高了工人阶级觉悟，壮大了工人阶级队伍。直到今天，我国党员支部组织也坚持深入群众内部，了解群众需求，教育广大人民群众并提高其政治觉悟。作为新时代的大学生，应当自觉学习党的政治理论，尤其是马克思主义中国化进程中的一系列成果，提高个人政治素养，并积极向党组织靠拢。

二、牢记党的初心和使命

中国共产党的诞生，是近现代中国历史发展的必然产物，是中国人民在救亡图存斗争中顽强求索的必然产物，这一点也决定了中国共产党的初心和使命是为中国人民谋幸福，为中华民族谋复兴。

中国共产党第一次全国代表大会的召开正式宣告了中国共产党的成立。在中国工人运动与马克思列宁主义初步结合的基础上，中国共产党第一次全国代表大会于 1921 年 7 月 23 日在上海法租界望志路 106 号举行。其间由于会场受到暗探注意和法租界巡捕房搜查，最后一天的会议改在嘉兴南湖的游船上举行。这条游船后来被称为"红船"。参加大会的有 12 名代表，他们来自 7 个地方，代表 50 多名党员。他们是：李达、李汉俊（上海），张国焘、刘仁静（北京），毛泽东、何叔衡（长沙），董必武、陈潭秋（武汉）、王尽美、邓恩铭（济南）、陈公博（广州）、周佛海（日本东京）。陈独秀、李大钊因分别在广州和北京有事，未出席会议。包惠僧受陈独秀派遣，出席了会议。出席会议的还有共产国际代表马林和尼科尔斯基。大会确定党的名称为中国共产党。党的纲领是：以无产阶级革命军队推翻资产阶级，采用无产阶级专政以达到阶级斗争的目的——消灭阶级，废除资本私有制，以及联合第三国际等。大会在讨论实际工作计划时，决定首先集中精力组织工人。大会选举产生了由陈独秀、张国焘、李达组成的党的领导机构——中央局，以陈独秀为书记。差不多在同一时间或稍后，与党的上海发起组没有联系的一批先进分子也在独立地筹备建党。1921 年夏，利群书社的成员在湖北黄冈开会，表示赞成组织新式的党——波（布）尔什维克式的党，并提议把要组织的团体叫作"波社"。当得知中国共产党成立的消息后，恽代英立即号召其成员落入中国共产党，并结束利群书社的活动。1922 年夏，吴玉章、杨阁公等 20 余人在四川秘密成立中国青年共产党，并发行《赤心评论》。其后，中国青年共产党宣布自动取消，并令其成员个别地申请落入中国共产党。这些事实说明，建立马克思主义政党来领导中国革命，已成为中国最先进分子的共同要求。

从性质上看，中国共产党是一个在马克思主义指导下的中国的无产阶级政党。一方面，它成立于俄国十月革命取得胜利，第二国际社会民主主义、修正主义遭到破产之后。它所接受的是没有被修正主义阉割的马克思主义的完整的科学世界观和社会革命论，是在帝国主义和无产阶级革命时代发展了的马克思主义即列宁主义，是在斗争中同资产阶级、小资产阶级社会主义划清了界限的科学社会主义。另一方面，它是在半殖民地半封建中国的工人运动的基础上产生的。中国工人阶级深受帝国主义者、本国资产阶级和封建势力的三重压迫，具有强烈的革命性。中国共产党一开始就是一个以马克思列宁主义理论为基础的党，是一个区别于第二国际旧式社会改良党的新型工人阶级革命政党。中国共产党的成立，是中华民族发展史上一个开天辟地的大事变。中国共产党一经成立，就把实现共产主义作为党的最高理想和最终目标，义无反顾肩负起实现中华民族伟大复兴的历史使命。中国人民由此踏上了争取民族独立、自身解放的光明的道路，开启了实现国家富强、人民富裕的历史征程。

可见，中国共产党人的初心和使命，就是为中国人民谋幸福，为中华民族谋复兴。这个初心和使命是激励中国共产党人不断前进的根本动力。一代又一代中国共产党人不忘初心、牢记使命，弘扬建党时期的"红船精神"，即开天辟地、敢为人先的首创精神，坚定理想、百折不挠的奋斗精神，立党为公、忠诚为民的奉献精神，取得一个又一个胜利。中国共产党的成立，深刻改变了近代以来中华民族发展的方向和进程，深刻改变了中国人民和中华民族的前途和命运，深刻改变了世界发展的趋势和格局。这个初心和使命是激励中国共产党人不断前进的根本动力，也是激励全国人民不断奋斗的价值引领。新时代大学生肩负着实现中华民族伟大复兴的重任，应当具备乘风破浪前行的勇气和能力，更应当具备一颗要求上进的心，积极要求加入党的组织，更好地为社会、为国家服务。

中国共产党是无产阶级先进分子所组成的，它的每一个成员都应当是具有高度共产主义觉悟的战士。大学生加入中国共产党不仅是个人政治素养的提升，也是个人综合素质和学习能力的提升。每年的入党人员中青年都占据了较大比例。有数据显示：2018 年共发展党员 205.5 万名，其中 35 岁及以下党员 164.4 万名，占 80.0%，发展具有大专及以上学历的党员 92.2

万名，占44.9%。可见，大学生经过个人努力，还是有很大机会可以加入党组织的，当然更应当积极向党组织靠拢。当代大学生要以能够加入中国共产党为荣，树立共产主义远大理想，坚定共产主义信念，努力提升个人的品性修养和理论水平，在生活中发挥模范带头作用。在被确定为入党积极分子之后，更应当发挥模范带头作用，完成个人学习任务的同时培养多方面的能力，在个人全面发展的同时掌握过硬的为人民服务的本领，为正式加入党组织做好准备。在成为正式党员之后，更应当以党员标准严格要求自己，积极做好本职工作，同时发挥先锋模范作用，在任何岗位都要坚持以为人民服务为核心的崇高人生观要求自己。

三、感悟党的事业和历程

中国共产党一经成立，中国革命就展现了新的面貌。主要是：第一，第一次提出了反帝反封建的民主革命的纲领，为中国人民指出了明确的斗争目标。分清敌友，这是革命的首要问题。以往的斗争之所以成效甚少，一个重要的原因，就在于不能团结真正的朋友，以攻击真正的敌人。1922年7月召开的中国共产党第二次全国代表大会通过对中国社会经济政治状况的分析，明确地指出，加给中国人民最大痛苦的是资本帝国主义和军阀官僚的封建势力，因此，反对这两种势力的民主主义的革命运动是极有意义的。党的最高纲领是实现社会主义、共产主义。党在当前阶段的纲领应当是：打倒军阀；推翻国际帝国主义的压迫；统一中国为真正民主共和国。这是在半殖民地半封建社会的条件下，走向社会主义、共产主义不可逾越的一个阶段。第二，开始采取群众路线的方法。是不是相信群众、依靠群众，这是关系革命成败的一个大问题。以往的斗争之所以成效甚少，一个重要的原因，就在于未能充分地发动群众。这种情况，在中国共产党成立之后不久，也有了一个根本的改变。在中国共产党的领导、组织、推动下，从 1922 年 1 月香港海员罢工到 1923 年 2 月京汉铁路工人罢工，中国掀起了第一个工人运动的高潮。在 13 个月的时间里，全国发生了包括安源路矿工人罢工、开滦五矿工人罢工等在内的大小罢工 100 余次，参加者在 30 万人以上。中国共产党领导的工人斗争，显示了中国工人阶级的坚定的革命性和坚强的战斗力，扩大了中国共产党在全国的政治影响。孙中山正是从这个斗争中，认识到中国共产党是一支新兴的、生机勃勃的革命力量，因而下决心同它进行合作的。通过领导工人的斗争，中国共产党密切了同工人阶级的联系，党的自身建设也由此得到了加强。在集中力量领导工人运动的同时，中国共产党也开始从事发动农民的工作。1921年 9 月，经过共产党人的努力，浙江萧山县（今萧山区）衙前村成立了中国第一个农民协会，开展反抗地主压迫的斗争。1922 年 6 月，彭湃来到家乡广东海丰县赤山约，经过艰苦的工作，成立了农会。次年元旦，召开海丰全县农民代表大会，海丰总农会宣告成立，全县范围的农民运动轰轰烈烈地开展了起来。这种新式的农民运动，在中国共产党成立之前也是不曾有过的。

　　在 1923 年 2 月 7 日京汉铁路罢工遭到北洋政府的血腥镇压之后，中国工人运动暂时转入了低潮。中国共产党由此认识到，中国无产阶级虽是一个最有觉悟性和最有组织性的阶级，但是单凭自己一个阶级的力量，是不能取得胜利的。要取得胜利，他们就必须团结一切可以团结的力量，即在各种不同的情形下团结一切可能团结的革命的阶级和阶层，组织革命的统一战线。中国共产党当时首先想到的就是要联合孙中山领导的国民党。尽管这个党在几经挫折后，并没有多少实力，且成分复杂，严重地脱离群众，但是，中国共产党认为，"中国现存的各政党，只有国民党，比较是革命的民主派"，[1]因此首先应当争取同国民党进行合作。孙中山在俄国十月革命和五四运动的影响下，晚年实现了伟大的思想转变，毅然改组国民党，实行联俄、联共、扶助农工三大政策。1924年1月，中国国民党第一次全国代表大会在孙中山主持下在广州举行，大会通过了新三民主义的纲领。这个新三民主义的政治纲领同中共在民主革命阶段的纲领基本一致，因而成为国共合作的政治基础。大会实际上确定了联俄、联共、扶助农工三大革命政策。国民党一大的成功召开成为第一次国共合作正式形成的标志。

国共合作的形成，加快了中国革命前进的步伐。1924年，工人运动开始复兴，农民运动也有了初步开展。国共合作创办了黄埔陆军军官学校，为未来的革命战争准备了军事力量的骨干。1925年5月，以五卅运动为起点，掀起了全国范围的大革命高潮。在此基础上，进行了胜利的广东战争，征讨地方军阀陈炯明、邓本殷，统一并巩固了广东革命根据地。同年7月1日，国民政府在广州建立。随后，将黄埔军校校军和驻广东的粤军、湘军、滇军先后改编为国民革命军6个军，共8.5万人。全国人民痛恨北洋军阀的黑暗统治，越来越把希望寄托在设在广州的国民政府方面。1926年7月，以推翻北洋军阀统治为目标的北伐战争开始。国民革命军在工农群众的支援下，采取各个击破的战略，在不到半年的时间里，基本上摧毁了北洋军阀吴佩孚、孙传芳的主力，革命势力发展到了长江流域和黄河流域的大部分地区。"打倒列强，除军阀"的歌声响彻了大江南北、大河上下。随着北伐的胜利进军，中国形成了历史上空前广大的人民解放运动。

1925年至1927年中国反帝反封建的革命，比之以往任何一

---

〔1〕 中共中央文献研究室、中央档案馆编：《建党以来重要文献选编（1921-1949）》（第1册），中央文献出版社2011年版，第91页。

次革命，包括辛亥革命和五四运动，群众的动员程度更为广泛，斗争的规模更加宏伟，革命的社会内涵更其深刻，因此被称作"大革命"。大革命虽然以失败告终，但它的历史意义仍然是不可磨灭的。这场失败了的革命，实际上是未来胜利的革命的一次伟大的演习。因为正是在这个时期，中国共产党人进行了轰轰烈烈的革命工作，领导了全国反帝反封建的伟大斗争，在中国革命史上写下了光荣的一页，同时开始探索马克思主义中国化的途径，初步提出了无产阶级领导的、人民大众的、反帝反封建的新民主主义革命的基本思想，并且从大革命的失败中汲取了严重的历史教训，开始懂得进行土地革命和掌握革命武装的重要性。正是由于经历了这场大革命，中国人民的觉悟程度和组织程度有了明显的提高，中国共产党开始掌握了一部分革命武装。大革命是在国共合作的条件下进行的，没有国共合作，不会在短时间内掀起这样一场革命。在这场革命中，中国共产党起着独特的、不可代替的作用。可以说，没有中国共产党，就不会有这场大革命。因为中国共产党是国共合作的积极倡导者和组织者，也是大革命反对帝国主义、反对军阀的政治口号提出者。大革命是近代中国历史上空前广泛而深刻的群众运动。而中国共产党正是人民群众的主要发动者和组织者。共产党人不仅帮助和推动了国民革命军的建立，而且在军队中进行了卓有成效的政治工作，积极提高国民革命军的素质，增强它的凝聚力和战斗力；共产党员在战斗中更是身先士卒，起着先锋作用和表率作用。中国共产党对于大革命所作的独特的、重大的贡献，是当时人们所公认的。

　　"中国产生了共产党，这是开天辟地的大事变。"[1]这是毛

---

〔1〕《毛泽东选集》（第4卷）（第2版），人民出版社1991年版，第1514页。

泽东非常经典的一句话，出自 1949 年 9 月 16 日新华社发表的毛泽东针对美国政府对华问题所写的社论《六评白皮书》。从以下几点可以更好地理解这句话的含义。第一，中国共产党的成立是中国工人阶级和科学社会主义相结合的产物，是最新阶级和最新思想的结合。这是在中国共产党成立前从未有过的。第二，中国共产党第一次提出了彻底的反帝反封建的革命纲领。这是中国共产党成立前从未有过的。第三，中国共产党成立后，走向社会底层，坚决发动并依靠占中国人口绝大多数的劳动民众，使之成为将党的事业不断推向前进的力量源泉。中国共产党与其他政党的最大区别就在于其群众性。这是中国任何一个政党从未有过的，也未能做到的。第四，中国共产党在实践中成为中国革命的领导核心。这是在中国政党历史上从未有过的。

中国共产党在领导中国革命的过程中展现出了蓬勃朝气、昂扬锐气、浩然正气、铿锵勇气，而这也是当今社会发展进步所需要的接班人的必备气质。大学生作为社会主义事业的建设者和接班人，更应当拥护党的领导，严格要求自己，积极向党组织靠拢。具体来说：一方面，大学生要有拥护党的自觉性，自觉拥护党的路线方针政策，维护党的形象，在思想上、行动上与党中央保持一致。另一方面，大学生要有对坚持党的领导的坚定性。认识理解中国共产党成立的历史必然性、历史特点和意义，联系中国共产党领导人民争取民族独立、人民解放，实现国家富强、人民富裕的光辉历程，体验中国共产党的先进性、群众性，增强对党的领导的坚定信念。在此基础上，保持一颗积极上进的心，投身于新时代中国特色社会主义建设事业中去，为实现伟大的中国梦贡献青春和力量。

第十章

革命情怀

　　勇敢，是一种精神，也是一种品质。勇敢，意味着不怕危险和困难，有胆量，不退缩，有气节。气节，是指坚持正义，在敌人或压力面前不屈服的品质。经过世代培育、弘扬、传承的气节和信念，是数千年来支撑中华民族生生不息、弱而复强、衰而复兴的灵魂和脊梁。中华民族历来是一个勇敢的民族，中国人向来有一种敢于牺牲的道德情怀。回首中国共产党的发展历史，在革命时期，这种勇敢与牺牲精神表现得更为突出。当代大学生应当通过了解革命历史，树立起一种革命情怀，以勇敢无畏的革命精神投入到新时代中国特色社会主义建设事业中去。

一、不怕失败继续前进的革命探索精神

　　1927 年大革命失败之后，中国人民要争取民族独立和自身解放，就必须同国民党的反动统治作坚决的斗争，并开展以群众为基础、努力服务群众的革命斗争。

　　1927 年大革命失败以后，国民党已经不再是工人、农民、城市小资产阶级和民族资产阶级的革命联盟，而是变成了一个由代表地主阶级、买办性的大资产阶级利益的反动集团所控制的政党。为了镇压人民和消灭异己力量，国民党建立了庞大的军队和特务系统，广大人民被置于国民党武装的严密控制和监视之下。为了控制人民，禁止革命活动，国民党大力推行保甲制度，并且剥夺人民的言论和出版自由，厉行文化专制主义。

大批进步书刊被查禁，许多进步作家被监视、拘捕乃至枪杀。在这种背景下，中国共产党遇到了前所未有的困难，中国革命转入低潮。

敢不敢坚持革命？怎样坚持革命？这是中国共产党人和革命群众必须回答的两个根本性的问题。在严峻的考验面前，中国共产党人表现了坚定的革命立场和大无畏的英雄气概。他们并没有被吓倒、被征服、被杀绝。一些追求进步、向往真理的人士，在革命的危急时刻加入了共产党的队伍。年逾半百的教育家徐特立，文学家郭沫若，在国民革命军中担任过领导职务的贺龙、彭德怀等，都在这时加入了中国共产党。受尽压迫的工农群众，重新在中国共产党的周围逐步聚集起来。

但是，怎样坚持革命，即坚持革命应当走什么道路？为了回答这个问题，中国共产党人开始了长时间的艰苦的探索。在革命的危急关头，1927 年 7 月中旬，中共中央临时政治局常委会决定了三件大事：将党所掌握和影响的部队向南昌集中，准备起义；组织湘、鄂、赣、粤四省的农民，在秋收季节举行暴动；召集中央会议，讨论和决定新时期的方针和政策。同年 8 月 7 日，中共中央在汉口秘密召开紧急会议（即八七会议），彻底清算了大革命后期的陈独秀右倾机会主义错误，确定了土地革命和武装反抗国民党反动统治的总方针，并选出了以瞿秋白为首的中央临时政治局。八七会议使中国共产党在政治上大大前进了一步，开始了从大革命失败到土地革命战争兴起的转折。1927 年 8 月 1 日，以周恩来为书记的前敌委员会及贺龙、叶挺、朱德、刘伯承等人，率领共产党掌握或影响下的北伐军 2 万多人在南昌举行起义，打响了武装反抗国民党反动统治的第一枪。这是中国共产党独立领导革命战争、创建人民军队和武装夺取政权的开端。从 1927 年大革命失败到 1928 年初，中国共产党还先后在海陆丰、琼崖、鄂豫边、赣西南、赣东北、湘南、湘鄂西、闽西、陕西等地区领导了近百次武装起义。以南昌起义、秋收起义和广州起义为代表，中国共产党进入了创造红军的新时期，开启了中国革命的新纪元。中国革命由此发展到了一个新的阶段，即土地革命战争时期，或称十年内战时期。蒋介石是靠国共合作、北伐战争上台的。但是，他上了台，反而把人民推入了十年内战的血海。正是他的屠杀政策教育了中国共产党人和革命人民，促使他们拿起武器去进行战斗。毛泽东就讲过："我是一个知识分子，当一个小学教员，也没学过军事，怎么知道打仗呢？就是由于国民党搞白色恐怖，把工会、农会都打掉了，把五万共产党员杀了一大批，抓了一大批，我们才拿起枪来，上山打游击。"[1]中国共产党为了坚持反帝反封建的事业而领导人民进行土地革命战争，是必要的、正义的、进步的。

　　回首革命战争年代，中国共产党人面对国家危亡，充分展现出其不怕牺牲、无所畏惧的勇敢精神。在今天和平建设年代，大学生依然要充分理解勇敢对于自身价值实现和国家社会进步的重要意义，努力在实践中锻炼自己，在面对问题和困难的时候，坚持用一颗勇敢的心来面对并积极解决，绝不退缩。对在校大学生自身来说，学好本领，打好基础是一个基本要求。因此，作为一个具有勇敢精神的大学生应该具有强烈的求知欲，努力学习，果断向前，积极探索各个领域的知识，搭建好完善的知识架构，夯实专业基础，为未来的发展做好充分的准备。同时，在学习的道路上还要不怕困难，不怕失败，坚持在总结失败的经验教训的基础上实现前进。牺牲并非一定是生命的牺牲，就生活中的小事而言，同样也是涉及个体的牺牲，这是一

---

〔1〕　中共中央文献研究室编：《毛泽东文集》（第8卷），人民出版社1999年版，第378页。

种情怀和精神。在大学的相互协作和学习的和平环境中，在局部的环境中，一个人的行为定向和选择具体表现在对小事和哪怕是班级中的宿舍或者小组中的个人的价值选择之中。

二、立足实际勇于创新的革命首创精神

农村包围城市、武装夺取政权的革命道路，是以毛泽东为代表的中国共产党人在领导中国革命实践中逐步摸索出来的一条具有中国特色的发展道路和总战略，是由当时的历史环境决定的，同时也是我党总结经验教训得出的符合中国实际的道路选择。

革命要继续进行，且必须进行武装斗争。但具体如何进行武装斗争，一个直接的问题就是：中国共产党领导的武装斗争的主攻方向究竟是城市还是农村？这个问题，只有遵循马克思列宁主义与中国实际相结合的原则，依靠实践经验的积累，才能予以回答。从国际共产主义运动的历史来看，无论中外，都找不到农村包围城市的经验。革命工作应当以城市为中心，这是一个时期内全党的共同认识。中共中央继续留在上海，党的工作重心仍然放在中心城市。但是，所有以占领中心城市为目标的起义很快就失败了。这些起义失败后保留下来的部队，大都经过摸索，逐步转移到了远离国民党统治中心的农村区域，在那里发动农民群众、开展游击战争、进行土地革命和创建工农政权。除毛泽东率领的秋收起义部队及时转移到井冈山地区、创建农村革命根据地以外，南昌起义余部一部分转移到海丰、陆丰地区与当地农民会合，主要部分由朱德、陈毅率领转移到湘南农村，在那里开始探索上山打游击、开展农村革命的新的途径，后来也上了井冈山。广州起义余部一部分也转移到海丰、陆丰地区与农民会合，一部分后来随朱德上了井冈山，另一部分则从广州西北郊转入农村，后来参加了广西左右江起义。客

观环境迫使一批又一批的中国革命者深入到农村区域去坚持革命斗争。

八七会议以后的中共中央依据"找着新的道路"的要求，在领导各地武装起义的过程中，也初步提出了相机占领某个县或几个县、建立革命政权、实行武装割据的思想。1928 年 6 月召开的中国共产党第六次全国代表大会，在继续把城市工作的复兴视为革命高潮到来的决定条件的同时，肯定了农村根据地和红军是决定革命新高潮的更大的发展基础和重要力量。1929 年 6 月，中共六届二中全会进一步指出：在中国，找不到一个经济力量能够统治全国的大城市，所以中国革命要胜利，必须要有红军，必须要有广大的苏维埃区域的帮助。同年 9 月，中共中央给红四军前委的指示信更指出：先有农村红军，后有城市政权，这是中国革命的特征，这是中国经济基础的产物。1930 年 5 月，中共中央机关刊物《红旗》发表署名信件，明确提出共产党应当以大部分力量甚至全副力量去发展乡村工作；认为革命势力占据了广大农村之后，即可以联合起来包围城市、封锁城市，用广大的农村革命势力向城市进攻，这样，革命必然可以取得胜利。这些事实说明：以农村为工作重点，到农村去发动农民，进行土地革命，开展武装斗争，建设根据地，这是 1927 年以后中国革命发展的客观规律所要求的。

农村包围城市、武装夺取政权这条革命新道路的开辟，依靠了党和人民的集体奋斗，凝聚了党和人民的集体智慧，是对 1927 年大革命失败后中国共产党领导的红军和根据地斗争经验的科学概括。它是在以毛泽东为主要代表的中国共产党人同当时党内盛行的把马克思主义教条化、把共产国际决议和苏联经验神圣化的错误倾向作坚决斗争的基础上逐步形成的。这也是毛泽东思想的重要内容，他不仅在实践中首先把革命的进攻方向指向了农村，而且从理论上阐明了武装斗争的极端重要性和农村应当成为党的工作中心的思想。农村包围城市、武装夺取政权理论的提出，标志着中国化的马克思主义即毛泽东思想的初步形成。这是马克思主义在中国的创造性的运用和发展。1930年5月，毛泽东在《反对本本主义》一文中，阐明了坚持辩证唯物主义的思想路线即坚持理论与实际相结合的原则的极端重要性，提出了"没有调查，没有发言权"[1]和"中国革命斗争的胜利要靠中国同志了解中国情况"[2]的重要思想，表现了毛泽东开辟新道路、创造新理论的革命首创精神。

回首这段历史，给我们以很多启迪：第一，激发大学生的首创精神。大学生是国家和社会的生力军，朝气蓬勃，充满生机与活力，也是社会创新力量的重要源泉。当今社会不需要人们进行武装斗争式的革命，但社会的发展离不开改革与创新，需要大学生充满斗志，满怀创新精神地去奋斗和奉献。社会的进步更需要有领导力的优秀代表的首创精神。正如农村包围城市道路，武装夺取政权的道路选择一样，在当时的中国大地上没有发生过，在世界舞台上也没有实践过。但是由于这一道路是毛泽东及中国共产党集体智慧的结晶，是基于中国特殊历史条件下的选择，是把马克思列宁主义与中国具体实践相结合的结果，在整个世界来说都是一种创新性的道路选择，更体现了首创精神的难能可贵。推动社会进步与发展的最根本动力也在于此。第二，坚持一切从实际出发。大学生在感受这一历史选择的过程、原因及意义等的前提下，会更深刻地感受到中国革命成功的根本就是坚持马克思主义中国化的道路，坚持用马克思主义的理论、原则、方法来解决现实问题。只有坚持一切从

---

〔1〕《毛泽东选集》（第1卷）（第2版），人民出版社1991年版，第109页。

〔2〕《毛泽东选集》（第1卷）（第2版），人民出版社1991年版，第115页。

实际出发，才是真正坚持马克思主义。这一时期的"左倾"错误和"右倾"错误都导致了革命的严重挫折，甚至是灾难性结果，尤其是坚持城市中心论，教条式地坚持马克思列宁主义，直接照搬理论用于中国革命实际。走农村包围城市道路后，红一方面军取得了第一、二、三次反"围剿"作战的胜利，使赣南、闽西根据地连成一片，形成拥有 21 座县城、250 万人口、5 万平方公里土地的中央革命根据地。这正是坚持从中国实际出发进行革命斗争的结果。大学生只有坚持一切从实际出发，坚持与时俱进地理解和运用马克思主义，才能更好地指导实践。

三、不怕艰难坚信必胜的革命长征精神

有人说：长征是中国共产党人创造的神话。只有理解长征，才能理解中国共产党；只有理解长征精神，才能理解我党我军从胜利走向胜利的真谛。习近平在纪念红军长征胜利 80 周年大会上的讲话中指出："不论我们的事业发展到哪一步，不论我们取得了多大成就，我们都要大力弘扬伟大长征精神，在新的长征路上继续奋勇前进。"[1]

中国革命的复兴和发展并不是一帆风顺的。大革命失败后，在纠正陈独秀右倾机会主义错误的同时，由于对中国情况的复杂性和中国革命的长期性缺乏认识，中国共产党党内开始滋长一种"左"的急躁情绪。从 1927 年 7 月大革命失败到 1935 年 1 月遵义会议召开之前，"左"倾错误先后三次在党中央的领导机关取得了统治地位。第一次是 1927 年 11 月至 1928 年 4 月的"左"倾盲动错误，认为革命形势在不断高涨，盲目要求创造总暴动的局面。第二次是 1930 年 6 月至 9 月以李立三为代表的

---

〔1〕 习近平：《在纪念红军长征胜利 80 周年大会上的讲话》，人民出版社 2016 年版，第 11 页。

"左"倾冒险主义，错误地认为中国革命乃至世界革命进入高潮，盲目要求举行全国暴动和集中红军力量攻打武汉等中心城市。第三次是 1931 年 1 月至 1935 年 1 月以陈绍禹（王明）为代表的"左"倾教条主义。其主要错误是：在革命性质和统一战线问题上，混淆民主革命与社会主义革命的界限，将反帝反封建与反资产阶级并列，将民族资产阶级视为中国革命最危险的敌人，一味排斥和打击中间势力。在革命道路问题上，继续坚持以城市为中心，将准备城市工人的总同盟罢工和武装起义作为中国共产党最主要的任务；指令根据地的红军采取积极进攻的策略，配合攻打中心城市。在土地革命问题上，提出坚决打击富农和"地主不分田，富农分坏田"的主张。在军事斗争问题上，实行进攻中的冒险主义、防御中的保守主义、退却中的逃跑主义。在党内斗争和组织问题上，推行宗派主义和"残酷斗争，无情打击"的方针。这几次"左"倾错误，尤其是以王明为代表的"左"倾教条主义错误，使中国革命受到严重挫折，最严重的后果是使红军在第五次反"围剿"作战中遭到失败，不得不退出南方根据地进行战略转移即长征。这一时期的"左"倾错误的根本原因在于对马克思列宁主义的教条式理解，不善于把马克思列宁主义与中国具体实际相结合，具体问题具体分析。

中共中央政治局于 1935 年 1 月 15 日至 17 日在黔北重镇遵义召开的扩大会议（史称遵义会议）是中国革命的一个重要转折点。长征初期，中共中央领导人博古依靠与共产国际有关系的军事顾问、德国人李德，犯了退却中的逃跑主义错误。在强渡湘江之后，红军和中央机关人员锐减到 3 万多人。严酷的事实教育了广大的共产党员和红军指战员，一些支持过"左"倾错误的中央领导人如张闻天、王稼祥等，也改变态度，转而支持毛泽东的正确主张。这样，当中央红军根据毛泽东的提议，改向敌人力量薄弱的贵州挺进，并在占领黔北重镇遵义之后，在这里召开了扩大会议（遵义会议）。遵义会议集中解决了当时具有决定意义的军事问题和组织问题。经过激烈的争论，多数人同意以毛泽东为代表的正确意见，批评了博古、李德在第五次反"围剿"中的错误。会议增选毛泽东为中央政治局常务委员，并委托张闻天起草《中央关于反对敌人五次"围剿"的总结的决议》（即遵义会议决议）。会后不久，中共中央政治局常务委员分工，根据毛泽东的提议，决定由张闻天代替博古负总的责任；博古任红军总政治部代理主任；成立了由周恩来、毛泽东、王稼祥组成的新的"三人团"，全权负责红军的军事行动。会议的一系列重大决策，是在中国共产党同共产国际的联系中断的情况下，独立自主地作出的。遵义会议开始确立以毛泽东为主要代表的马克思主义的正确路线在党中央的领导地位，从而在极其危急的情况下挽救了中国共产党、挽救了中国工农红军、挽救了中国革命，成为中国共产党历史上一个生死攸关的转折点。这为党和革命事业转危为安、不断打开新局面提供了最重要的保证。

遵义会议后，在毛泽东等的领导下，中央红军采取灵活机动的战略战术，四渡赤水河，巧渡金沙江，抢渡大渡河，翻越人迹罕至、终年积雪的夹金山，摆脱了数十万国民党军队的围追堵截，赢得了战争的主动权。1936年10月，红二、四方面军先后同红一方面军在甘肃会宁、静宁将台堡（今属宁夏回族自治区）会师。至此，三大主力红军的长征胜利结束。红军的长征宣告了国民党反动派消灭中国共产党和红军的图谋彻底失败，宣告了中国共产党和红军肩负着民族希望胜利实现了北上抗日的战略转移，实现了中国共产党和中国革命事业从挫折走向胜

利的伟大转折。

"红军不怕远征难，万水千山只等闲。"每一位大学生可能都熟悉这样的诗句，但是否能理解诗句背后的艰辛呢？长征被认为是人类历史上的伟大奇迹，长征精神也是中国精神的重要体现之一。中央红军共进行了 380 余次战斗，攻占 700 多座县城，牺牲了营以上干部多达 430 余人，平均年龄不到 30 岁，共击溃国民党军数百个团，其间共经过 14 个省，翻越 18 座大山，跨过 24 条大河，走过荒草地，翻过雪山，行程约 25 000 里。当时的红军惨遭重创，力量弱小，还要周旋于国民党的围追堵截，历经千辛万苦，但他们始终坚信共产党人的事业是正义的，并最终取得了成功。80 多年后的今天，天地翻覆，中国共产党发展壮大，共产党人的事业仍然在继续、在发展，中国实现了飞跃式发展。我们所从事的实现中华民族伟大复兴的事业，是先辈的遗愿，是共产党人一脉相承的伟业。我们前行的路上仍然面临诸多矛盾、困惑，甚至有歧路，此时，更需要我们去学习历史，去重温历史，从历史中领悟大道，寻找正道。

英勇的红军将士在物质极端匮乏，环境极其恶劣的困境中，以坚定的革命信念和大无畏的英雄气概，创造了人类战争史上的奇迹，更为我们留下了伟大的长征精神。每一代人有每一代人的长征路，每一代人都要走好自己的长征路。长征精神是指长征途中的吃苦耐劳、勇往直前的精神，是中国共产党人革命风范的生动反映。军事科学院的专家们认为，在多种论述和表述中，对长征精神基本内涵的认识是高度一致的，那就是：革命理想高于天的忘我牺牲精神；敢于战胜一切敌人而不被敌人所屈服的革命英雄主义精神；顾全大局、紧密团结的集体主义精神；坚韧不拔、百折不挠的艰苦奋斗精神；一切从实际出发，坚持走自己道路的求实创新精神。这种精神是我们中华民族精神的体现，是我们党的事业发展至今的重要力量支撑。当代大学生应当成为长征精神的积极传承者和践行者。有了这种精神的支撑，大学生的理想信念更为坚定有力，更能体会中国革命成果来之不易，成为真正合格的乐于牺牲和奉献的社会主义事业的建设者和接班人。

现在已经不是革命时代了，但是并不是说革命精神就没有用了，革命时期沉淀下来的精神已经成为进一步激励当下青年继续前进的精神支撑。当下，大学生应该努力提高自身的爱国意识和奉献精神。与革命战争年代的爱国主义有所不同，和平时期的爱国，虽然不要求青年学生上战场杀敌，但是我们依然要看到当今时代国家间没有硝烟的战争，国家间的竞争更加的剧烈和残酷，肩负着国家未来发展的时代使命的大学生依然应该把国家和人民的利益放在首位，不仅不能做损害国家和人民利益的事情，而且还要努力通过自身的不懈奋斗、模范行动以及奉献精神，为实现中华民族的伟大复兴作出贡献。

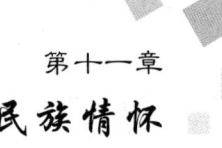

第十一章
民族情怀

民族情怀是民族精神情感层面的集中体现，以民族大义为重，以国家大局为重，是天下兴亡、匹夫有责的担当，是不畏强暴、百折不挠的坚持。我国抗日战争时期形成的抗战精神是民族精神的集中体现，是民族情怀的极大展现。中国人民抗日战争的胜利是近代以来中华民族反抗外敌入侵、第一次取得完全胜利的民族解放战争，是 20 世纪中国和人类历史上的重大事件。对于抗战胜利原因的总结，中华民族巨大的民族觉醒、空前的民族团结、英勇的民族抗争无疑是取得胜利的决定性因素，同时中国共产党所起到的中流砥柱作用也是重要的组成因素。大学生了解抗战时期这段历史是读懂中国的关键环节，更能激发自身爱国报国护国的强烈情感，增强民族自尊心、自信心和自豪感。

一、奋起反抗抵御外侮的民族情怀

面对日本的野蛮侵略，中国人民毅然奋起、英勇抵抗，进行了长达十四年艰苦卓绝的抗日战争。中国人民在九·一八事变后开始的抗日战争，揭开了世界反法西斯战争的序幕。

19 世纪 60 年代明治维新以后，日本开始走上资本主义道路，并逐渐发展成为军国主义国家。第一次世界大战结束后，日本军国主义势力进一步控制本国政权，对内镇压人民，对外侵略扩张。1927 年，日本首相田中义一主持召开"东方会议"，宣示了《对华政策纲要》，企图把"满蒙"从中国本土彻底分割出去，并决心为之诉诸武力。日本军国主义势力主张："惟欲征服支那，必先征服满蒙；如欲征服世界，必先征服支那。"对外扩张的"大陆政策"进一步发展和具体化。日本成为亚洲的战争策源地。1929 年 10 月，由美国开始的经济危机席卷整个资本主义世界。为了摆脱危机，日本军国主义者决心加紧实施其既定的侵华政策。以九·一八事变为导火索，日本开始实施其侵华计划。然而，国民党政府的"不抵抗"政策使日本侵略者更加无所顾忌地用武力大规模进攻中国。日本对中国的侵略蓄谋已久，并经过精心策划、周密准备。国民党政府却将其军队的主力用于"围剿"共产党领导的工农红军，对日本实行妥协退让。国际联盟和英、美等国政府则采取对日姑息、纵容的政策。这就使日本对中国的侵略计划步步得逞。

日本占领中国东北以后，随即开始入侵中国华北地区。1935 年，日本在华北制造一系列事端，向中国政府提出使华北政权"特殊化"的要求。中国政府在河北、察哈尔两省的主权大部分丧失，华北成为日军可以自由出入的"真空地带"。接着，日方又策动华北五省（河北、察哈尔、绥远、山西、山东）两市（北平、天津）"防共自治运动"，制造傀儡政权。这就是华北事变。华北事变后，日本加紧发动全面侵华战争的部署。1937 年 7 月 7 日，卢沟桥事变发生。当夜，驻丰台日军一个中队在卢沟桥以北举行军事演习。日军借口一名士兵失踪，要求进入宛平县城搜查，遭到拒绝后，即炮轰宛平城，向卢沟桥的中国驻军进攻。日本全面侵华战争由此开始。卢沟桥事变以后，日本动员几乎全部军事力量，采取"速战速决"的战略，向华北、华东、华中地区发起战略进攻。由于遭到中国军民的顽强抵抗，日军在 1938 年 10 月占领广州、武汉以后，被迫停止对正面战场的战略性进攻。在坚持灭亡中国的总方针下，日本调整侵华政策，实施"以华制华"和"以战养战"策略，对国民党政府采取政治诱降为主、军事打击为辅的方针；在占领区加紧扶植傀儡政权，建立和发展汉奸组织；逐步将主要兵力用于对共产党领导的敌后抗日根据地进行"扫荡"。1944年4月至1945年1月，日本发动打通中国大陆交通线的豫湘桂战役，占领20多万平方公里的中国领土。这是日军在中国的最后一次大规模进攻。

日本的大举进攻，使中国的大片土地沦为日本的殖民地。日本在这些地方实行残暴的殖民统治。早在1895年《马关条约》签订后，日本就开始了在台湾长达50年的殖民统治。1931年日军占领中国东北后，开始了对东北长达14年的殖民统治。在关内占领区，日本军国主义者允许"中华民国"国号的存在，但是，这些地区实质上仍然是日本的独占殖民地。日本对中国的大规模侵略和在中国部分地区的殖民统治，犯下了空前严重的罪行，给中华民族造成了极为深重的灾难。首先，制造惨绝人寰的大屠杀。1937年12月，日军占领中国国民政府首都南京后，展开烧、杀、淫、掠"大竞赛"。中国平民和被俘士兵被集体射杀、火焚、活埋及用其他方法处死者达30万人以上，无数妇女遭到蹂躏残害，无数儿童死于非命，1/3建筑遭到毁坏，大量财物遭到掠夺。震惊中外的"南京大屠杀"，是骇人听闻的反人类罪行。日军在其他许多地方制造的屠杀中国人民的惨案不计其数。其次，疯狂掠夺中国的资源与财富。在东北，在"日满经济一体化"的口号下，日本的垄断资本独占了全部重工业和铁路交通，控制了东北的经济命脉，肆意掠夺矿产资源。最后，强制推行奴化教育。日本侵略者按照"思想战"的方针，在其占领区大力推行奴化教育，企图以此达到泯灭中国民众的民族意识和反抗精神、维护其殖民统治的目的。日本侵略者在中国犯下的罪行罄竹难书。据不完全统计，战争期间，中国军民伤亡人数超过 3500 万；按 1937 年的比价，中国直接经济损失 1000 多亿美元，间接经济损失 5000 多亿美元。

拥有强烈民族情怀的人，一定深深热爱、维护自己的祖国。面对日本的嚣张入侵和残忍迫害，中国民众举起了抗日大旗，虽然开始不能完全抵制日军侵略，但是一定程度上遏制了日军的嚣张气焰，展现了中国民众的朴素的爱国情怀。九·一八事变后，抗日救亡运动在全国兴起。中国共产党及其领导的工农红军和广大的工人、农民是抗日救亡运动的中坚力量。上海、天津、广州、北平等地工人纷纷举行反日大罢工和抗日示威游行，组织抗日救国会，开展抗日募捐。冀东农民开展打游击等斗争。北平、南京、上海等地大中学生举行罢课、示威、街头宣传等活动。各地学生还到南京请愿，要求蒋介石出兵东北，收复失地。民族资产阶级及其政治代表也要求国民党当局"改弦更张""与民更始"，变更"剿共"政策，"全国一致对外"。国民党军队中的部分爱国官兵自发进行了抗战。中国共产党人开始了同这部分国民党官兵的抗日合作。1932 年一·二八事变后，国民党第十九路军奋起抗击进攻上海的日军，中共中央号召各界民众组织义勇军，并发动沪西日商纱厂工人罢工，以支援十九路军的抗日作战。1934 年 4 月，由中国共产党提出，宋庆龄、何香凝、李杜等 1779 人领衔，以"中国民族武装自卫委员会筹备委员会"的名义，发表《中国人民对日作战的基本纲领》。在纲领上签字的群众达几十万人。天下兴亡，匹夫有责。当时中国社会各个层面的、不同程度的抗日活动有力地说明了这一点。

国家处于危难之中，个人生活亦不能保证，唯有奋起抗争，才能保家卫国。当前疫情阶段也是如此。中国在最短时间内采取最严格防控措施，把疫情主要控制在了武汉，全国上下服从党中央领导，进行居家学习和工作，取得了此次抗疫战的阶段性胜利。在此次支援湖北武汉的医护人员之中，"90后""00后"就有1.2万人，占了整个队伍的将近1/3，显然他们已经成为这场战役的主力军。战疫过程中处处有有志青年的身影，如多次请战、一心援鄂的汶川女孩佘沙，四天三夜、骑行300千米毅然返岗的95后女孩甘如意，主动接送医护人员、不取分文的快递小哥汪勇，还有无数奔走在社区、街道、路口的志愿者。新一代青年用行动证明了自己可堪重任。

二、同仇敌忾奋起抗战的民族情怀

中国共产党一开始就主张实行全面抗战的路线，即人民战争路线。中国共产党确信，只有动员和依靠群众，才能坚持抗战，并取得抗战的胜利。

（一）号召停止内战，共御外侮

在中国共产党关于救亡图存、全民抗战的号召和中共地下党组织的领导下，1935年12月9日，以北平学生抗日游行开始的一二·九运动促进了中华民族的觉醒，标志着中国人民抗日救亡运动新高潮的到来。北平学生举行了声势浩大的抗日游行，喊出"反对华北自治""打倒日本帝国主义""停止内战，一致对外"等口号，遭到国民党军警镇压。12月16日，北平学生和市民1万多人在天桥召开市民大会。会后，举行了更大规模的示威游行。在全国抗日救亡运动高涨之际，中国共产党及时提出了抗日民族统一战线的新政策。1935年8月1日，中共驻共产国际代表团起草了《为抗日救国告全体同胞书》，同年10月1日以中国苏维埃政府、中国共产党中央的名义在法国巴黎出版的《救国报》发表，呼吁全国各党派、各界同胞、各军队都应捐弃前嫌，停止内战，集中一切国力，为抗日救国的神圣事业而奋斗。12月，中共中央在陕北瓦窑堡召开政治局会议，提出了在抗日的条件下与民族资产阶级重建统一战线的新政策，批评了党内长期存在的"左"倾冒险主义、关门主义的错误倾向。中国共产党在新的历史时期即将到来时掌握了政治上的主动权。

1936年5月，在共产党人的积极参与下，宋庆龄、沈钧儒、邹韬奋、陶行知、章乃器等爱国民主人士发起成立全国各界救国联合会。中国共产党对驻扎在西北地区的以张学良为首的东北军和以杨虎城为首的国民党第十七路军的统一战线工作取得突破性进展。1936年5月，毛泽东、朱德联名发布《停战议和一致抗日通电》，公开放弃了反蒋的口号。9月1日，中共中央发出党内指示，明确提出党的总方针是"逼蒋抗日"。这是中国共产党根据国内阶级关系变化的实际状况作出的一个重大政策调整。蒋介石于1936年12月初到达西安，逼迫张学良、杨虎城攻打陕甘的红军。12日凌晨，爱国将领张学良、杨虎城为了实现停止内战、共同抗日，发动了西安事变，扣留了蒋介石。中国共产党从民族大义出发，为了团结国民党共同抗日，确定促成事变和平解决的基本方针，派周恩来等到西安，并参加张、杨同南京方面代表宋美龄、宋子文的和平谈判。蒋介石被迫作出了停止"剿共"、联合红军抗日等六项承诺。西安事变的和平解决成为时局转换的枢纽，十年内战的局面由此结束，国内和平基本实现。

为了促进国共两党的合作，1937年2月，中共中央致电国民党五届三中全会，提出停止内战、一致对外等五项要求。如果国民党将这五项要求定为国策，共产党愿意实行四项保证：停止武力推翻国民党政府的方针；苏维埃政府改名为中华民国特区政府，红军改名为国民革命军；特区实行彻底的民主制度；

停止没收地主土地的政策。中国共产党的上述主张，在全国引起巨大反响，也得到国民党内抗日派的赞同。在国民党五届三中全会上，许多人联名要求恢复孙中山的"联俄、联共、扶助农工"三大政策。全会表示同意国共两党进行谈判，并在会议文件上第一次写上了"抗日"的字样。

在国难当头的时刻，国共两党实行第二次合作成为不可抗拒的历史潮流。1937 年 7 月 7 日，卢沟桥事变爆发，中国守军奋起抵抗日军的进攻。事变发生的第二天，中国共产党就通电全国，号召全中国同胞团结起来，筑成民族统一战线的坚固长城，抵抗日本的侵略。9 月 22 日，国民党中央通讯社发表《中共中央为公布国共合作宣言》；9 月 23 日，蒋介石发表实际承认共产党合法地位的谈话。以国共两党第二次合作为基础的抗日民族统一战线正式形成。中国共产党领导开辟的敌后战场和国民党指挥的正面战场协力合作，形成了共同抗击日本侵略者的战略局面。

抗日战争是中华民族全民族的反侵略战争，是一场正义战争。全国各界民众以不同形式参加抗日民族统一战线，投入了全民族抗战。中国工人、农民、知识分子和其他爱国人士积极投入抗日洪流。中华民族革命同盟、国家社会党、中国青年党、中华职业教育社、乡村建设派等，一致拥护国共两党合作抗日。宋庆龄接受中共中央建议，从上海移居香港，于 1938 年 6 月成立保卫中国同盟，呼吁世界人民援助中国抗战。在中国共产党的领导、影响下，各少数民族人民与汉族人民一起，以各种方式投入抗日斗争。许多台湾同胞还来到祖国大陆，组织各种抗日团体和抗日武装。岛内的高山族等台湾同胞则坚持不断地发动抗日暴动，组织抗日义勇军（台湾同胞在长达半个世纪的抗日斗争中，共有 65 万人壮烈牺牲）。香港、澳门同胞也积极支援内地的抗战。太平洋战争爆发后，香港同胞更在内地抗日武装的支持下，开展打游击等多种形式的抗日斗争。海外华侨始终与祖国同呼吸、共命运。他们以各种方式支援祖国的抗战。如在亚洲，新加坡成立了以陈嘉庚为主席的华侨筹赈祖国难民总会，其分支机构遍及东南亚各国。在祖国危急存亡的关头，中华儿女表现了空前的民族觉醒和民族团结，以自己的血肉之躯筑成了捍卫祖国的钢铁长城。

（二）中流砥柱，人民战争

中国共产党确信，只有动员和依靠群众，才能坚持抗战，并使抗战的胜利成为人民的胜利。在中国，农民是民主革命的主要力量。进行人民战争，首先和主要的，就是要深入敌后，发动和组织广大的农民，开展游击战争和群众工作，创建抗日民主政权，逐步把落后的农村建设成为先进的革命阵地。中国共产党把工作的重点放在敌后农村，在新的抗日民族解放战争条件下，继续走农村包围城市的道路。

在抗战过程中，中国共产党倡导和坚持统一战线方针。中国共产党强调，必须在统一战线中坚持独立自主原则，既统一，又独立。为此，共产党必须保持在思想上、政治上和组织上的独立性，放手发动群众，壮大人民力量；必须坚持对人民军队的绝对领导，努力发展人民武装和抗日根据地；必须对国民党采取又团结又斗争、以斗争求团结的方针。这样做的目的，是为了保持共产党领导的革命力量已经取得的阵地，尤其是为了发展这些阵地，以动员千百万群众进入抗日民族统一战线，实质上就是力争中国共产党对抗日战争的领导权，使自己成为团结全民族抗战的中坚力量。这是把抗日战争引向胜利的中心一环。

为了抗日民族统一战线的坚持、扩大和巩固，中国共产党总结反"摩擦"斗争的经验，制定了"发展进步势力，争取中间势力，孤立顽固势力"的策略总方针。进步势力主要是指工人、农民和城市小资产阶级。他们是统一战线的基础，是抗日战争的主要依靠力量。中间势力主要是指民族资产阶级、开明绅士和地方实力派。争取中间势力需要一定的条件：一是共产党要有充足的力量；二是尊重他们的利益；三是要同顽固派作坚决的斗争，并能一步一步地取得胜利。顽固势力是指大地主大资产阶级的抗日派，即以蒋介石集团为代表的国民党亲英美派。他们采取两面政策，既主张抗日，又限共、溶共、反共并摧残进步势力。为此，共产党必须以革命的两面政策来对付他们，即贯彻又联合又斗争的政策，斗争不忘统一，统一不忘斗争，二者不可偏废，而以统一为主。同顽固派作斗争时，应坚持有理、有利、有节的原则。

中国共产党依据中共国情提出持久战的战略方针。这也是抗战胜利的关键所在。1937 年 8 月，中国共产党在陕北洛川召开政治局扩大会议，制定了抗日救国十大纲领，强调要打倒日本帝国主义，关键在于使已经发动的抗战成为全面的全民族的抗战。为此，必须实行全国军事的总动员、全国人民的总动员；必须改革政治机构，给人民以充分的抗日民主权利，并适当改善工农大众的生活。会议强调，必须坚持统一战线中无产阶级的领导权，在敌人后方放手发动独立自主的山地游击战争，在国民党统治区放手发动抗日的群众运动。

抗日战争是一场弱国对强国的战争。1938 年 5 月至 6 月间，毛泽东发表《论持久战》的讲演，总结抗战 10 个月来的经验，集中全党智慧，系统地阐明了持久抗战的总方针。毛泽东指出，中日战争是半殖民地半封建的中国和帝国主义的日本之间在 20世纪 30 年代进行的一个决死的战争。一方面，日本是强国，中国是弱国，强国弱国的对比，决定了抗日战争只能是持久战。另一方面，日本是小国，发动的是退步的、野蛮的侵略战争，在国际上"失道寡助"；而中国是大国，进行的是进步的、正义的反侵略战争，在国际上"得道多助"。中国已经有了代表中华民族和中国人民根本利益的、在政治上成熟的中国共产党及其领导的抗日根据地和人民军队。因此，最后胜利必将是属于中国的。毛泽东阐明的持久战战略思想，揭示了抗日战争的发展规律和坚持抗战、争取抗战胜利必须实行的战略方针，对全国抗战的战略指导产生了积极的影响。

为了贯彻执行全面抗战路线，中国共产党作出了开辟敌后战场的战略决策。在战略防御阶段，从全局看，国民党正面战场的正规战是主要的，敌后的游击战是辅助的。但是，游击战在敌后的广泛开展和敌后抗日根据地的开辟，迫使敌人不得不把用于进攻的兵力抽调回来保守其占领区，从而对阻止日军的进攻、减轻正面战场压力、使战争转入相持阶段起了关键性的作用。在战略相持阶段，敌后游击战争成为主要的抗日作战方式。日军逐步将主要兵力用于打击敌后战场的人民军队，以保持和巩固其占领地。

中国共产党上述原则和方针的提出和贯彻实施，对于坚持全民族抗战到底，具有十分重大的意义。此外，中国共产党非常重视抗日民主根据地建设，推进大后方的抗日民主运动和进步文化工作，加强党自身的建设。中国共产党自成立之日起就把实现中华民族伟大复兴作为自己的历史使命。中国共产党倡导和推动国共合作，建立、坚持和发展广泛的抗日民族统一战线。中国共产党坚持全面抗战路线，制定正确的战略策略，开辟广大敌后战场，成为坚持抗战的中坚力量。中国共产党始终坚持抗战、反对投降，坚持团结、反对分裂，坚持进步、反对倒退，同各爱国党派团体和广大人民一起，共同维护团结抗战大局，引领着夺取战争胜利的正确方向，成为夺取战争胜利的民族先锋。为了胜利地领导中国人民进行抗日战争，中国共产党密切地联系着党的政治路线，在斗争实践中不断推进党的建设的伟大工程。这些都表明，中国共产党已经在长期实践中逐步成熟起来，并且以民族大义为先，从全民族、全体人民大众的利益出发来考虑问题，做出决策。这就是我们所强调的民族精神或民族情怀，只有在这种大公无私、勇于牺牲精神的指引下，中国革命才能取得一个又一个胜利。

三、牢记历史不忘过去的民族情怀

1945年上半年，世界反法西斯战争进入最后阶段。4月，联合国制宪会议在美国旧金山举行，包括中国解放区代表董必武在内的中国代表团出席了会议。中国成为联合国的创始国和联合国安全理事会五个常任理事国之一。5月上旬，苏联红军攻克柏林，德国法西斯投降。7月26日，中、美、英三国发表《波茨坦公告》，敦促日本投降。8月上旬，苏联红军进入中国东北，猛烈攻击日本关东军。8月9日，毛泽东发表《对日寇的最后一战》的声明，号召八路军、新四军及其他人民军队，应在一切可能条件下，对于一切不愿投降的侵略者及其走狗实行广泛的进攻。中国人民军队对日军的战略反攻全面展开。8月14日，日本政府照会中、美、英、苏等国，表示接受《波茨坦公告》。8月15日，日本天皇裕仁以广播"终战诏书"的形式宣布接受《波茨坦公告》。9月2日，在东京湾美军军舰密苏里号上举行日本向同盟国投降签字仪式。至此，中国人民抗日战争胜利结束，世界反法西斯战争也胜利结束。9月9日，中国战区日军投降签字仪式在南京举行。中国战区日本投降代表、日军中国派遣军总司令冈村宁次在投降书上签字。侵华日军128万余人向中国投降。1945 年 10 月 25 日，中国政府在台湾举行受降仪式。根据《波茨坦公告》，被日本占领 50 年之久的台湾以及澎湖列岛，由中国收回。这成为抗日战争取得完全胜利的重要标志。

中国人民抗日战争从一开始就具有拯救人类文明、保卫世界和平的重大意义，是世界反法西斯战争的重要组成部分，中国战场是世界反法西斯战争的东方主战场。

中国人民抗日战争的胜利，是近代以来中国抗击外敌入侵的第一次完全胜利。中国抗战胜利的原因有以下几方面：第一，以爱国主义为核心的民族精神是中国人民抗日战争胜利的决定因素。第二，中国共产党的中流砥柱作用是中国人民抗日战争胜利的关键。第三，全民族抗战是中国人民抗日战争胜利的重要法宝。抗击侵略、救亡图存成为中国各党派、各民族、各阶级、各阶层、各团体以及海外华侨华人的共同意志。第四，中国人民抗日战争的胜利，同世界所有爱好和平和正义的国家和人民、国际组织以及各种反法西斯力量的同情和支持也是分不开的。

中国人民抗日战争是 20 世纪中国和人类历史上的重大事件，为中华民族由近代以来陷入深重危机走向伟大复兴确立了历史转折点。第一，中国人民抗日战争的胜利，彻底粉碎了日本军国主义殖民奴役中国的图谋。中国人民用自己的顽强奋战和巨大牺牲，迫使日本归还甲午战争以后从中国窃取的东北、台湾、澎湖列岛等神圣领土，捍卫了国家主权和领土完整，彻底洗刷了近代以来抗击外来侵略屡战屡败的民族耻辱。第二，中国人民抗日战争的胜利，促进了中华民族的大团结，形成了伟大的抗战精神。中国人民向世界展示了天下兴亡、匹夫有责的爱国情怀，视死如归、宁死不屈的民族气节，不畏强暴、血战到底的英雄气概，百折不挠、坚忍不拔的必胜信念。这是中国人民弥足珍贵的精神财富，永远是激励中国人民克服一切艰难险阻、为实现中华民族伟大复兴而奋斗的强大精神动力。第三，中国人民抗日战争的胜利，对世界各国夺取反法西斯战争的胜利、维护世界和平的事业产生了巨大影响。中国人民为最终战胜世界法西斯势力作出的历史性贡献，在全世界人民面前树立了一个以弱胜强的范例，中国国际地位显著提高。第四，中国人民抗日战争的胜利，开辟了中华民族复兴的光明前景。经历抗日战争锤炼的中国人民进一步认识到：只有实现民族独立和人民解放，建立人民当家作主的新中国，才能真正实现民族振兴、人民幸福。中国共产党提出的改造旧中国、建设新中国的主张，代表了中国人民的根本利益。人民革命力量进一步发展壮大。这就为中国共产党团结带领全国人民继续奋斗，赢得新民主主义革命的胜利、创建中华人民共和国，奠定了重要的基础。

中国人民抗日战争是弱国战胜强国的范例，在世界反法西斯战争中具有重要的地位。大学生要有强烈的民族自信心和自尊心，继承伟大的抗战精神，即天下兴亡、匹夫有责的爱国精神；万众一心、共御外侮的大局意识；百折不挠、愈挫愈勇的必胜信念；不畏强暴、血战到底的英雄气概。发扬伟大抗战精神，维护中华民族的尊严，为国家建功立业是当今大学生的光荣使命。当代大学生要把抗战精神上升为信仰，这不仅仅是某种精神和理念，而应是人生的指南和最高追求。这种信仰不但能够抵抗物欲横流的诱惑，而且能够激励大学生锐意进取，开拓创新。所以，我们倡导将抗战精神升华成每位大学生心中崇高的信仰，以及在前行中坚定信念，在发展中不忘初心，在弘扬中造福人民的伟大力量。

第十二章
国家情怀

感恩是一种人格品质，懂得感恩的人就会以坦荡的心境、开朗的胸怀来应对生活中的酸甜苦辣，让原本平淡乏味的生活焕发出迷人的色彩，让社会更加和谐稳定，国家更加繁荣昌盛。大学生应当常怀感恩之心，践报恩之行，为建设富强、民主、文明、和谐、美丽的社会主义现代化国家而奋斗。

一、高度认同大爱祖国的情怀

抗日战争胜利后，中国广大人民热切希望实现和平、民主，为建设新中国而奋斗。战后的政治形势，总的来说，对中国人民实现建设新中国的目标是有利的。在国际上，帝国主义遭到削弱，社会主义国家、民族解放运动的力量有了新的发展，世界反动势力已经难以集中起来干涉中国革命。在国内，中国人民的觉悟程度、组织程度空前提高，人民军队发展到 120 万人，解放区扩大到 1 亿人口。经过整风学习，中国共产党在毛泽东思想的基础上达到了高度的团结。毛泽东根据时局变化进一步指出，抗战结束，和平建设阶段开始。中央正考虑同国民党进行谈判，避免内战，实现和平建国。为了争取和平民主，毛泽东不顾个人安危，于 1945 年 8 月 28 日与周恩来、王若飞赴重庆同国民党当局进行谈判。10 月 10 日，就和平建国问题，双方签署"双十协定"，同意"长期合作，坚决避免内战"。然而，中国共产党争取和平民主的努力最终未能阻止全面内战的爆发，

1946 年 6 月底，全面内战爆发，国民党军以进攻中原解放区为起点，挑起了全国性的内战。随着辽沈、淮海、平津三大战役的胜利，国民党主要军事力量被摧毁，奠定了人民解放战争胜利的基础，建立新中国的任务也被提上了日程。

在 1948 年 9 月召开的中共中央政治局会议上，毛泽东论述了即将成立的新中国的国体，即国家政权的阶级性。他说："我们政权的阶级性是这样：无产阶级领导的，以工农联盟为基础，但不是仅仅工农，还有资产阶级民主分子参加的人民民主专政。"[1]1949 年 3 月召开的中共七届二中全会，规定了党在全国胜利后在政治、经济、外交方面应当采取的基本政策，指出了中国由农业国转变为工业国、由新民主主义社会转变为社会主义社会的发展方向。在这次会议上，毛泽东告诫全党，夺取全国胜利，这只是万里长征走完了第一步，中国的革命是伟大的，但革命以后的路更长，工作更伟大、更艰苦。为了向全国人民公开阐明中国共产党在建立新中国问题上的主张，在中国共产党成立 28 周年的前夕，1949 年 6 月 30 日，毛泽东发表了《论人民民主专政》一文，明确指出人民民主专政需要工人阶级的领导。因为只有工人阶级最有远见，大公无私，最富于革命的彻底性。在筹建新中国的过程中，毛泽东、中共中央还进一步确认，中国同苏联国情不同，不宜实行联邦制。单一制的国家结构形式符合中国的实际情况，在统一的国家内实行民族区域自治有利于民族平等原则的实现。

1949 年 9 月 21 日，中国人民政治协商会议第一届全体会议的召开，标志着中国的新型政党制度——中国共产党领导的多党合作和政治协商制度的确立。这一制度符合中国历史发展的

---

[1] 中共中央文献研究室编：《毛泽东文集》（第 5 卷），人民出版社 1996 年版，第 135 页。

规律和中国人民的根本利益，也符合各民主党派和无党派民主人士的意愿。1949 年 10 月 1 日，首都军民 30 万人齐集北京天安门广场举行开国大典，欢庆中华人民共和国的诞生。中华人民共和国是工人阶级领导的、以工农联盟为基础的人民民主专政的国家（国体）。新中国的政体是人民代表大会制度；它的国家结构形式是统一的多民族国家和在单一制国家中的民族区域自治制度；它的政党制度是中国共产党领导的多党合作和政治协商制度。

中华人民共和国的成立，实现了中国从几千年封建专制政治向人民民主的伟大飞跃，宣告中国人民当家作主的时代已经到来，具有五千多年文明历史的中华民族从此进入了发展进步的历史新纪元。中华人民共和国的成立，标志着中国的新民主主义革命取得了基本的胜利，标志着半殖民地半封建社会的结束和新民主主义社会在全国范围内的建立。这是马克思主义同中国实际相结合的伟大胜利。近代以来中国面临的第一项历史任务，即求得民族独立和人民解放的任务基本上完成了。这就为实现第二项历史任务，即实现国家的繁荣富强和人民的共同富裕，创造了前提，开辟了道路。中华人民共和国的成立，这一中国大地上的历史巨变，彻底改变了中国的面貌，每一位中华儿女都为之自豪。当代大学生更应当树立这种民族自尊心和自豪感，捍卫祖国利益，为祖国奋斗终生。

二、砥砺奋进建设祖国的情怀

中华人民共和国成立以后至今的历史，经历了以下的发展阶段：

从 1949 年 10 月 1 日中华人民共和国成立到 1956 年，是基本完成社会主义改造的七年。

从 1956 年社会主义改造基本完成到 1966 年初，是开始全面建设社会主义的十年。

从 1966 年 5 月到 1976 年 10 月,是"文化大革命"的十年。

从 1978 年 12 月中共十一届三中全会召开以来,是改革开放和社会主义现代化建设的新时期。而从 1976 年 10 月至 1978 年十一届三中全会召开之前在徘徊中前进的两年,为实现新时期的伟大历史转折准备了条件。

2012 年中共十八大以来,中国特色社会主义进入新时代,这是我国发展新的历史方位。

在六十多年中,全国各族人民在中国共产党领导下探索、开创、坚持和发展中国特色社会主义,为实现国家富强、民族复兴、人民幸福这一历史任务而不懈奋斗,这是新中国历史发展的主题和主线。中国共产党领导人民进行社会主义建设,有改革开放前和改革开放后两个历史时期。改革开放前的社会主义实践探索为改革开放后的社会主义实践探索积累了条件,改革开放后的社会主义实践探索是对前一个时期的坚持、改革、发展。不能用改革开放后的历史时期否定改革开放前的历史时期,也不能用改革开放前的历史时期否定改革开放后的历史时期。

1949 年中华人民共和国的成立,为中国的进步和发展创造了最重要的政治前提。中华人民共和国在成立初期,面临着许多困难和一些紧迫的问题。这对于刚刚执掌全国政权的中国共产党来说,是新的严峻的考验:第一,能不能保卫住人民胜利的成果,巩固新生的人民政权。第二,能不能战胜严重的经济困难,迅速恢复和发展国民经济。第三,能不能巩固民族独立,维护国家主权和安全。第四,能不能经受住执政的考验,继续保持谦虚、谨慎、不骄、不躁的作风和艰苦奋斗的作风。

为了解决这些问题,中国共产党和人民政府着重抓了以下四个方面的工作：第一，完成民主革命的遗留任务。在追剿残余敌人、基本完成祖国大陆统一任务的基础上，摧毁旧政权，普遍召开地方各级各界人民代表会议，人民开始行使当家作主的民主权利。继续进行土地制度改革，开展大规模的镇压反革命运动。第二，领导国民经济恢复工作。没收官僚资本，在企业内部开展民主改革和生产改革，确立起社会主义性质的国营经济在国民经济中的领导地位，使人民政权拥有了相当重要的经济基础。同时，开展了稳定物价的斗争和统一全国财政经济的工作。第三，巩固民族独立，维护国家主权和安全。新中国废除了帝国主义国家依据不平等条约在中国享有的一切特权；收回了外国列强在中国的兵营，驻扎在中国领土上的一切外国军队被迫撤走；收回了海关治权，中国人民重新掌握了国门的钥匙。以毛泽东为主要代表的中国共产党人提出了"另起炉灶""打扫干净屋子再请客""一边倒"的外交方针。抗美援朝战争的胜利更是向世界展现了中国的国威和人民军队的军威。中国人民也由于这个胜利而极大地增强了民族自信心和自豪感，全世界对新中国刮目相看，新中国的国际威望空前提高，也为我国的经济建设和社会改革赢得了一个相对稳定的和平环境。第四，加强中国共产党的自身建设。针对中国共产党成为全国范围的执政党、党的工作重心从农村转向城市的新情况，党和政府教育广大干部和党员必须经受住执政的考验、接管城市的考验和生活环境变化的考验。进城前，党对干部和人民解放军普遍进行了城市政策和入城纪律教育；进城后，政府工作人员和解放军指战员纪律严明，清正廉洁，后又进行了全党范围的整风运动，以及反贪污、反浪费、反官僚主义的"三反"运动和反对行贿、反对偷税漏税、反对盗窃国家财产、反对偷工减料、反对盗窃经济情报的"五反"运动。中华人民共和国成立初期所进行的上述工作及其取得的显著成就，有力地证明，中国共产党和人民政府是能够经受住执政的考验的。

中华人民共和国成立后的最初三年，即1949年至1952年期间，在着重完成民主革命的遗留任务的同时，社会主义革命的任务实际上也开始进行了，主要表现在以下三个方面：第一，没收官僚资本，确立社会主义性质的国营经济的领导地位。第二，开始将资本主义纳入国家资本主义轨道。第三，引导个体农民在土地改革后逐步走上互助合作的道路。

从1953年开始的发展国民经济的第一个五年计划，把优先发展重工业作为建设的中心环节，特别是大力发展钢铁、煤、电力、石油、机器制造、飞机、坦克、拖拉机、船舶、车辆制造、国防工业、有色金属和基本化学工业。中国近代以来无数志士仁人梦寐以求的工业化建设从此大规模地开展起来。中共中央在1952年底开始酝酿并于1953年正式提出党在过渡时期的总路线，明确规定："党在这个过渡时期的总路线和总任务，是要在一个相当长的时期内，逐步实现国家的社会主义工业化，并逐步实现国家对农业、对手工业和对资本主义工商业的社会主义改造。"[1]这一总路线一方面要求把实现社会主义工业化作为全党、全国人民面前的基本任务，另一方面又要求通过对农业、手工业和资本主义工商业的社会主义改造来促进生产力的发展，以利于社会主义工业化的实现。这两个任务是互相关联而不可分离的。社会主义改造的胜利，为中国全面进行社会主义建设奠定了基础，开辟了道路。邓小平说："我国资本主义工商业社会主义改造的胜利完成，是我国和世界社会主义历史上最光辉的胜利之一。这个胜利的取得，是由于中国共产党领导

---

〔1〕 中共中央文献研究室编：《毛泽东文集》（第6卷），人民出版社1999年版，第316页。

全体工人阶级执行了毛泽东同志根据我国情况制定的马克思主义政策，同时，资本家阶级中的进步分子和大多数人在接受改造方面也起了有益的配合作用。"[1]在系统地推进社会主义改造的同时，人民民主政治建设也在有步骤地向前推进。1954年9月，中华人民共和国第一届全国人民代表大会第一次会议在北京召开。大会讨论并通过了《中华人民共和国宪法》。人民代表大会制度这一新中国的根本政治制度从此建立。这成为新中国人民民主政治建设发展历程中具有标志性的事件。随着社会主义改造的基本完成，中国继建立社会主义基本政治制度之后，社会主义的基本经济制度也建立起来了。这是中国进入社会主义社会的最主要的标志。

从1956年初开始，以毛泽东为主要代表的中国共产党人，对中国的社会主义建设道路进行了艰苦的探索，并取得了积极的成果。毛泽东逐渐形成《论十大关系》的基本思路，并先后在1956年4月25日中央政治局扩大会议和5月2日最高国务会议上作了《论十大关系》的报告。这个报告，总结经济建设的初步经验，借鉴苏联建设的经验教训，概括提出了十大关系。《论十大关系》是以毛泽东为主要代表的中国共产党人开始探索中国自己的社会主义建设道路的标志，它在新的历史条件下从经济方面（这是主要的）和政治方面提出了新的指导方针，为中共八大的召开作了理论准备。1956年9月15日至27日，中国共产党第八次全国代表大会在北京举行。中共八大正确分析了社会主义改造完成后中国社会的主要矛盾和主要任务，指出：社会主义制度在我国已经基本上建立起来；我们还必须为解放台湾，为彻底完成社会主义改造、最后消灭剥削制度和继续肃

[1]《邓小平文选》（第2卷）（第2版），人民出版社1994年版，第186页。

清反革命残余势力而斗争，但是国内主要矛盾已经不再是工人阶级和资产阶级的矛盾，而是人民对于经济文化迅速发展的需要同当前经济文化不能满足人民需要的状况之间的矛盾；全国人民的主要任务是集中力量发展社会生产力，实现国家工业化，逐步满足人民日益增长的物质和文化需要；还有阶级斗争，还要加强人民民主专政，但根本任务已经是在新的生产关系下面保护和发展生产力。中共八大的路线是正确的，它为社会主义事业的发展和党的建设指明了方向。《关于正确处理人民内部矛盾的问题》在 1957 年 6 月 19 日《人民日报》公开发表，它创造性地阐述了社会主义社会矛盾学说，是对科学社会主义理论的重要发展，对中国社会主义事业具有长远的指导意义。虽然在探索社会主义建设的过程中，中共中央也因忽视经济规律，急于求成，对社会主义建设的长期性、复杂性估计严重不足，发动了"大跃进"和人民公社化运动，经济社会发展遭遇挫折。但是不可否认，中共中央为社会主义建设进行了诸多有益的探索，并取得了积极的成果。

三、凝心聚力不断奋进的情怀

十一届三中全会以来，以邓小平为主要代表的中国共产党人，总结中华人民共和国成立以来正反两方面的经验，解放思想，实事求是，实现全党工作中心向经济建设的转移，实行改革开放，开辟了社会主义事业发展的新时期，逐步形成了建设中国特色社会主义的路线、方针、政策，阐明了在中国建设社会主义、巩固和发展社会主义的基本问题，创立了邓小平理论。邓小平理论是马克思列宁主义的基本原理同当代中国实践和时代特征相结合的产物，是毛泽东思想在新的历史条件下的继承和发展，是马克思主义在中国发展的新阶段，是当代中国的马克思主义，是中国共产党集体智慧的结晶，引导着我国社会主义现代化事业不断前进。

十三届四中全会以来，以江泽民为主要代表的中国共产党人，在建设中国特色社会主义的实践中，加深了对什么是社会主义、怎样建设社会主义和建设什么样的党、怎样建设党的认识，积累了治党治国新的宝贵经验，形成了"三个代表"重要思想。"三个代表"重要思想是对马克思列宁主义、毛泽东思想、邓小平理论的继承和发展，反映了当代世界和中国的发展变化对党和国家工作的新要求，是加强和改进党的建设、推进我国社会主义自我完善和发展的强大理论武器，是中国共产党集体智慧的结晶，是党必须长期坚持的指导思想。始终做到"三个代表"，是我们党的立党之本、执政之基、力量之源。

十六大以来，以胡锦涛为主要代表的中国共产党人，坚持以邓小平理论和"三个代表"重要思想为指导，根据新的发展要求，深刻认识和回答了新形势下实现什么样的发展、怎样发展等重大问题，形成了以人为本、全面协调可持续发展的科学发展观。科学发展观是同马克思列宁主义、毛泽东思想、邓小平理论、"三个代表"重要思想既一脉相承又与时俱进的科学理论，是马克思主义关于发展的世界观和方法论的集中体现，是马克思主义中国化的重大成果，是中国共产党集体智慧的结晶，是发展中国特色社会主义必须长期坚持的指导思想。

十八大以来，以习近平为主要代表的中国共产党人，顺应时代发展，从理论和实践结合上系统地回答了新时代坚持和发展什么样的中国特色社会主义、怎样坚持和发展中国特色社会主义这个重大时代课题，创立了习近平新时代中国特色社会主义思想。习近平新时代中国特色社会主义思想是对马克思列宁主义、毛泽东思想、邓小平理论、"三个代表"重要思想、科学发展观的继承和发展，是马克思主义中国化的最新成果，是党和人民实践经验和集体智慧的结晶，是中国特色社会主义理论体系的重要组成部分，是全党全国人民为实现中华民族伟大复兴而奋斗的行动指南，必须长期坚持并不断发展。在习近平新时代中国特色社会主义思想指导下，中国共产党领导全国各族人民，统揽伟大斗争、伟大工程、伟大事业、伟大梦想，推动中国特色社会主义进入了新时代。

经过长期努力，中国特色社会主义进入新时代。这个新时代，既与改革开放 40 多年来的发展一脉相承，又有很大的不同，面临许多新情况新变化：一是党的十八大以来，在中华人民共和国成立特别是改革开放以来我国发展取得重大成就的基础上，党和国家事业发生历史性变革，我国发展站在新的历史起点上，新起点需要新气象新作为；二是世界进入大变革大调整时期，面临千年未有之大变局，如何在乱局中保持定力、在变局中抓住机遇，对我们统筹国际国内两个大局提出了更高要求；三是中国共产党执政面临的社会环境和现实条件发生深刻变化，发展理念和方式有重大转变，发展水平和要求更高；四是我国社会的主要矛盾已经转化为人民日益增长的美好生活需要和不平衡不充分的发展之间的矛盾，经济建设仍然是中心任务，但需要更加注重全面协调可持续发展，需要着力解决好发展不平衡不充分问题；五是从党的十九大到二十大，是"两个一百年"奋斗目标的历史交汇期，我们要在全面建成小康社会、实现第一个百年目标之后，开启全面建设社会主义现代化国家新征程、向第二个百年目标进军。

这个新时代，是承前启后、继往开来、在新的历史条件下继续夺取中国特色社会主义伟大胜利的时代，是决胜全面建成小康社会、进而全面建设社会主义现代化强国的时代，是全国各族人民团结奋斗、不断创造美好生活、逐步实现全体人民共同富裕的时代，是全体中华儿女勠力同心、奋力实现中华民族伟大复兴中国梦的时代，是我国日益走近世界舞台中央、不断为人类作出更大贡献的时代。中国特色社会主义进入了新时代，这是世情国情党情变化的必然结果，是社会主要矛盾运动的必然结果，也是党的十八大以来党和国家事业发生历史性变革的结果，是中国共产党人带领全国各族人民长期不懈奋斗的结果。

中国特色社会主义进入新时代，在中华人民共和国发展史上、中华民族发展史上具有重大意义，在世界社会主义发展史上、人类社会发展史上也具有重大意义。中国特色社会主义进入新时代，意味着近代以来久经磨难的中华民族迎来了从站起来、富起来到强起来的伟大飞跃，迎来了实现中华民族伟大复兴的光明前景；意味着科学社会主义在 21 世纪的中国焕发出强大生机活力，在世界上高高举起了中国特色社会主义伟大旗帜；意味着中国特色社会主义道路、理论、制度、文化不断发展，拓展了发展中国家走向现代化的途径，给世界上那些既希望加快发展又希望保持自身独立性的国家和民族提供了全新选择，为解决人类问题贡献了中国智慧和中国方案。

自中华人民共和国创建至今，中国大地上发生了翻天覆地的变化，这些日新月异的变化还将继续。正是有了中国共产党，才有了今天的中国，中国人民不仅是扬眉吐气，翻身做了主人，更重要的是生活一步一个台阶，向着美好幸福的生活迈进。当代大学生须知幸福生活来之不易，常怀感恩报恩之心，坚定中国特色社会主义道路自信、制度自信、理论自信和文化自信，积极投入社会主义建设大潮之中，为实现中华民族的伟大复兴而奋斗。大学生可以积极投身各种渠道与实践活动之中，充分利用自身的年轻优势，发挥自身的人生价值，并付诸行动，以此鞭策自己做一个拥有人民情怀的懂得报恩的人。首先，大学生要时刻心无旁骛地坚持马克思主义信仰，争做一个服务社会、服务他人的优秀青年。最为重要的事，当代大学生要有敢于追随自己内心和追寻自己直觉的勇气，要确定并鼓励自己朝着感恩世界、知恩图报的方向前进。其次，大学生在学习生活中要时刻保持明辨、笃实、慎思的学习态度，给自己定短期和长期目标，将短期和长期的优势相结合，以此发挥目标导向型的重要功效，以长期开拓学问知识为契机，将自己塑造成一个在学术层面回馈社会的人。再次，尽自己最大限度地努力去投身到关心时政新闻的大环境下，时刻保持睿智的头脑，同时积极参与各种社会实践，做到理论指导与实践活动相结合、理论指导与实践探索相结合，真正做一个胸怀人民的知恩青年。最后，善于思考自己身边的问题。通过学习近代中国百年历史，不定期地积极与师生和家人挖掘古今中外名人的感恩事迹，并以此为最终的情感价值取向，不仅有利于丰富自身的理论知识，而且能够增强对中国近代历史的研读兴趣，使大学生自觉地形成以人民群众为根本的报恩之情。

第三编

大学生哲学思维

恩格斯说："一个民族要想站在科学的最高峰，就一刻也不能没有理论思维。"[1]作为中国特色社会主义事业的接班人和建设者，当代大学生应当学会、弄懂马克思主义，确立马克思主义的理论视野，强化马克思主义的哲学思维，成为一个聪明而有理论高度的马克思主义者——面对现实：做一个客观真实的人——直视矛盾：做一个辩证聪慧的人——捍卫真理：做一个求真执着的人——尊重历史：做一个努力有远见的人——敢于批判：做一个批判创新的人——确立愿景：做一个有理想的追梦人。

---

[1]《马克思恩格斯选集》（第3卷）（第3版），人民出版社2012年版，第875页。

第十三章

客观思维

马克思主义哲学认为世界是由物质与意识所组成的，世界统一于物质，揭示了包括自然、社会和人在内的各种各样的物质形态的共同本质。世界上的各种事物和现象，无论具体特点如何，都是物质的一种具体形态，它们所具有的共同本质就是客观实在。马克思主义关于唯物论的基本原理启示我们，大学生接班人应当面对现实，养成客观的思维方式，做一个客观真实的人。

一、培养求实创新的精神

马克思主义物质观是从物质与意识的关系上来把握物质范畴的。"物质是标志客观实在的哲学范畴，这种客观实在是人通过感觉感知的，它不依赖于我们的感觉而存在，为我们的感觉所复写、摄影、反映。"[1]物质范畴是对物质世界多样性和同一性的最高哲学概括，唯一特性是客观实在性，它存在于人的意识之外，可以为人的意识所反映。意识是物质世界长期发展的产物，是人脑的机能和属性，是物质世界的主观映像。意识是客观内容和主观形式的统一，在内容上是客观的，在形式上是主观的。物质决定意识，意识依赖于物质并反作用于物质。

马克思主义物质观认为，运动是物质的存在方式和根本属

---

〔1〕《列宁选集》（第2卷）（第3版），人民出版社1995年版，第89页。

性，物质和运动是不可分割的。物质世界的运动是绝对的，静止是相对的。时间和空间是物质运动的存在形式。物质、运动、时间、空间具有内在的统一性。从根本上说，世界上除了运动的物质，什么也没有。一切事物、现象的共同本质和本原是物质，意识或精神是物质的产物和反映。人类社会生活从本质上讲也是物质的。人类社会依赖于自然界，是整个物质世界的组成部分。人们谋取物质生活资料的实践活动虽然有意识作指导，但仍然是以物质力量改造物质力量的活动，仍然是物质性的活动。物质资料的生产方式是人类社会存在和发展的基础，集中体现着人类社会的物质性；人类社会的本质实践是人类能动地改造客观世界的物质活动。所以包括自然界和人类社会在内的整个世界，其真正统一性在于它的物质性。

通过世界物质统一性原理的学习，要培养大学生的求实思维和理论联系现实的素质，使学生能够灵活运用马克思主义基本原理分析和解决学习、生活、工作和思想中产生的问题。所谓求实思维方式，就是一切从实际出发，实事求是，针对特定的实际对象灵活处理问题。马克思主义关于世界物质统一性原理要求人们要实事求是，一切从实际出发，从客观存在的实际事物中探求其中固有的而不是主观臆造的规律，以正确指导我们的实践活动。

第一，培养大学生一切从实际出发、脚踏实地的学习和工作方法。大学生思想理论课的教育不仅仅是知识的灌输，更重要的是思维能力的培养。要培养大学生的"求实"思维与灵活处理问题的能力，就必须使大学生做到学习、工作都要从实际出发，养成一切从实际出发、脚踏实地的学习和工作方法。从原理的角度来讲，这也是坚持世界物质统一性的必然要求。首先，世界统一于物质，物质世界具有先在性，一切事物和现象都最终根源于物质。因此，我们无论在任何时候、任何地方、任何条件下，都必须从实际出发，即从客观出发，按照事物的本来面貌去认识事物，而不能从原则和本本出发，更不能从主观想象出发。其次，社会运动是一种特殊的物质运动形式，主要表现为人们能动地改造客观世界的实践活动。人的实践活动依赖于客观世界，客观世界的规律性制约着人的实践活动。人们通过实践改造世界，就是认识和利用客观规律，通过一定的物质手段作用于客观世界。人们要取得实践的成功和胜利，就必须正确认识客观实际的发展规律，按照客观规律办事。这也必然要求我们树立"求实"思维，在实践活动中坚持一切从实际出发。最后，任何客观事物都是在一定时间、空间和条件中存在的，把握住这一客观事物存在的时间、空间和条件，就比较容易客观地把握这一事物的实际。坚持"求实"思维，就要在学习、生活、工作中做到从特殊的实际出发，一切以时间、空间和条件为转移，灵活处理问题，增强工作的针对性。

第二，培养大学生要在求实基础上发挥能动性和创造力的素质。这是马克思主义关于物质与意识关系的必然要求。马克思主义物质观承认物质第一性，意识第二性，意识是物质的主观映像。同时也认为意识对物质的反映不是消极被动的，而是能动的。意识在一定条件下，能够反过来对物质发展进程起巨大的作用。正确反映物质的意识对事物的发展起促进作用，错误反映物质的意识对事物的发展起阻碍作用。要使意识能够发挥积极的能动作用，就必须坚持一切从实际出发，使自己的思想符合客观情况，就必须进行周密的调查研究，根据客观事实，引出符合客观规律的思想、计划、政策，而不能凭着主观感想办事。指导人们行动的思想、计划、政策等，越是符合事物本身的发展规律，人们就越能够在工作和斗争中取得主动地位，就越能够实现预期的改造世界的目的。大学生思维活跃，思想前卫，创新能力强，但是有时候又会犯华而不实、眼高手低、不切实际、好高骛远的毛病。针对大学生的这种特点，思想理论课应当将大学生的这种心理特征与"求实"思维的培养相结合，培养大学生依据事实分析问题解决问题的能力，培养大学生在事实基础上充分发挥能动性和创造力的能力。

二、养成在实践中把握规律的习惯

马克思主义认为，要正确认识和把握物质与意识的辩证关系，还需要处理好主观能动性和客观规律性的关系。一方面，尊重客观规律是正确发挥主观能动性的前提。人们只有在认识和掌握客观规律的基础上，才能正确地认识世界，有效地改造世界。人创造历史，但不是随心所欲地创造。只有遵循历史的规律和进程，把握时代的脉搏和契机，人才能真正成为历史的主人。另一方面，只有充分发挥主观能动性，才能正确认识和利用客观规律。承认规律的客观性，并不是说人在规律面前无能为力、无所作为。人能够通过自觉活动去认识规律，并按照客观规律去改造世界，以满足自身的需要。因此，尊重事物发展的客观规律性与发挥人的主观能动性是辩证统一的，实践是客观规律性与主观能动性统一的基础。正确发挥人的主观能动性，有以下三个方面的前提和条件：第一，从实际出发是正确发挥人的主观能动性的前提。只有从实际出发、充分反映客观规律的认识，才是正确的认识；只有以正确的认识为指导，才能形成正确的行动。第二，实践是正确发挥人的主观能动性的基本途径。正确的认识要变为现实的物质力量，只能通过物质的活动——实践才能达到。第三，正确发挥人的主观能动性，还需要依赖于一定的物质条件和物质手段。"巧妇难为无米之炊"，没有现实的原材料，人的意识再"巧"也创造不出任何物质的东西来。在社会历史领域，主观能动性与客观规律性的辩证关系具体表现为社会历史趋向与主体选择的关系。社会历史趋向指的是社会历史规律的客观性和必然性，主体选择指的是历史主体在社会发展中的能动性和选择性。社会历史规律的客观性和必然性规定了人的活动要受规律性的制约，但与此同时，又不能否定人作为历史主体的能动性和选择性。在社会发展的每一个具体阶段上，都存在着各种不同的客观趋势和可能性，而人则需要确定自己对待它们的态度并作出选择。选择的方向、目标和方式是否正确，只能由实践来检验。

在实践中把握规律，还需要明确一个前提，即社会生活本质上是实践的。从实践出发理解社会生活的本质，要把握以下两个大的方面：一方面，实践是使物质世界分化为自然界与人类社会的历史前提，又是使自然界与人类社会统一起来的现实基础。在实践活动过程中，物质世界被区分为自然界和人类社会两大领域。自然界是人生活于其中的客观世界，包括了人类活动尚未触及的自在自然以及打上人类活动印记的人化自然。人类社会是人在自然界开展实践活动过程中形成的有机系统。自然界与人类社会都具有客观实在性，它们相互联系、相互作用。自然界是人类社会形成的自然基础，人类社会的存在和发展又反过来影响并不断改变着自然界。人类产生以后，自然界在人的实践活动中以新的形式延续自己的存在和发展。劳动是人的存在方式，也是人类社会存在与发展的基础。通过劳动实践，人不再是单纯的自然存在物，更主要的是社会存在物。通过劳动实践，人类社会既构成了自然界的有机组成部分，又形成了自身特殊的发展规律。因此，只有通过劳动实践，才能够协调人与自然的关系，实现人与自然的和谐发展。另一方面，实践是人类社会的基础，是理解和解释一切社会现象的钥匙。

马克思主义确认社会生活在本质上是实践的，也就是把社会生活"当作实践去理解"。社会生活是对人们各种社会活动的总称。社会生活的实践性主要体现在实践是社会关系形成的基础，实践以浓缩的形式包含着全部社会关系，成为社会关系的发源地；实践形成了社会生活的基本领域，即社会的物质生活、政治生活和精神生活领域；实践构成了社会发展的动力，改造社会的实践推动着社会历史的变迁和进步。

对于当代大学生而言，要充分认识到把握客观规律和发挥主观能动性的重要性。在坚持和发展中国特色社会主义伟大实践的问题上，特别是在推进新时代中国特色社会主义事业的过程中，要从我国社会主义初级阶段的最大国情出发，既看到我国仍处于并将长期处于社会主义初级阶段的基本国情没有变，也要看到我国社会的主要矛盾发生了变化，已经转化为人民日益增长的美好生活需要和不平衡不充分的发展之间的矛盾，从而使社会主义初级阶段的长期过程中又呈现出更加具体的阶段性特征。进行社会主义建设要在尊重人类社会发展规律的基础上发挥主观能动性，坚持客观基础上的创新。对大学生而言，无论是个人学习还是生活，唯有发挥主观能动性，努力进行思想创新和实践创新，才能得以真正提高，但也要明白，创新是在尊重规律的基础上实现的，如课堂学习要尊重学科规律，人际交往在了解一定心理规律的基础上会更加游刃有余，进行人生规划也要考虑社会历史条件和个人自身条件的统一。

三、培养客观真实的个人品质

培养大学生客观真实的个人品质，要引导大学生明确求实思维的重要性。通过物质概念的哲学讲解，同时结合通俗易懂的例子让大学生明白哲学源于生活、服务于生活，而非枯燥空洞、束之高阁的理论。通过物质与意识关系的讲解，让大学生更好地理解求实与灵活创新的关联，求实并不等于死板，求实本身就包含了灵活创新的内核。另外，大学生求实思维和灵活处理问题的能力的培养是一个系统工程，需要学校教育、家庭教育和社会教育相结合。仅就学校教育而言，最为重要的是要转变教育观念，全面推进素质教育，切实培养学生的学习能力、实践能力和求实意识。如人才培养模式和目标上，要注重学思结合、知行统一、因材施教。一方面要引导学生建立实事求是、脚踏实地的世界观、人生观、价值观，另一方面要注重对学生启发、激励、反思、体验、感悟等心理活动的引导，帮助学生实现传统优秀品质与专业知识技能的协调发展，突出学生的自主性和创新性。此外，还应该把求实教育贯穿和渗透到丰富多彩的校园文化活动中，积极营造校园实事求是、脚踏实地、敢于创新的氛围。充分发挥学生各级党团组织的求实示范作用，创新求实教育方式，充分调动学生的主体性，使求实教育真正做到贴近实际、贴近生活、贴近学生，切实发挥大学校园文化的导向功能。[1]这些都要求学生在学习课堂知识的同时，更重要的是积极参与生活实践，体验求实思维与灵活处理问题能力的实际意义。学习物质和意识辩证关系、主观和客观辩证关系原理，当代大学生要培养起"真实"的个人品质。真实则要以客观为基础，真实首先是要与客观实际相符。做不到客观就做不到真实，真实是实事求是，是一切从实际出发，不生搬硬套。

培养客观真实的个人品质有利于树立科学的世界观。大学生做一个客观真实的人，就坚持了世界的物质统一性和物质决定意识的原理。这是马克思主义基本原理的一部分，是培养哲学思维和树立科学世界观必须掌握的知识。客观真实的人是要

---

〔1〕　参见朱杰："大学生求实意识培养研究"，山东师范大学 2012 年硕士学位论文。

尊重客观事实、实事求是的，即坚持物质决定意识，意识反作用于物质的哲学原理，大学生积极培养客观真实的品质，坚持物质决定意识，在学习和以后的工作中就能够充分考虑客观条件，分析外部条件与自身的条件，做到心中有数，大大提高成功的可能性。同时，还要发挥意识能动的反作用，充分发挥主观能动性，以积极的心态，不怕困难的决心，充分发挥自身的优越条件，完成好学业，为以后的工作奠定良好的基础。具有客观真实品质的大学生，能树立正确的人生目标。客观社会条件会影响大学生人生目标确立的方向，并有一定的制约性。就今天的社会背景而言，以网络为媒介进行信息交换延展至生活的方方面面，网购、网店等更具有生命力。对于一个想创业的大学生而言，认识到这一点再确立人生目标才更具现实意义与可操作性。大学生在确立人生目标之后，需要发挥意识的能动作用，做好学业计划和工作计划，正视自己的不足，不断提高自己的能力，保持积极的生活态度。

客观真实的人是能正视自己，无论优点、缺点，优势、不足。客观真实的人首先要诚实，诚实地面对自己和他人，认识自己的优缺点，发扬优点，改正缺点，而不是逃避自己的缺点，掩耳盗铃，欺骗自己；能做到对别人坦诚，不撒谎，不欺骗他人，不阿谀奉承；能够踏踏实实做事，而不是投机取巧。做人做事都能客观公正，有自己的原则。比如，知道自己不善于运动，就正视自己的问题，制定计划，而不是逃避运动，因为运动对人的身体健康是有益的。客观真实的人是能客观处理问题的，无论是否关系自己。我们的思想是复杂的，随着社会关系的复杂，利益关系的牵扯，在处理问题的时候会带有很大的主观因素，受到自己思想和思维模式的影响，客观真实的人能秉持客观的态度，实事求是地提出问题，按照客观的条件和标准来解决问题，而不是按自己的标准，更不会出现双标准的现象。是就是是，非就是非。客观真实的人不盲目，能够在冷静分析之后做决断，从实际出发。世界是物质的，物质是运动的，没有一成不变的东西，同样的事情在不同的条件下会有不同的结果，不同的人做也有不同的结果，客观真实的人能看清事件的本质，根据条件的不同采取不同的措施，一切问题从实际出发，而不是盲目从众，人云亦云，被虚假的谣言所蒙骗，更不会轻信谣言，传播没有证实的舆论。

第十四章

辩 证 思 维

恩格斯指出："马克思的整个世界观不是教义，而是方法。它提供的不是现成的教条，而是进一步研究的出发点和供这种研究使用的方法。"[1]唯物辩证法作为关于自然、社会和人类思维发展一般规律的科学，是人们认识世界和改造世界的根本方法。辩证法认为，世界上的万事万物都处在相互作用的普遍联系之中，都处在不断产生、消亡的运动、变化和发展的永恒的过程之中。世界充满着矛盾，矛盾无时不在，无处不有，矛盾着的两个对立方面既对立又统一，由此推动事物的不断发展。内因是变化的根据，外因是变化的条件。对立面的统一和斗争是唯物辩证法的实质和核心。世界的发展有其客观规律性，表现为从量变到质变，又从质变到新的量变的过程，采取了肯定—否定—否定之否定的波浪式前进的路线。辩证的否定构成从旧事物向新事物的转化，肯定与否定是对立面的统一。这就是唯物辩证法的三大基本规律，即对立统一规律、质量互变规律和否定之否定规律。学习弄懂唯物辩证法原理，有利于大学生养成辩证的思维方式。

一、用宏观视野来观察事物

唯物辩证法认为，联系和发展是唯物辩证法的总特征。联

―――――――――

〔1〕《马克思恩格斯选集》（第4卷）（第3版），人民出版社2012年版，第664页。

系和发展具有普遍性和多样性。联系是指事物内部各要素之间和事物之间相互影响、相互制约和相互作用的关系。联系具有一系列特点：首先，联系具有客观性。事物的联系是事物本身所固有的，不是主观臆想的。世界上没有孤立存在的事物，每一种事物都是和其他事物联系着而存在的，这是一切事物的客观本性。其次，联系具有普遍性。第一，任何事物内部的不同部分和要素是相互联系的，也就是说，任何事物都具有内在的结构性。第二，任何事物都不能孤立存在，都同其他事物处于一定的相互联系之中。第三，整个世界是相互联系的统一整体。任何事物都是统一的联系之网上的一个网结，并通过这个联系之网体现出联系的普遍性。最后，联系具有多样性。世界上的事物是多样的，因而事物的联系也是多样的。事物联系的主要方式有直接联系与间接联系、内部联系与外部联系、本质联系与非本质联系、必然联系与偶然联系等。不同的联系构成事物内部和事物之间的存在状态和发展趋势。

事物的相互联系包含事物的相互作用，而相互作用必然导致事物的运动、变化和发展。事物之间相互作用的结果，使事物原有的状态和性质发生程度不同的变化。变化的基本趋势是发展。发展是前进的上升的运动，发展的实质是新事物的产生和旧事物的灭亡。新事物是指合乎历史前进方向、具有远大前途的东西；旧事物是指丧失历史必然性、日趋灭亡的东西。新生事物是不可战胜的，因为：第一，就新生事物与环境的关系而言，新事物之所以"新"，是因为有新的结构和功能，它适应已经变化了的环境和条件；旧事物之所以"旧"，是因为它的各种要素和功能已不适应环境和客观条件的变化，走向灭亡就是不可避免的。第二，就新事物与旧事物的关系而言，新事物是在旧事物的"母体"中孕育成熟的，它既否定了旧事物中消极腐朽的东西，又保留了旧事物中合理的、仍然适合新的条件的因素，并添加了旧事物所不能容纳的新内容。这两方面也就是新事物在本质上优越于旧事物，具有强大生命力的原因所在。在社会历史领域内，新事物是社会上先进的、富有创造力的人们创造性活动的产物，它从根本上符合人民群众的利益和要求，能够得到人民群众的拥护，因而必然战胜旧事物。尤其在社会急剧变革时期，新事物战胜旧事物表现得特别明显，把握这一规律对于我们在现代化进程中创新、发展具有重要意义。

事物的发展是一个过程。一切事物，只有经过一定的过程，才能实现自身的发展。自然界、人类社会和思维领域中的一切现象都是作为一个过程而向前发展的。事物发展的过程，从形式上看，是事物在时间上的持续性和空间上的广延性的交替；从内容上看，是事物在运动形式、形态、结构、功能和关系上的更新。现代科学凭借科学仪器所能观察到的一切事物，都有自己兴衰变化的过程。人类社会的发展也是一个过程。从原始社会发展到奴隶社会，再从奴隶社会发展到封建社会、资本主义社会，有的国家已进入社会主义社会，表现出人类社会发展过程的总趋势。从我国的现实看，我国正处于社会主义初级阶段。社会主义作为过程的集合体，它将经过自身的长期发展，向着共产主义迈进，这是不以人的意志为转移的历史潮流。

通过学习辩证唯物主义联系和发展总特征原理，要培养大学生的宏观思维和合作精神，使大学生能够站在整体的、全局的和历史的宏观角度来分析问题、解决问题。所谓宏观思维就是整体的思维、全局的思维、历史的思维。马克思主义关于事物普遍联系和发展的原理，要求人们要善于分析事物的具体联系，确立整体的、全局的和历史的宏观观念，从动态中考察事物的普遍联系，培养通过合作解决问题的思维方式。

　　第一，要培养学生整体地、全局地分析问题解决问题的思维方式。这是马克思主义关于联系观点的必然要求。事物作为整体，包含着许多部分；事物作为过程，包含着许多阶段。事物的全局就是由各个部分与阶段构成的有机整体和动态过程。所以，要从整体上来把握事物，从全局出发做事情。所谓从整体上来把握事物就是要立足整体、统筹全局、综合考虑、相互协调，使人们实现从整体最佳的角度出发分析问题、解决问题。在思考和处理问题的时候，从整体出发，把着眼点放在全局上，注意整体功能，提高总体效益，增强综合效果。通过这种思维方法能让我们看到相互关联的非单一的事情，看见渐渐变化的形态而非瞬间即逝的一幕。这种思维方法可以使我们敏锐地预见到事物整体的微妙变化，从而对这种变化制定相应的对策。如当前我们要建设社会主义和谐社会，就要运用宏观思维、系统思维，正确认识和处理人与自然、人与人、人与社会的相互关系，促进经济社会的协调和持续发展，促进人的全面发展。

　　第二，要培养学生历史地、动态地分析问题解决问题的思维方式。这是马克思主义关于发展观点的必然要求。事物的发展是一个过程。一切事物，只有经过一定的过程，才能实现自身的发展。如果用静止的眼光去看问题，就会犯"刻舟求剑"的错误，达不到预期的效果。因此在观察一个事物时，既要立足现实，也要观察它的过去，还要根据已有的经验去分析它的未来发展前途。对事物对人进行评价时，要用历史的、发展的眼光来看，不能求全责备，脱离历史去任意评价古人是很不严肃的行为。比如对抗日战争中国民政府发挥的作用问题，就要用这种观点来看，既不能拔高，也不能贬低。发展也表现为新事物战胜旧事物，当今社会各种事物层出不穷，但是有的是先进的，代表发展趋势的，有的却是腐朽的、落后的，这也要求我们擦亮眼睛，学会鉴别新事物和旧事物，要支持新生事物，摒弃旧事物。

第三，要培养学生通过合作解决问题的思维方式。当今世界就是一个联系的世界、开放的世界。各个国家、民族、团体、个人之间的相互联系日趋紧密，没有人能够躲在真空中与世隔绝。合作是成功的阶梯，"三个臭皮匠，顶个诸葛亮"。个人要发展，只有放宽自己的视野，愿意合作，学会合作，培养双赢思维，用发展的眼光看待自己和他人。当前，团队合作已经取代原来的单兵作战方式，只有通过团队作战才能取得最大的效益。因此，大学生要把自己的发展同团队的发展紧密结合起来，在学习和工作中把自己的优势变成团队优势。在处理事务时，全面了解各方面情况，掌握更多信息，为决策和执行作准备。从全局的角度来分析和解决问题，力争使自己考虑问题更全面。在学习和工作中多向周围的人学习、交流。

二、用开放包容的态度看待生活

唯物辩证法认为，矛盾是反映事物内部和事物之间对立统一关系的哲学范畴。对立和统一分别体现了矛盾的两种基本属性。矛盾的对立属性又称斗争性，矛盾的统一属性又称同一性。矛盾的同一性是指矛盾双方相互依存、相互贯通的性质和趋势。它有两个方面的含义：一是矛盾着的对立面相互依存，互为存在的前提，并共处于一个统一体中；二是矛盾着的对立面之间相互贯通，在一定条件下相互转化。矛盾的斗争性是矛盾着的对立面之间相互排斥、相互分离的性质和趋势。由于矛盾的性质不同，矛盾的斗争形式也不同，对于多种多样的斗争形式，可以区分为对抗性和非对抗性两种基本形式。矛盾的同一性和矛盾的斗争性是相互联结、相辅相成的，没有斗争性就没有同一性，没有同一性也没有斗争性，斗争性寓于同一性之中，同一性通过斗争性来体现。在事物的矛盾中，矛盾的斗争性是无条件的绝对的，矛盾的同一性是有条件的相对的。矛盾斗争性的绝对性体现了物质运动的绝对性，矛盾同一性的相对性体现了物质静止的相对性。无条件的绝对的斗争性与有条件的相对的同一性相结合，构成事物的矛盾运动，推动事物的发展。

矛盾的同一性和矛盾的斗争性在事物发展中具有重要作用。矛盾的同一性在事物发展中的作用表现在：第一，同一性是事物存在和发展的前提，在矛盾双方中一方的发展以另一方的发展为条件。发展是在矛盾统一体中的发展。第二，同一性使矛盾双方相互吸取有利于自身的因素，在相互作用中各自得到发展。第三，同一性规定着事物转化的可能和发展的趋势。事物之所以能够转化，是由于事物内部矛盾双方具有相互贯通的关系。事物的发展方向、趋势不是随意的，而是有规律地向自己的对立面转化。矛盾的斗争性在事物发展中的作用表现在：第一，矛盾双方的斗争促进矛盾双方力量的变化，竞长争高，此消彼长，造成双方力量发展的不平衡，为对立面的转化、事物的质变创造条件。第二，矛盾双方的斗争，是一种矛盾统一体向另一种矛盾统一体过渡的决定力量。矛盾的相互排斥、否定促成旧的矛盾统一体破裂和新的矛盾统一体产生，从而使旧事物发展为新事物。

矛盾的斗争性和矛盾的同一性在事物发展过程中是相互结合共同发生作用的。但在不同条件下，二者所处的地位会有所不同。在一定的条件下，矛盾的斗争性可能处于主要的方面，而在另外的条件下，矛盾的同一性又可能处于主要的方面。运用矛盾的同一性和矛盾的斗争性的原理指导实践，还要正确把握和谐对事物发展的作用。从哲学上讲，和谐包含着矛盾双方互相联系、互相依存的思想，强调平衡、协调、合作，体现包容万物、兼收并蓄的博大精神。但和谐并非否认矛盾，也不意味着矛盾双方的绝对同一。"和而不同，同则不继"，和谐也是在不断解决矛盾中实现的。事物是多样性的统一，和谐的本质就在于协调多种因素的差异，发挥各种要素的效能，优势互补，推动事物的发展。

通过对矛盾斗争性和同一性原理的学习，要培养大学生的开放思维和包容精神，使大学生能够正确运用矛盾的分析方法来看问题，一方面承认矛盾斗争性的存在，不盲目自大，不妄自菲薄，不封闭保守，要以一种开放的心态和思维去面对矛盾、解决矛盾；另一方面又要在对立中把握同一，不走极端，不偏执，不犯决断主义错误，要有包容的精神，辩证地看待人和事。

第一，要培养学生开放的思维。这是马克思主义关于矛盾的斗争性原理的要求。矛盾是标志着一切事物对立统一的哲学范畴。事物与事物之间的联系以一种对立统一的方式联系着，事物的变化和发展也是由于其内部矛盾作用的结果。所以，无论是外在的世界还是个人的内在世界，都充满了矛盾。对于这样一个充满矛盾的世界，我们不应当逃避，更不能因为害怕就去做一些"掩耳盗铃"的事情或者做把头埋在沙子里的鸵鸟，把自己封闭起来只会使事情更糟。正确的做法是鼓起勇气面对矛盾，打开心中面向外部世界的那扇窗子，用一种开放的心态去解决矛盾。在我们的学习和生活中必然会遇到一些障碍和困难，此时如果选择逃避或者绕开，那就是"自欺欺人"的做法，其结果一定会失败，甚至会因此而丧失发现自己天分的机会。所以，遇到事情、逆境、困难不要退缩，勇于进取，主动出击，迅速采取行动，勇于去解决问题，这才是我们应当做的，同时也是开放性思维和心态的一个重要表现。

第二，要培养学生包容的精神。马克思主义认为，矛盾具有同一性。矛盾双方存在着相互依存、相互贯通的性质和趋势。这就要求我们在看待人和事时，不能老是用对立和斗争思维看问题，而要养成一种包容的精神。所谓包容，是指能以宽阔的胸怀容纳不同的人和事物。它不仅表现为海纳百川、雍容大度的器量和胸襟，也表现为博采众长、兼容并包的思维方式和精神境界。做到包容既要看到对立更要看到同一，能够宽容差异，容忍多样。要懂得"海纳百川，有容乃大""退一步海阔天空"的道理。对于新生事物、外来事物，不要忙于否定，而是要在分析的基础上正确看待。在人际关系中要学会包容他人，自觉在生活中拓展自己的眼光和胸怀，培养宽容精神，学会避免和化解误解与纠纷的技巧，营造和谐的人际关系。要克服"以自我为中心"的心态和行为方式，努力把自己培养成为一个能设身处地为他人着想的人。懂得尊重他人，有宽以待人的胸怀，能换位思考，将心比心，体谅他人，检讨自我，化解矛盾。

第三，要培养学生"尚和去同"的思维方式。马克思主义认为，矛盾的斗争性和同一性是辩证统一的，对立中有同一，同一中有对立，二者在事物发展过程中相互结合共同发生作用。所以，我们在看待问题的时候就要"尚和去同"，防止两种形而上学的思维方式，即绝对对立或绝对同一的思维。绝对对立的思维方式把事物的对立绝对化，否认事物之间的统一。绝对同一的思维方式把事物的同一绝对化，否认事物的内在差别、对立和矛盾；由于割裂了对立和同一，看不到事物的内在矛盾本性，其思维必然是非矛盾思维。用非矛盾思维方式分析问题，看待事物，必然看不到事物的联系和发展，因而这种思维方式必然是一种片面的思维、静态的思维。所以，我们在对人和事物做判断时要谨慎，既要拒绝封闭保守，一棍子打死，也不能否认矛盾差异性的存在，一味求同，要做到在对立中把握统一，在同一中把握对立。

三、掌握辩证思维方法

学习马克思主义的唯物辩证法，要掌握辩证思维方法，生活中做一个矛盾与辩证的人。唯物辩证法是伟大的认识工具。在马克思主义的世界观和方法论中，唯物辩证法是其核心内容。恩格斯曾经深刻地指出，唯物辩证法具有超越时空的特点。他认为："自然科学家尽管可以采取他们所愿意采取的态度，他们还得受哲学的支配。问题只在于：他们是愿意受某种蹩脚的时髦哲学的支配，还是愿意受某种建立在通晓思维历史及其成就的基础上的理论思维形式的支配。"[1]恩格斯这里讲的"理论思维形式"其实就是世界观和方法论。唯物辩证法按其本质来说，具有批判的、革命的精神。恩格斯指出，在辩证哲学面前，"不存在任何最终的东西、绝对的东西、神圣的东西；它指出所有一切事物的暂时性；在它面前，除了生成和灭亡的不断过程、无止境地由低级上升到高级的不断过程，什么都不存在。它本身就是这个过程在思维着的头脑中的反映"[2]。正是基于这种批判的、革命的精神，马克思主义哲学内在地具有解放思想、实事求是、与时俱进的根本要求；反对因循守旧、墨守成规，反对对一切已丧失生命力的事物采取妥协的态度，反对把自己的学说当成僵死的教条；坚持主观与客观的统一、理论与实践的统一、继承与创新的统一。

在马克思主义哲学中，唯物论和辩证法是统一的。由于世界本来就是普遍联系和变化发展的物质世界，因此，当马克思主义唯物地解决世界的本原问题时，已经内在地包含了辩证法。

---

〔1〕《马克思恩格斯选集》（第3卷）（第3版），人民出版社2012年版，第899页。
〔2〕《马克思恩格斯选集》（第3卷）（第3版），人民出版社2012年版，第223页。

同样的道理，当马克思主义科学地揭示世界的普遍联系和变化发展时，也就内在地包含了唯物主义。

第一，坚持唯物辩证法，要明确矛盾分析方法是根本的认识方法。矛盾分析方法是对立统一规律在方法论上的体现，在唯物辩证法的方法论体系中居于核心的地位，是我们认识事物的根本方法。矛盾分析方法包含广泛而深刻的内容。例如，把握矛盾普遍性与特殊性相统一的方法，"两点论"与"重点论"相结合的方法，在对立中把握同一与在同一中把握对立的方法，批判与继承相统一的方法等，都是矛盾分析方法的具体体现。矛盾分析方法的核心要求是善于分析矛盾的特殊性，做到具体矛盾具体分析，具体情况具体分析。运用唯物辩证法的矛盾分析方法研究问题和解决问题，就要求我们不断强化问题意识，坚持具体问题具体分析，善于认识和化解矛盾，尤其是将优先解决主要矛盾作为打开局面的突破口，以此带动其他矛盾的解决。习近平强调，改革要"扭住关键"，"突出问题导向"，体现了矛盾分析方法在改革和发展问题上的运用。

第二，坚持唯物辩证法，要掌握具体的辩证思维方法。辩证思维方法是人们正确进行理性思维的方法。主要有归纳与演绎、分析与综合、抽象与具体、逻辑与历史相统一等。归纳与演绎是人类思维从个别到一般，又由一般到个别的最常见的推理形式。归纳是从个别事实中概括出一般性结论，是由个别性前提过渡到一般性结论的推理形式。演绎是从一般原理走向个别结论，是由一般性原则推导出个别结论的推理形式。归纳和演绎两种方法处于不可分割的联系之中。归纳和演绎互为前提。归纳是演绎的基础，演绎为归纳提供理论依据，指明归纳的目的和方向。归纳和演绎相互补充。和归纳与演绎相比，分析与综合是一种更为深刻的思维方法。分析与综合的实质，就是建立在调查研究基础上的矛盾分析方法，是客观事物的辩证联系和发展过程在思维中的再现。分析与综合的关系也是辩证的，分析是综合的基础，综合是分析的完成，只有把两者结合在一起，才能对所认识的事物形成一个完整的、科学的认识过程。抽象与具体是辩证思维的高级形式。在思维活动中，抽象与具体是同分析与综合密切相关的思维方法。这一思维方法是通过从具体到抽象，又从抽象到具体的过程，达到对事物的真理性认识。对辩证思维而言，重要的是从抽象上升到具体。这是一个以抽象为逻辑起点，通过各种形式的逻辑中介，达到以思维具体为逻辑终点的运行过程。抽象与具体的方法同逻辑与历史相统一的方法有内在关联。从抽象上升到具体的过程同时就是以逻辑必然性再现对象的历史发展的过程，逻辑与历史相统一是从抽象上升到具体的内在要求。辩证思维中的历史范畴，一是指客观实在自身的历史，二是指反映客观实在的认识的历史。逻辑的东西和历史的东西是辩证统一的。辩证法认为，一方面，逻辑与历史是一致的，通过对历史事实的加工改造，抛弃历史细节、抓住主流，抛弃偶然性、抓住必然性，抛弃偏差、抓住基本方向和基本线索，把握历史发展的内在规律，因此，逻辑的东西能更深刻地反映历史。

随着现代科学的发展，产生了现代科学思维方法。掌握唯物辩证法，要做到辩证思维方法与现代科学思维方法的统一。现代科学思维方法是一个巨大的方法群，包括控制方法、信息方法、系统方法、模型方法和理想化方法等。辩证思维方法与现代科学思维方法有着方法论上的共同性，二者是相互联系、相互补充的。一方面，辩证思维是现代科学思维的方法论前提，辩证思维方法的基本精神和原则贯穿于现代科学思维方法之中。现代科学思维方法要自觉地以辩证思维方法为指导，以创新自己的方法系统。另一方面，现代科学思维方法又丰富了辩证思维方法。辩证思维方法从联系和发展的角度揭示事物的关系，侧重于人与世界的整体关系。现代科学思维方法是在确认事物联系和发展的前提下，深入研究世界的某些关系。辩证思维方法应该从现代科学思维方法中汲取营养，以丰富自身的方法系统。

第三，坚持唯物辩证法，要学好唯物辩证法，不断增强思维能力。学习和掌握唯物辩证法的科学思维方法，要求我们在实践中不断增强思维能力，特别是不断增强辩证思维能力、历史思维能力、战略思维能力、底线思维能力和创新思维能力。

坚持唯物辩证法，学好唯物辩证法，需要加强课堂教育，让学生掌握好理论知识，真正明白辩证的含义，理解辩证法的用处。教育学生透过现象看本质，把握普遍联系的观点，培养做事情抓主要矛盾的能力，加强学生的全局意识。从课堂教学角度看，教师应当在日常的教学活动和工作实践中多设置一些问题和事件，提高学生看问题的高度，锻炼学生的思维能力。问题是思维的开始，灵活的问题情境可以有效推进学生思维能力的培养。所以，教师可以通过巧妙的设问来激发学生的思维，通过诱导式、过渡式、情景式、反问式等各种方式引导学生养成从整体上和宏观上分析问题解决问题的思维方式。

辩证思维需要在教学过程不断培养和日常生活中不断养成。学习唯物辩证法，要在运用辩证思维分析现实问题的过程中加以强化和提升。即要通过学习辩证唯物主义，学会做一个有辩证思维的人。辩证的人承认矛盾，并能用辩证的方法解决矛盾。大学生在学习生活中，要总结历史经验，把握历史规律，认清历史趋势，坚定中国特色社会主义的方向，做好现实工作以更好地走向未来。学习马克思主义哲学中的唯物辩证法，辩证地看待全球化过程中我们面临的机遇与挑战，辩证地看待中国发展进程中的各种问题，与时俱进地看待马克思主义，科学认识中国特色社会主义理论体系尤其是新时代中国特色社会主义的理论与现实的关系。要用客观发展全面系统普遍联系的观点把握事物的发展规律，克服极端化片面化。要培养自己的创新能力，不能因循守旧，满足于现状，不思进取，坐享其成。要有敢为人先的锐气，打破迷信经验，摒弃不合时宜的旧思想，以思想认识的新飞跃，打开学习工作的新局面。

第十五章

求真思维

马克思主义不但揭示了客观世界发展的一般规律，而且在批判继承前人认识论成果的基础上，把实践观点引入认识论，把辩证法运用于反映论，创立了能动的革命的反映论，第一次科学地解决了认识的产生和发展规律问题，实现了人类认识史上的伟大变革，为我们认识世界、改造世界提供了科学的理论指导。人的认识是从实践产生，为实践服务，随实践发展，并受实践检验的。认识依赖于实践，离开实践的认识是根本不可能的。通过实践不仅可以得到真理，而且能够通过真理来指导实践活动。新时代的当代大学生，需要树立和培养立足实践追求真理的求真思维。

一、掌握科学的认知方法

辩证唯物主义认识论认为，认识是主体对客体的能动反映。这种能动反映具有两个方面的特点：一方面，反映具有摹写性，反映的摹写性决定了反映的客观性。另一方面，反映具有创造性。人不仅能够反映事物的现象，而且还能进一步揭示事物的内在本质和规律；不仅能够反映事物的现在，而且能够进一步揭示事物的过去和未来；不仅能够反映现实中的事物，而且能够塑造出现实中并不存在的事物。创造性从根本上把人的反映与动物的感觉和心理活动区别开来，它是反映的能动性的基本标志。

从实践到认识，再从认识到实践，如此实践、认识、再实践、再认识，循环往复以至无穷，一步步地深化和提高，这就是认识发展的总过程。认识运动的辩证过程，首先是从实践到认识的过程。在这个过程中，认识采取了感性认识和理性认识两种形式，并经历了由前者到后者的能动飞跃。从感性认识向理性认识的过渡，必须具备两个基本条件：第一，勇于实践，深入调查，获取十分丰富和合乎实际的感性材料。这是正确实现由感性认识上升到理性认识的基础。第二，必须经过理性思考的作用，将丰富的感性材料进行去粗取精、去伪存真、由此及彼、由表及里地制作加工，才能将感性认识上升为理性认识。从认识到实践，是认识过程的第二次能动飞跃。要达到这个目的，就需要科学理论的指导。理论是行动的指南，没有革命的理论就没有革命的运动，没有正确的理论就没有正确的行动。只有在正确的思想理论指导下，才能自觉地实现改造世界的目的。

"实践、认识、再实践、再认识"作为认识发展的总过程，不只是实践到认识和认识到实践多次飞跃的综合，而且表现了认识过程的反复性和无限性。认识过程的反复性和无限性是指人们的认识过程既不是封闭式的循环，也不是直线式的前进，而是螺旋式的曲折上升运动。这个运动，从形式上看，表现为认识和实践的反复循环；从内容上看，实践和认识之每一循环，都相对进到了高一级的程度。正是认识运动中实践和认识的这种循环往复和无限发展，体现了认识的本质和一般发展规律。

通过对马克思主义关于认识的本质及发展规律的学习，使学生明确认识的基础、来源和本质，养成"主观和客观、认识和实践的具体的历史的统一"的认知方法。

第一，辩证唯物主义认识论认为，人的认识是主观对客观能动的反映。所以，"我们的结论是主观和客观、理论和实践、知和行的具体的历史的统一，反对一切离开具体历史的'左'的或'右'错误思想"。所谓具体的，即主观认识要同一定时间、地点、条件下的客观实践相符合；所谓历史的，即主观认识要同特定历史发展阶段的客观实践相适应。由于客观实践是具体的、历史的，所以，主观认识也应当是具体的、历史的。当事物的具体过程已经向前推移，转变到另一个具体过程的时候，主观认识就应当随之而转变，如果主观认识仍然停留在原来的阶段上，这就脱离了客观实践的具体的、历史的特点，思想落后于实际，就容易犯保守的错误。当事物的具体过程尚未结束，原有的矛盾尚未得到充分的暴露和展开，向另一个具体过程推移转变的条件还不具备的时候，如果人们硬要把将来可能做的事情勉强拿到现在来做，企图超越阶段，这同样是脱离了客观实践的具体的、历史的特点，就容易犯冒进的错误。所以，我们在看待人和事的时候，不应该犯主观臆想和形而上学的错误，要从客观存在的发展变化的人和事物出发，发挥主动性，在实践中去获得认知。

第二，就认识过程的发展规律来看，也必须坚持"主观和客观、认识和实践的具体的历史的统一"的认知方法。人的认识过程经历了"实践、认识、再实践、再认识"这一总过程。这表现了认识过程的反复性和无限性，也说明了人们对一个事物的了解并不是一蹴而就、一劳永逸的。由于主客观条件的原因，决定了我们在看待事物时会受到一定的限制。一方面，由于受到各种客观条件的制约或者是由于自己的原因，可能对某个事物认识比较浅，比较片面，而伴随着我们受限条件的消失，我们对事物的认识会越来越客观，这也必然表现为一个主观不断符合客观的历史认知过程；另一方面，客观事物是不断发展和变化的，原先没有展现出来的矛盾和特征，由于历史的发展不断展现出来，这也需要我们用具体的和历史的方法去获得新的认知。

第三，要坚持"主观和客观、认识和实践的具体的历史的统一"的认知方法，需要反对两种错误的认知方法。一种是唯心主义的认知方法，这种认知方法颠倒了物质和意识的关系，否认认识是人脑对客观世界的反映，把认识看作是先于物质、先于实践经验的东西。他们或者认为认识是"内心反省"的结果，是心灵的自由创造物；或者认为认识是上帝的启示或绝对精神的产物，完全背离了唯物主义反映论的路线。一种是形而上学唯物主义认识论，把人的认识看成是消极地、被动地反映和接受外界对象。它离开实践考察认识问题，因而不了解实践对认识的决定作用；不了解认识的辩证性质，离开辩证法来考察认识问题，不能把认识看作是一个不断发展的过程，而认为认识是一次性完成的。这种直观的消极被动的反映论同样是不科学的。

学生"主观和客观、认识和实践的具体的历史的统一"的认知方法培养最大的障碍就是当前教学过程中教学方式过于单一、满堂灌、注入式、填鸭式的教学现象。这与教师多年的教学惯性有关，要培养学生的认知方法，教师首先应当改变自己的教学认知，改变"老师就是老师，学生就是学生"的这种先验看法，要放下架子，改变"官僚式老师"的形象。因此，教学过程中要综合运用讨论法、探究式、多媒体等教学方法，活跃课堂气氛，发挥学生的主观能动性。教师应当努力做到主动和学生交流和互动，鼓励学生敢于发表自己的看法；要了解不同学生的不同特点，做到量体裁衣，为学生提供一种适合学生自己偏好的学习方式来学习。而在日常生活中，学生更应当多多参与社会实践，主动思考问题，如果发现认识与实践不一致的地方，要大胆怀疑，同时在进一步的实践中进行验证，努力做到"多看、多思、多写"，时常把自己的想法和现实生活相比较，在比较中做出自己的独立判断。

二、培养知行合一的实践能力

认识与实践的统一，是马克思主义认识论的本质规定。辩证唯物主义认识论认为，主体和客体的关系不仅仅是认识和被认识的关系，而且也是改造和被改造的关系；主体反映客体的过程，也是主体改造客体的过程。所谓认识过程，就是人们在改造对象的实践中辩证地反映对象的过程。主体的这种认识、改造客体的过程，从根本上说，是为了满足自己的需要，获得一定的价值。主体在实践活动中，不断地打破客体的限制，超越现实客体，发展自己的能力和需求，同时也使客体得到进一步的改造、发展和完善。

认识的任务不仅在于解释世界，更重要的在于改造世界。所以，不但要从实践中得出认识，从感性认识上升到理性认识，还要实现由理论向实践的飞跃。第一，必须从实际出发，坚持一般理论和具体实践相结合的原则。只有这样，理论才能真正发挥自己的指导作用，并随着实践的发展而发展。第二，理论要回到实践中去，需要经过一定的中介环节。第三，理论要回到实践中去，还必须为群众所掌握。人民群众是实践的主体，理论只有为群众所掌握才能化为改造社会、改造自然的物质力量。第四，要有正确的实践方法即工作方法。方法是理论的具体化。如调查研究等方法。

认识世界和改造世界是相互依赖、相互制约的辩证统一关系。认识世界是为了改造世界；要有效地改造世界，又必须正确地认识世界。认识世界和改造世界的统一，决定了理论与实践必须相结合。马克思主义理论与具体实际相结合，是达到正确地认识世界和有效地改造世界的根本途径。认识世界和改造世界的过程，既是认识和改造客观世界的过程，也是认识和改造主观世界的过程。改造客观世界包括改造自然界和改造人类社会。改造主观世界就是改造人们自己的认识能力、改造主观世界和客观世界的关系，核心是改造世界观，即观察和处理问题的立场、观点和方法。改造客观世界和改造主观世界相辅相成、相互促进、缺一不可。

通过对认识与实践相统一原理的学习，培养学生养成为改造世界而学习知识的自觉意识，活学活用在做中学的思维方式，持之以恒坚持到底的精神。

第一，要培养为改造世界而学习知识的自觉意识。马克思主义认识论认为，认识的根本任务是改造世界。而在现实生活中却由于缺乏这种自觉的意识而出现一些令人遗憾的现象。如当前社会上有一股"读书无用论"的论调。这种论调之所以有市场，一方面是因为我们的同学不知道为什么要读书，缺乏正确的学习观，只是为了读书而读书，结果就造成了很多高分低能的书呆子。在他们看来，只要把书中的知识记下来，在考试中取得高分就行了。这样的同学，在学校里可能很优秀，一旦步入社会，就会无所适从。因为在他们的思维中从来没有过读书就是为了要用这种理念，这也就造成了很多大学生在步入社会时很难从学生心态转化为社会人心态，空有一套理论不知道如何应用。另一方面，"读书无用论"论调有市场的更大原因或许很大程度上是因为学生所学专业知识与社会脱节，找不到工作的缘故。究其原因，这又与我们的教学理念、课程设置与社会现实生活接轨紧密相关，学校和教师都普遍缺乏这种自觉意识，培养出来的学生也必然是理论和实践相脱节的。所以，当前，无论是我们的教师还是学生都应当培养起为改造世界而学习知识的自觉意识。

第二，培养活学活用在做中学的思维方式。在培养起为改造世界而学习的自觉意识的同时，更要把这种自觉意识体现到行动中，这就是要把学到的理论知识活学活用到现实生活中，在学习和工作中检验理论，发展理论，并通过理论去指导实践活动。由于亲自去实践这种理论，对理论有切身的感受，就更能加深对该理论的理解。这种思维方式就是活学活用在做中学的思维方法。活学活用在做中学的思维方法不但能够有效巩固所学知识，更能够调动学习者的主动性和积极性，激发学习者的潜力。如在思想政治理论的教学中就要有意识地培养这种思维方式，并将其转化为方法论。比如唯物辩证法的一系列规律和范畴都具有世界观和方法论的意义，在讲授过程中就不应当仅仅讲知识，还要把知识转化为认识方法和工作方法。如在讲授矛盾这一章，就应当把矛盾问题的讲授同具体的实例分析相结合，培养学生"两点论"与"重点论"相结合的方法，抓关键、看主流的方法，在对立中把握同一与在同一中把握对立的方法，批判与继承相统一的方法等。

第三，培养持之以恒坚持到底的精神。辩证唯物主义认识论认为，人们对事物的认识和改造活动是一个长期的过程，这也就必然要求我们在学习和工作中，凡是认准是正确的事情，一旦做起来就要持之以恒、坚持到底。所谓的坚持有两个含义。一是坚持自己对事物的判断不动摇。如果是通过严谨而周密的考察、分析，对某事物做出了正确的认识，就应当不为旁人的想法而左右，不为其他因素所影响，要始终坚持自己的正确判断，在这方面历史上有无数的仁人志士为我们做出了楷模，为了真理他们宁可遭受误解、被世人蔑视、嘲笑，甚至因此而殉道，但是历史终究证明了他们的正确。二是坚持改造事物的决心和信心不动摇。这就需要有持之以恒坚持到底的精神。"行百里者半九十"，没有人能够简简单单地做成一件事，只有不怕艰难困苦，勇于坚持的人才能到达胜利的彼岸，才能成就一番事业。

在教学过程中联系社会现实设置问题语境来锻炼学生的这种思维方式。教师在教授这部分内容时，可以结合唯物辩证法的其他原理进行讲解，如可以结合当前党中央提出要实现中国梦的提法，设计"试析辩证唯物主义基本观点对实现中国梦和人生梦的指导意义"这样一个题；再比如针对矛盾问题可以结合大学生的生活设计"请分析大学生活的矛盾构成及其主要矛盾，谈谈你对解决这些矛盾的基本设想"这样一题。这种理论联系现实、贴近生活的题能够有效调动学生的答题积极性，并能够结合自己的亲身感受去解题。同时还可以组织一些社会实践活动，让学生在社会实践中具体应用所学知识。还可以鼓励学生在不影响学业的前提下结合所学专业知识做兼职等。对于恒心的培养则需要平时多鼓励、多表扬，尤其是在学生受到挫折的时候要及时与学生沟通，增强学生爱拼才会赢的自信心。

三、养成执着追求真理的情怀

马克思主义认为，真理是人们对于客观事物及其规律的正确认识。人类的认识活动从总体上讲是为了获得真理，并用真理指导实践，以取得实践的成功。

真理具有客观性，凡真理都是客观真理。真理的内容是客观的。检验真理的标准也是客观的。实践是检验真理的唯一标准，凡是能够经得起实践的检验、得到实践的证实、主观同客观相符合，这种认识就是真理。真理和谬误相比较而存在，相斗争而发展，这也是真理发展的规律。真理和谬误的根本区别就在于主观是否与客观相符合、相一致。相符合、相一致就是真理。谬误就是对客观事物及其规律的错误认识。真理与谬误既对立又统一，真理的每次发展都是通过与谬误的斗争来实现的。真理和谬误的区别和对立并不是绝对的，任何真理都是在一定范围、一定条件下才能够成立的，如果超出这个范围，失去了特定条件，它就会变成谬误。

就真理的发展过程以及人们对它的认识和掌握程度来说，真理又是绝对的和相对的，任何真理，既具有客观性，又具有绝对性和相对性。真理的绝对性即具有绝对性的真理，是指真理的无条件性、无限性。首先，任何真理都必然包含着同客观对象相符合的客观内容，都同谬误有原则的界限，都不能被推翻。否则，就不称其为真理，这一点是绝对的、无条件的。在这个意义上，承认了客观真理也就是承认了绝对真理。其次，人类认识按其本性来说，能够正确认识无限发展着的物质世界，认识每前进一步，都是对无限发展着的物质世界的接近，这一点也是绝对的、无条件的。在这个意义上，承认世界的可知性，承认人能够获得关于无限发展着的物质世界的正确认识，也就是承认了绝对真理。真理的相对性即具有相对性的真理，是指真理的有条件性、有限性。在一定条件下，人们对事物的客观过程及其发展规律的正确认识总是有局限的、不完全的，在广度上有待于扩展，在深度上有待于加深。任何真理都只能是主观对客观事物近似正确即相对正确的反映。

绝对性真理和相对性真理，从"静态"上看，即从它们的相互渗透上看，任何客观真理既是绝对的，又是相对的；从"动态"上看，即从真理的发展上看，任何客观真理都是由相对性真理向绝对性真理转化的一个环节，又都表现为一个过程。绝对性真理和相对性真理不是两个真理，而是同一个真理的两种不同属性。在这个问题上，我们必须反对割裂二者辩证关系的绝对主义和相对主义。我们实际工作中的教条主义、思想僵化，把马克思主义当成一种现成的公式，到处生搬硬套，是绝对主义的表现；否定马克思主义的基本原则，散布马克思主义"过时论"，是相对主义的表现。二者都是错误的。

辩证唯物主义认识论认为，检验真理的标准即实践是确定性和不确定性的。实践是检验真理的唯一标准，最终一定能鉴别出认识的真理性。这就是实践标准的确定性和绝对性。任何具体的实践活动对于真理的检验作用，都会由于历史条件的种种限制而表现出某种相对性、有限性和不确定性的特点。因此，我们必须把实践对真理的检验，看作是全部人类的实践即无数个别的、历史发展着的、整个社会的实践对真理的检验。实践检验和证明真理是一个过程，这个过程永远不会完结。

通过对真理的绝对性和相对性的学习，使学生掌握辩证唯物主义的真理观，能够做到以正确的理论为指导，在实践中坚持和发展真理，勇于创新方法灵活的思维，反对形而上学的绝对主义和相对主义思维。

第一，要培养坚持真理的品格。辩证唯物主义认识论关于真理的绝对性和真理与谬误关系的原理告诉我们：真理是正确反映客观事物本质和发展规律的认识，就这一点来讲是绝对的。谬误打扮得再像真理，再披着真理的外衣也是谬误。要想做一个彻底的唯物主义者，就必须勇于坚持真理、修正错误，树立终生为真理而奋斗的理想信念，准备随时为真理而献身。在任何情况下，我们都要坚信，真理最终总要战胜谬误。同时还要认识到，追寻真理的道路充满坎坷，必须要有把真理坚持到底的信念。古希腊哲学家苏格拉底曾经为此做过一个实验，他在课堂上拿着一个假苹果问：请大家闻闻空气中的味道。先是只有一个同学举手回答说闻到了苹果的香味；当苏格拉底举着苹果从每一个学生走过，又重复刚才的问题时，有半数同学举起了手；当苏格拉底回到讲台再次问这个问题的时候，除了一位同学没有举手外，其他人都举起了手。苏格拉底走到这位学生面前再次重复了这一问题，这位同学肯定地说：我真的什么也没有闻到。这时，苏格拉底对大家宣布：他是对的，因为这是一只假苹果。这个学生就是后来大名鼎鼎的哲学家柏拉图。许多时候，我们已经接近了真理，但因为缺少自信，而离开了真理。柏拉图坚持真理的勇气就源于对事实的坚定信念。通往真理的道路不会一帆风顺，要想不被假象所迷惑，关键就看我们是否对真理坚持到底。

第二，要培养勇于创新的思维。真理具有客观性和绝对性，人们总是能够认识到真理的，同时真理也是具体的、发展的。任何真理总是一定条件下的真理，在深度上有待加深，在广度上有待扩展。任何真理都有其成立的范围和条件，如果超出了这个范围和条件，它就不再适用。所以，我们既要坚持真理，又要在实践的基础上勇于创新，做到坚持真理和发展真理的统一。一方面，要坚持真理的绝对性；另一方面，要在实践的基础上不断地进行实践创新和理论创新，把对事物的真理性认识不断推向更高级更深入的阶段。

第三，反对绝对主义和相对主义思维。坚持绝对和相对的辩证统一，就要反对形而上学的绝对主义和相对主义的错误思维。形而上学的绝对主义和相对主义都是割裂了真理和相对真理的辩证统一，陷入了两个极端的错误。绝对主义夸大了真理的绝对性，否认了真理的相对性。绝对主义认为人们所获得的真理都是绝对真理，真理不可能是相对的。人们所获得的真理具有永恒不变性，它穷尽了人们对客观事物的一切认识。绝对主义否认了真理的发展，在实际生活中表现为教条主义和思想僵化。相对主义夸大了真理的相对性，否认了真理的绝对性，怀疑科学理论的可靠性。相对主义否认了绝对真理，必然同时否认了客观真理，从而把真理变成了主观随意的东西。相对主义抹杀了真理的客观标准，必然混淆真理和谬误的界限，这种相对主义在实际生活中表现为怀疑主义和诡辩论。

学生坚持真理品格和理论创新思维的培养需要在教学过程中和日常生活中逐渐养成。首先，无论是在教学活动中，还是在日常生活中，一定要坚持和弘扬科学精神，坚持以科学的实事求是的精神去认识世界和改造世界。在认识和实践活动中，如实地、准确地按照客观事物的本来面目去揭示其本质和规律，把追求真实、反对虚假看作是进行科学认识和实践活动的基本品格。要培养学生的理性思维，以清醒的、严谨的、合乎逻辑的思想从事科学认识和理论创造，进一步指导实践活动。其次，在教学中必须重视对学生的创新潜能、创新意识和创新精神的开发和培养。要在教学过程中设计问题情境，以一定的知识为载体，着力于培养学生的创新意识和创新精神。设计不循常规，寻求变异，勇于创新，做到立意新、结构新、情境新、设问方式新，充分锻炼学生的思维能力，使学生在这个过程中潜移默化地形成创新的思维。

第十六章

历 史 思 维

读史使人明智，正确的历史观能够使人聪慧。历史观是人们对社会历史的根本观点、总的看法，是世界观的重要组成部分。唯物史观结束了唯心史观对社会历史理论的长期统治，使历史破天荒地第一次被安置在它的真正的物质基础之上，使我们第一次对历史有了科学的认知，为我们解决社会历史问题提供了指南。新时代的接班人要能够有所作为，需要在唯物史观指导下培养科学的历史思维，自觉地认识和把握历史发展的客观规律，科学理解社会生活的本质，洞察过去、现在和未来，懂得并积极顺应历史发展的大势，努力做一个聪慧的人。

一、科学理解社会生活本质

唯物史观在关于社会本质和规律的方面，主要是关于社会基本矛盾的学说。这就是社会存在决定社会意识，社会意识反作用于社会存在，社会存在具有相对独立性的原理；生产力与生产关系的矛盾运动及其规律原理；经济基础与上层建筑的矛盾运动及其规律原理；社会形态更替的一般规律及特殊形式原理。这些原理要求大学生要培养关心社会现实的思维，学会观察和体验社会生活。

第一，大学生要关注社会存在，这是大学生观察社会的基础所在。关注社会存在，是大学生坚持历史思维的唯物主义基本要求。当代大学生要有历史责任感，就不能将自己的视角仅仅放在自己身上，而是要放开自己的眼界，去观察社会，分析社会的各种现象，解决其中的问题，揭示其中的规律。社会存在即社会物质生活条件，是社会生活的物质方面，主要包括自然地理环境、人口因素和物质生产方式。这三者从不同的方面构成了人类社会生活的基础。大学生也应当从这三个方面入手来考察社会存在。首先，大学生要关注自然地理环境。自然地理环境是人类社会生存和发展永恒的、必要的条件，是人们生活和生产的自然基础。自然地理环境提供了社会生活和生产资料的来源。离开一定的自然条件，人们就不可能进行生活和生产；自然地理环境的优劣对劳动生产率的提高产生积极或消极的影响，并对社会发展起促进或延缓的作用。自然地理环境的作用要受社会发展状况的制约，特别是受物质资料生产方式的制约。依据此原理，可以看出，自然环境与人类社会的生存和发展息息相关，在当代生态环境日益恶化的今天，当代大学生更要培养关注自然生态环境的意识。其次，大学生要关注人口对社会的影响。人口因素也是重要的社会物质生活条件，对社会发展起着制约和影响的作用。人是从事物质生产活动和其他一切社会活动的主体，是一切社会关系的承担者，没有人就没有社会。人口的数量和质量等因素对生产发展和社会进步起加速或延缓的作用。适度的人口对社会发展起加速作用，过密或过疏的人口对社会发展则起延缓作用。在现代社会，人口的质量（智力、体力等）、职业构成、受教育程度和技术熟练程度等状况，对社会发展产生重要影响。人口因素要受社会生产状况和社会制度的制约。依据此原理，当代大学生应当认识到，人的因素是社会的第一因素，人的发展程度决定着社会发展的程度。所以，大学生一方面应当从宏观层面分析不同阶段人口对社会发展的影响，另一方面，应当从微观层面不断提升自身的素质，使自身能够适应社会发展要求，投入到推进社会发展的历史进程中去。最后，当代大学生要投身于物质生产生活中去。物质生产方式是指人们为获取物质生活资料而进行的生产活动的方式，它是生产力和生产关系的统一体。物质生产方式是社会存在和发展的基础及决定力量。在人们的社会物质生活条件中，生产方式是社会历史发展的决定力量。当代大学生要真正了解社会，必须要到物质生产实践中去。只有在物质生产实践中，大学生才能真正感受到社会生产的各环节之间的关联，找到其中的规律所在。

第二，大学生要维护主流社会意识形态，培养服务社会的意识。社会意识是社会生活的精神方面，社会存在是社会意识内容的客观来源，社会意识以理论、观念、心理等形式反映社会存在，是社会物质生活过程及其条件的主观反映。但社会意识并非消极被动地受制于社会存在，它既依赖于社会存在，又有其相对独立性。这一原理要求当代大学生一方面要在明确当前中国社会存在的基础上维护主流社会意识形态，另一方面，要充分发挥主观能动性，培养独立思考的能力，促进社会存在的发展。

首先，当代大学生要维护主流社会意识形态。社会意识是人们进行社会物质交往的产物。社会意识是具体的、历史的。每一时代的社会意识都有其独特的内容和特点。一方面，社会存在的性质决定社会意识的性质。从整个社会整体看，各种形式的社会意识虽各不相同，但作为社会意识却有其共同点，社会意识的内容根源于社会存在，是社会存在的反映。从单个人和集团看，一个人具有什么样的社会意识是由其所处的社会存在的具体状况决定的。不同阶级的社会意识是由不同阶级的社会地位决定的。社会意识来源于社会存在，有什么样的社会存在就会有什么样的社会意识与之相适应。社会意识具有鲜明的时代性和阶级性。另一方面，社会存在的变化决定社会意识的变化。从社会意识总体看，随着社会存在的变化，人们的社会意识会发生或早或迟、或快或慢、或大或小的变化。从某一观念的产生、发展和消失看，只能由社会存在的实际变化的状况来解释。当前，我国正处于新时代中国特色社会主义的发展阶段，这一社会存在决定了我国的意识形态是习近平新时代中国特色社会主义思想。作为新时代中国特色社会主义的接班人，大学生应当维护我们的主流意识形态。

其次，当代大学生要培养服务社会的意识。唯物史观认为，社会意识具有相对独立性，就是说社会意识在从根本上受到社会存在决定的同时，还具有自己特有的发展形势和规律。主要表现在：一是社会意识与社会存在发展的不完全同步性和不平衡性。进步的社会意识可以在一定程度上预见、推断未来，指导人们的实践活动；落后于社会存在的社会意识则阻碍社会的发展。另外，历史上也有这样的情况：社会经济发展水平较高的国家或地区，其社会意识的发展水平未必都是最高的；某些经济水平相对落后的国家或地区，其社会意识的某些方面却可能领先于经济发达的国家或地区。二是社会意识内部各种形式之间的相互影响及各自具有的历史继承性。社会生活的内在联系及其统一性，决定了社会意识诸形式之间也必然是相互影响、相互作用的。同时，社会意识诸形式均有自成系统、前后相继的历史链条，因而具有历史继承性，有其发展的特殊规律。三是社会意识对社会存在能动的反作用。这是社会意识相对独立性的突出表现。任何社会意识都不会凭空出现，只能是适应一定社会物质生活发展的要求而产生的，因而它必然具有满足这些需求的功能和价值，在一定条件下会转化为物质力量并作用于社会存在，影响历史的发展。先进的社会意识反映了社会发展的趋势和要求，对社会发展起着积极的促进作用；落后的社会意识不符合社会发展的趋势和要求，对社会发展起着消极的阻碍作用。作为新时代的接班人，大学生应当充分认识到社会意识的这种相对独立性。重视社会意识形态的重要作用，提升自身社会主义核心价值观素养，培养符合社会发展趋势的科学的意识形态。

二、掌握社会历史发展规律

在社会历史发展的动力问题上，唯物史观是从系统的角度作了分析，这就是社会的基本矛盾是社会发展的根本动力；阶级斗争是社会发展的直接动力，其中革命和改革都起到了重要的作用；科学技术在社会发展中起到第一生产力的作用。这一重要原理启示我们，不能够以单一的视角来看待社会的发展，要综合全面地分析社会现象和事物的发展。对于当代大学生而言，要培养综合全面分析社会现象和事物发展的思维。

第一，抓住社会的基本矛盾来理解新时代。作为新时代的接班人，当代大学生要有责任意识，服务社会，学会在这个社会上生存和发展，就必须超出自身，关注周边的社会，在历史中透过现象看本质，揭示社会发展的本质和规律。这一规律的揭示就是社会的基本矛盾原理。唯物史观认为，生产力和生产关系的矛盾、经济基础与上层建筑的矛盾是社会的基本矛盾。社会基本矛盾，特别是生产力和生产关系的矛盾，是一切社会历史冲突的根源，决定着社会中其他矛盾的存在和发展。从根本上影响和促进社会形态的变化和发展。社会基本矛盾具有不同的表现形式和解决方式：社会基本矛盾尖锐冲突，矛盾不可调和时，通过社会革命的方式解决；社会基本矛盾非尖锐冲突时，通过社会改革的方式解决。在社会基本矛盾中，生产力是社会基本矛盾运动中最基本的动力因素，是人类社会发展和进步的最终决定力量。因此，大学生要通过对社会基本矛盾的判定来理解社会的发展和当前社会的性质，并以此作为自己行动的指南。首先，要明确现在的社会状态不是从天上掉下来的，而是历史继承的结果，是生产力和生产关系、经济基础和上层建筑矛盾作用的结果。面对这样一个社会状态，正确的态度是正视既有的现实条件，从现实条件出发去分析问题和解决问题。不仅从大的环境中来把握社会发展趋势，还要从小的环境来掌控自己的人生。譬如，当前是新时代中国特色社会主义社会阶段，在这样一个阶段，需要明确我们的社会结构，尤其是经济基础，并以此为基础作出自己的行为选择。当前我国实行的是以生产资料公有制为基础，多种所有制经济成分共同发展的经济制度，我们的上层建筑也都是基于此建立的。我们要在对此理解的基础上深入全面地来看待当前我们的社会制度。一方面，我们是社会主义。另一方面，由于我国所处的特殊阶段，特别是当下阶段生产力和生产关系、经济基础和上层建筑之间矛盾的特殊性，决定了我们的社会主义是具有中国特色的社会主义。特别是，我们之所以说我们进入了新时代，其根本原因就是社会的基本矛盾的表现形式发生了改变。当下，我们社会的主要矛盾已经转化为人民日益增长的美好生活需要和不平衡不充分的发展之间的矛盾。这是由我们社会的基本矛盾决定的。当前我们实现以市场作为资源配置的决定性方式，也是由我们社会的基本矛盾决定的。只要理解了这一点，就能够更加了解我们为什么要这么做，更加坚定中国特色社会主义道路的决心。

第二，正确对待阶级斗争这一直接动力，科学审视当前的社会分层。"没有对抗就没有进步。这是文明直到今天所遵循的规律。"[1]对于当代大学生而言，是否能够正确看待阶级斗争是社会发展的直接动力这一原理非常重要。唯物史观认为，阶级不是从来就有的，而是社会基本矛盾不断发展的必然，阶级也不会一直存在下去，而是会随着社会基本矛盾的不断解决逐渐走向消亡。

当代大学生应当明确阶级斗争在人类社会发展中的重要作用。在阶级社会中，生产力和生产关系、经济基础和上层建筑的矛盾必然会通过阶级斗争表现出来。社会发展的经济动因与阶级斗争动力是联系在一起的。阶级斗争是社会基本矛盾在阶级社会中的表现，是阶级社会发展的直接动力。离开了阶级斗争，就无法理解阶级社会的发展。阶级斗争对阶级社会发展的推动作用突出地表现在社会形态的更替中。当社会基本矛盾尖锐化时，即当旧的生产关系不适应生产力的发展，变成生产力发展的桎梏时，维护旧的生产关系的反动阶级，必然同代表生产力发展要求的先进阶级形成尖锐的对抗。这时，只有通过先进阶级反对反动阶级的革命斗争，推翻反动阶级的统治，才能建立新的社会形态，以解放和发展生产力，推动社会前进。阶级斗争的作用还表现在同一社会形态的量变过程中。被剥削阶级反对剥削阶级的斗争不同程度地打击了剥削阶级的统治，迫使反动统治阶级作出某些让步，不得不调整某些经济关系和政策，使社会矛盾得到一定程度的缓和，从而或多或少地推动生产力的发展和社会的进步。回首人类社会发展的历史，人类自从进入阶级社会以来，从奴隶社会到封建社会再到资本主义社会，无一不是阶级斗争在直接推动着人类社会的发展。当然，阶级斗争及其作用受到一定社会历史条件的制约。对于阶级斗

[1]《马克思恩格斯全集》（第4卷），人民出版社1958年版，第104页。

争的历史作用，必须从不同时代生产发展的状况、社会基本矛盾的状况来说明。不能脱离客观现实，片面否认或夸大阶级斗争的作用。历史上的一些阶级斗争，如奴隶反对奴隶主、农民反对封建地主的斗争，虽然不同程度地打击和动摇了剥削阶级的统治，促进了生产力的发展，推动了历史的进步，但是，由于这些被剥削阶级并不代表新的生产方式，并且缺乏科学的理论指导和严密的组织，这些斗争往往无法避免最终失败，而成为剥削阶级改朝换代的工具。历史上处于上升时期的新兴地主阶级和资产阶级曾经扮演过革命的角色，对生产力发展和社会进步起过重要的推动作用，但由于剥削者固有的阶级局限性，斗争的目的是用一种剥削制度取代另一种剥削制度，因而，此种斗争的革命性和进步性是有限的。

　　而无产阶级不同于历史上的其他一切阶级，代表了新的生产方式，是最有前途、最富有革命彻底性的阶级。无产阶级反对资产阶级的斗争，是以实现社会主义、共产主义、解放全人类为最终目的的斗争，其历史进步作用是其他阶级斗争不可比拟的。无产阶级通过革命夺取政权，建立社会主义政权以后，人类社会的经济基础发生了翻天覆地的变化，经济基础由私有制变成了公有制，这就消除了剥削制度赖以存在的基础。因此，在社会主义社会，没有了剥削阶级和被剥削阶级，每个人都是社会的主人，只有分工的不同。人与人之间的划分不再是阶级划分，而是阶层划分。由于我国处于社会主义初级阶段，这种阶层划分还将在相当长的时期内存在，并且在很多方面呈现出不平等的状态。对此，当代大学生要有清醒的认识，不能走极端，认为我们的社会仍然是一个阶级对立的社会；而应当客观理性地看待社会阶层的划分，并且明确自己所处的社会阶层，并由此确立自己的人生目标。

第三，科学认识科学技术在社会发展中的作用，培养正确的科学观。作为"历史的有力的杠杆"和"最高意义上的革命力量"，科学技术在社会历史发展中的作用越来越重要，当代大学生要正确认识科学技术在社会发展中的重要作用，培养正确的科学技术观。

回首人类社会的发展，近代以来，科技革命极大地推动了社会历史的进步。发生在18世纪70年代、以蒸汽机的发明为主要标志的科技革命，推动西欧国家相继完成了第一次产业革命，使资本主义生产迅速过渡到机器大工业，为资本主义生产方式的确立奠定了物质基础。发生在19世纪末20世纪初、以电力的发明为标志的科技革命，使电力取代蒸汽机成为新的动力，社会生产力又一次得到迅猛发展。20世纪中期以后出现的以原子能的利用、电子计算机和空间技术的发展为主要标志，特别是以信息技术、新材料、新能源、生物工程、海洋工程等高科技的出现为主要标志的科技革命，使人类进入了互联网、智能化、数字化的时代，推动了由工业经济形态向信息社会或知识经济形态的过渡。

每一次科技革命，都不同程度地引起了生产方式、生活方式和思维方式的深刻变化和社会的巨大进步。首先，对生产方式产生了深刻影响。其一，改变了社会生产力的构成要素。科技发展使生产自动化程度提高，大大地改变了脑力劳动与体力劳动的比例，使劳动力结构向着智能化趋势发展。其二，改变了人们的劳动形式。微电子技术的出现和广泛应用，使智能机器代替了人的部分脑力劳动，使人们的劳动方式经历了由机械自动化走向智能自动化、由局部自动化走向大系统管理和控制自动化的根本性变革。其三，改变了社会经济结构，特别是导致产业结构发生变革。新的技术革命在推动传统产业现代化的同时，使第三产业在国民经济中所占的比重日益提高。产业结构的变化又导致就业结构的变化，从事第三产业的人数比例迅速增长，科技人员和管理人员的比例日益增长。科技革命推动了生产规模的扩大，进而推动了生产的分工和协作的广泛发展，并使生产社会化的程度进一步提高，最终必然导致生产关系的变革。其次，对生活方式产生了巨大影响。现代科技革命把人们带入了信息时代，要求人们不断更新和充实知识，以适应时代发展的需要。学习已日益成为生活中的一项重要内容。现代信息技术为人们提供了处理、存储和传递信息的手段，给学习、工作带来了极大便利。现代化的交通、通信等手段，为人们的交往提供了方便。劳动生产率的提高，使人们自由支配的闲暇时间增多，为人的自由而全面的发展创造了更多条件。最后，促进了思维方式的变革。现代科技革命对人的思维方式产生了重要影响，主要表现为新的科学理论和技术手段通过影响思维主体、思维客体和思维工具，引起了思维方式的变革。在现代科技革命条件下，人们获得了新的知识理论结构，能够运用新的理论工具和现代化技术手段去研究一系列新现象、新领域、新课题。总之，科学技术是社会发展的重要动力。当今世界科学技术突飞猛进，一个国家、一个民族若能在科学技术上不断进取，就有可能实现社会经济的跨越式发展。为了迎接新一轮科技革命的挑战，我国应加强前瞻布局，加快产业结构调整升级和创新驱动发展，构筑一个具有先进技术基础的现代产业体系。

不过，科学技术是一把双刃剑。科学技术能够通过促进经济和社会发展造福于人类，科学技术的作用既受到一定客观条件如社会制度、利益关系的影响，也受到一定主观条件如人们的观念和认识水平的影响。科学技术的发展标志着人类改造自然能力的增强，意味着人们能够创造出更多的物质财富，对社会发展有巨大的推动作用。但是，科学技术在运用于社会时所遇到的问题也越来越突出。一种情形是对自然规律和人与自然的关系认识不够，或缺乏对科学技术消极后果的强有力的控制手段。例如，工业的发展带来水体和空气的污染，大规模的开垦和过度放牧造成森林和草原的生态破坏；生命科学的发展，提出了涉及人自身尊严、健康、遗传以及生态安全和环境保护等方面的伦理问题，基因工程可能导致基因歧视，转基因食品的安全性和基因治疗、克隆技术的适用范围等问题，引起了人们高度关注；互联网可以迅速、广泛地传播大量有用的信息，但也存在大量垃圾信息和虚假信息，并可能会侵害国家安全、企业经营秘密以及个人隐私。还有一种情形与一定的社会制度有关，在资本主义条件下，科学技术常常被资产阶级用作剥削压迫人民的工具，并非都能使人摆脱贫困，促进人的身心健康发展，因而，科学技术有时"表现为异己的、敌对的和统治的权力"。世界上的霸权主义者凭借科技优势，迫使他国接受国际贸易中不公平的规则，转嫁自身经济危机，甚至入侵他国，造成大量生命财产的损失，就是例证。

正确认识和运用科学技术，首要的就是有合理的社会制度保障科学技术的正确运用，始终坚持使科学技术为人类社会的健康发展服务，让科技为人类造福。

三、树立以人民为中心的价值观

在历史的创造者问题上，马克思主义认为，人民群众是历史的创造者，人民群众不仅是物质财富和精神财富的创造者，而且是社会变革的决定性力量。当代大学生要科学理解人民群众是历史的创造者这一重要原理，树立以人民为中心的理念。

唯物史观认为，人民群众是社会历史的主体，是历史的创造者。人民群众是一个历史范畴。从质上看，人民群众是指一切对社会历史发展起推动作用的人；从量上看，人民群众是指社会人口中的绝大多数。在不同的历史时期，人民群众有着不同的内容，包含着不同的阶级、阶层和集团，但其中最稳定的主体部分始终是从事物质资料生产的劳动群众。在当代中国，凡是拥护、参加和推动中国特色社会主义事业的人都属于人民群众的范畴。在社会历史发展过程中，人民群众起着决定性的作用。毛泽东曾提出："人民，只有人民，才是创造世界历史的动力。"[1]人民群众是社会历史实践的主体，在创造历史中起决定性的作用。人民群众创造历史的作用是同社会基本矛盾运动推动社会前进的过程相一致的。在社会基本矛盾的解决过程中，人民群众是顺应生产力发展要求的社会力量，是具有变革旧的生产关系愿望的社会力量，是主张变革旧的社会制度和旧的思想观念的社会力量。人民群众的总体意愿和行动代表了历史发展的方向，人民群众的社会实践最终决定历史发展的结局。人民群众是社会物质财富的创造者。人类社会赖以存在和发展的基础是物质资料的生产方式。广大的劳动群众是物质资料生产活动的主体，创造了人们吃穿住行等必需的生活资料以及从事政治、科学、文化艺术等活动所必需的物质前提。包括知识分子在内的劳动群众在生产过程中不断积累和传播生产经验，不断改进和发明生产工具，促进了社会生产力的发展。随着生产过程的现代化和繁重体力劳动的逐渐减少，知识分子的脑力劳动在生产活动中将变得更为重要。在当代，科学技术在生产力发展中的地位越来越重要，知识分子在推动社会生产力进步、创造社会物质财富过程中所起的作用将更加突出。人民群众是

---

[1] 《毛泽东选集》（第3卷）（第2版），人民出版社1991年版，第1031页。

社会精神财富的创造者。物质生产活动的主体是人民群众，精神生产活动的主体也是人民群众。人民群众通过物质生产实践为创造精神财富提供了必要的物质条件和设施。人民群众的生活、实践活动是一切精神财富、精神产品形成和发展的源泉。人民群众还直接参与了社会精神财富的创造，尤其是人民群众中的知识分子在精神生产过程和社会精神财富的创造中起到了非常重要的作用，他们中产生了不少伟大的科学家、思想家和艺术家。人民群众是社会变革的决定力量。人民群众在创造社会财富的同时，也创造并改造着社会关系。生产关系的变革，社会制度的更替，最终取决于生产力的发展，但不会随着生产力的发展自发地实现和完成，而必须借助人民群众的力量。在特定的社会环境中，人民群众通过推动生产力的发展而不断要求改进生产关系。人民群众是社会革命的主力军，他们在社会形态更替的过程中发挥了巨大作用。

当代大学生要科学理解人民群众是历史的创造者这一重要原理，树立正确的人民价值观。一是要谦虚。大学生虽然是已经有了知识的高学历人才，但是一定要搞清楚自己的定位。要清楚自己从哪里来，又要到哪里去。特别是随着现代社会经济的发展，很多大学生越来越搞不清楚自己从哪里来，做事情以个人为中心，丝毫不顾及其他人的感受，离开了他地球都不转了，看不起人民群众。如果有这种价值观，必然会在今后的发展道路中受到挫折。大学生应当学会谦虚，只有谦虚，才能虚心向他人学习，从人民群众中汲取营养。二是要讲道德。当下大学生存在的很重要的一个问题就是道德标准下降。长期以来，我们教育系统存在的一个主要问题是重视学生的智力培育高于道德培育，重视学生的知识传输高于人格培养。这就造成很多学生，特别是某些大学生没有树立好正确的价值观，做事情纯粹考虑个人利益，丝毫不顾及他人利益，对自身道德追求标准下降。凡是有利益的就去做，没有利益就不去做；某人对自己有利就去结交，没有利就嗤之以鼻……这种心态绝对不是新时代接班人的心态。这样的大学生一旦到了社会上，也必然成不了社会的人才。三是要有成为"英雄"的雄心壮志。唯物史观认为，历史是人民群众创造的，但是并不意味着就没有英雄的存在。对于每个大学生而言，首先要成为自己的历史中的英雄，其次要在自己有限的生命里为社会作贡献，成为社会的英雄。而英雄的养成也不可能是一蹴而就的，而是要源于人民、服务人民。

第十七章
批判思维

唯物辩证法中包含着明显的批判性。只有敢于批判，才能进行创新。可以说，敢于批判，勇于批判，在批判的基础上创新，是个人、民族、国家兴旺发达的基础和不竭动力。马克思主义正是通过对资本主义社会的批判，揭示了资本主义社会发展的秘密，指明了人类社会未来的发展方向。当代大学生要立足于马克思批判资本主义的立场，学习其批判的方法，在关注社会现实中不断提升自我。

一、培养洞察事物的眼光

马克思主义从历史的角度对资本主义社会做了批判，揭示了资本主义社会的本质和发展规律。马克思主义认为，资本主义生产方式的产生是生产力和生产关系、经济基础和上层建筑矛盾发展的必然结果，具有历史的必然性。资本主义的快速发展源于资本的原始积累，就是生产者与生产资料相分离，货币资本迅速集中于少数人手中的历史过程。资本原始积累的主要途径：一是用暴力手段剥夺农民土地；二是用暴力手段掠夺货币财富。资本主义的秘密就在于找到了劳动力这样一个特殊的商品。劳动力成为商品是资本主义雇佣劳动制度形成的前提，是资本运行的前提。劳动力商品的价值和使用价值不同于普通商品的特殊性在于，劳动力的使用过程能够创造出比自身价值更大的价值，即剩余价值。而资本主义工资作为劳动力价值或价格的转化形式，实质是劳动力的价值或价格。工资数量的变化，并没有改变资本剥削雇佣劳动的基本经济关系。

资本主义生产过程是劳动过程和价值增殖过程的统一。资本主义生产过程一方面是创造使用价值的劳动过程，另一方面也是价值形成过程和价值增殖过程，即剩余价值生产过程。为了最大限度地获取剩余价值，资本家总是尽可能在不同时期不同程度地采用绝对剩余价值生产和相对剩余价值生产两种方法。相对剩余价值的形成是全社会提高劳动生产率、缩短必要劳动时间、相对延长剩余劳动时间的结果。此外，马克思主义还从资本循环、资本周转、社会资本再生产等方面阐释了资本增殖的条件，揭示了资本运行的一般原理。社会资本运行的核心问题是社会总产品的实现。社会总产品的实现，关键是要解决物质补偿和价值补偿。社会再生产顺利进行需要生产资料和生产消费资料的两大部类之间保持规模上和结构上的协调。在剩余价值规律和竞争规律作用下，资本在不同部门间的流动，使得利润率平均化，形成平均利润率，在此基础上不同部门的资本家集团分别获得了产业利润、商业利润、利息、银行利润、地租等相应份额，完成了对剩余价值的瓜分。马克思主义还揭示了资本主义的发展趋势，资本主义经济危机的实质是生产的相对过剩，其根源在于资本主义的基本矛盾即生产资料私人占有与生产社会化之间的矛盾。

作为新时代的大学生，应当谨慎地、以批判的视野观察资本主义社会的发展，认清其本质所在。尽管当下资本主义在很多方面都已经有了很大的变化。但是，资本主义之所以叫资本主义，其根本原因就在于其是以"资本"为本的社会，资本主义的发展目的不是为了人的发展，而是为了资本本身的增值。这种生产方式是不把人当成人来展开的，体现的不是人对生产的控制，而是物对人的统治。这种生产方式将资本本身人格化为"资本家"，将劳动者变为特殊的商品——"劳动力"，是以人的价值的丧失为代价的发展。不过，资本主义社会其自身特有的社会基本矛盾也决定了其不是社会发展的终极形态，不断爆发的经济危机充分显示出其历史局限性，其必然也会被新的社会形态所取代。所以，尽管资本主义国家现在在某些方面比我们要先进和发达，但是不能由此就妄自菲薄。因为你所看到的资本主义社会的人道的方面，并不是资本本性所要达到的，反而恰恰是现实的人在其中起着重要的作用。资本造成的人的发展只不过是一种假象，其根本目的是为了满足资本自我的增殖和资本的人格化——资本家赚钱的欲望。

二、用辩证发展的眼光看问题

资本主义社会有一个产生、发展和走向衰亡的过程。19世纪末20世纪初，资本主义从自由竞争阶段发展到垄断阶段。第二次世界大战后，资本主义经历了一个繁荣发展的时期，经济和社会生活出现了一些新的变化。近些年来，资本主义世界又发生了以金融危机为标志的经济和社会性危机。当代大学生要看到资本主义社会的这些新变化，同时也要认识到，这些变化并没有改变资本主义社会的本质特征，资本主义的这些调整是资本主义社会的自我调整，虽然在一定时期内舒缓了资本主义的矛盾，但是并没有从根本上消除这些矛盾。其历史发展趋势是必然为一个更公平、更能促进生产力发展的社会所抛弃。

在资本主义之前，生产的主要形式是以手工劳动为基础的小生产，而资本主义是以社会化大生产为基础的。社会化大生产客观上为先进的科学技术的产生和利用提供了基础和空间。科学技术不断应用于生产实践，生产实践又反过来推动科学技术的进步。在资本主义条件下，从第一次技术革命到现在，发生过多次科学技术的重大变革，而每一次科学技术的重大变革都有力地推动了社会生产力的发展。同时，资本追求剩余价值的内在动力和竞争的外在压力推动了社会生产力的迅速发展。资本主义以前的社会形态，如奴隶社会、封建社会等，都是以使用价值的获取和物质生活需要的满足为主要目标，生产规模小，生产手段简单，技术水平十分低下。资本主义则是以价值作为追求目标，对价值和剩余价值的追求不受财富的使用价值形态的限制，而可以无限制地扩大。这样，在资本主义生产方式下，作为资本人格化的资本家生存的意义就是无止境地追求剩余价值，因而必然想尽一切办法来扩大剩余价值的生产。除去资本主义追求剩余价值的内在动力外，还有竞争的外在压力，迫使资本家不断扩大生产规模、改进生产技术、改善经营管理、提高劳动生产率。正是资本无限追求剩余价值的内在动力和资本家之间激烈竞争的外在压力，推动了资本主义社会科学技术的进步和社会生产力的迅速发展。资本主义的意识形态和政治制度作为上层建筑在战胜封建社会自给自足的小生产的生产方式，保护、促进和完善资本主义生产方式方面起着重要作用，从而推动了社会生产力的迅速发展，促进了社会进步。资本主义民主制是与资本主义生产方式相适应而发展起来的。资本主义的政治制度虽然本质上是为资产阶级服务的，但在经济上保护自由竞争、等价交换，政治上推崇自由、民主、平等，与奴隶制和封建制国家相比，无疑是人类社会政治生活上的一大进步。

　　资本主义的历史进步性并不能掩盖其自身的局限性，其表现是：资本主义基本矛盾阻碍社会生产力的发展。资本主义生产方式建立后，资本主义生产中生产资料的使用、生产过程和产品都实现了社会化。随着生产社会化程度的不断提高，客观上要求生产资料和劳动产品由全社会共同占有和支配，使社会化大生产所要求的比例关系得以实现，保障整个社会生产顺利协调地进行。资本主义生产资料私有制使社会化的生产资料和劳动产品归资本家私人占有，在生产过程中，生产什么、生产多少、何时生产，都服从于资本家攫取剩余价值的需要，这就形成了资本主义的基本矛盾——生产社会化与生产资料资本主义私人占有之间的矛盾，这种矛盾的存在阻碍了资本主义生产力的进一步发展。资本主义制度下财富占有两极分化，引发经济危机。在资本主义社会，尽管劳动者获得了人身自由，但是资本家和雇佣工人的平等关系只体现在流通领域形式上的等价交换。一旦离开了流通领域，进入生产领域，"原来的货币占有者作为资本家，昂首前行；劳动力占有者作为他的工人，尾随于后。一个笑容满面，雄心勃勃；一个战战兢兢，畏缩不前，像在市场上出卖了自己的皮一样，只有一个前途——让人家来鞣"。[1]工人阶级实质上是雇佣奴隶。在资本主义生产过程中，雇佣工人不仅生产出相当于自己劳动力价值的价值，而且还要创造归资本家无偿占有的剩余价值。不仅如此，资本家还用无偿获得的剩余价值去无偿地获得更多的剩余价值。因此，资本家阶级和工人阶级之间本质上是不平等的，是压迫与被压迫、统治与被统治、剥削与被剥削的关系。在这种关系支配下，资本主义社会的财富分配呈现出两极分化的趋势，一极是资本家阶级占有巨额财富，另一极是广大的工人阶级只占有少部分财富，由此引发广大劳动者有支付能力的需求远远赶不上资本主义生产无限扩张趋势的矛盾。这一矛盾的激化必然引发经济危机，严重影响社会生产的正常进行，阻碍社会生产力的发展。资本家阶级支配和控制资本主义经济和政治的发展和运行，不

---

〔1〕《马克思恩格斯选集》（第2卷）（第3版），人民出版社2012年版，第168页。

断激化社会矛盾和冲突。生产剩余价值是资本主义生产方式的绝对规律，在这一规律作用下，在经济上，资本家阶级按照自己的意志和利益要求支配和控制社会生产的规模和发展方向，导致个别企业生产的有组织性和整个社会生产的无政府状态之间的矛盾，引起社会生产比例关系的失调，导致世界经济发展的失衡；在政治上，资本家阶级凭借手中的金钱影响和操纵资本主义国家的政治过程，使国家机器成为资本家阶级进行政治统治和社会管理的手段和方式，为资本家阶级的利益服务，而置社会整体利益和长远利益于不顾，使各种社会矛盾不断积累和尖锐化。

上述局限性决定了在资本主义的经济、政治、文化和社会等各个领域以及全球范围内必然产生冲突、动荡和危机。这些局限性在资本主义生产方式范围内是不可能根本消除的，它决定了资本主义生产方式的历史过渡性。当代大学生应当辩证地看待资本主义的发展历史，既看到其历史作用，又看到其历史局限性，坚定资本主义必然被社会主义所取代的信心。

三、在批判中不断实现自我提升

马克思主义对资本主义的批判是彻底的，正是这种彻底性揭露了资本主义剥削制度的本质。马克思主义对资本主义的批判也是辩证的，根本在于马克思主义联系发展、唯物辩证法的观点本身就带有一定的批判性，是在否定之否定的过程中实现的。大学生应当学习这种批判思维背后"有破有立"的创新意识，在批判中实现个人的真正提升。

一个不断提升自我的人一定有坚韧不拔的意志。提升自我是一个由批判自我发现自己的缺点和不足开始的过程，人贵在自知，能承认自己的缺点并为之改变是一种优秀品质，自身的不足从产生到自我发现是一个长期的过程，甚至成为日常习惯，要想改变不是一件容易的事，所以，自我提升需要坚韧不拔的意志，不断地进行自我提升更是需要勇气和意志的，否则会造成半途而废或者听之任之的现象，消磨了意志，打击了信心，或者对自己的缺点完全不自知，虚度一生。一个不断提升自我的人一定有崇高的理想信念。提升自己要有目标，比如通过改掉自己的坏习惯提升自己的生活质量，以改掉坏习惯为目标，树立明确的目标之后，有了必须改变的信念，一步一步付出行动，朝着既定目标前进，加上坚韧不拔的意志最终实现自己的目标；再比如，把目标定的远一点，先树立一个人生方向，比如要成为教师，为了这个理想需要不断地提升自己，提升知识、能力等，这样就有了动力，所以一个能不断自我提升的人一定是有明确的理想信念，并且这个理想信念是需要不断努力实现的崇高的理想信念。

　　不断提升自我有利于自身素质的提高，从而提高自己的竞争力。当今社会，竞争无处不在，优秀的人比比皆是，随着社会的进步、科技的发展，信息的传递速度越来越快，范围不断扩大，基本的物质需要满足后，把大量的精力放在精神追求上，人人都在努力，不努力就会被时代淘汰。这个时候，不断提升自我就显得尤为重要，提升就是改革，革掉不好的，完善自身，提高自身素质，提高竞争力。试想，一个企业如果总是因循守旧，故步自封，那迎接它的一定是破产、倒闭，人也一样，只有不断提升自己完善自己才能保持优势，提高竞争力。不断提升自我有利于自己思想境界的提高，从而提高自己的人生高度。不断地提升自己，完善自己的人一定有自己既定的目标，这个目标一定是使自己往更好的方向发展的，在不断向着目标前进的时候，需要通过知识、能力、思想、思维来武装自己，这有利于思想境界、人生境界的提高，学的越多，知识储备越多，能力越强，思想也越丰富，会对自己有更高的要求，树立更高的人生目标，继续追求目标，这又需要不断地完善自己提升自己，通过这个循环往复的过程提高自己的思想境界和人生高度。不断提升自我有利于自己的社会适应性的提高，从而增强自己适应社会的能力。

大学生不断提升自己表现在能够自主学习知识，提高自己的理论水平。大学生不断提升自己就是对自己有要求，有目的地进行学习，不仅能在老师的教授下学会课堂上的知识，而且能够运用老师所教的方法，进行课下的自主学习。学习一些课外知识，拓宽自己的眼界，不拘泥于自己掌握的知识，而且能够明白知识的无穷无尽，能够尽力丰富自己的学识，掌握足够的理论，能够在机会到来的时候抓住机会。大学生提升自己还表现在要具备良好的社会交往能力和社会实践能力。随着社会的发展、就业形势的严峻，好的社会交往能力和社会实践能力是当代大学生所应该具备的，这样才不会被社会淘汰，才能够成为国之栋梁。大学生不断提升自己表现在能够积极地参与实践活动，提升自己的能力。大学生不断提升自我，这个提升是全面的提升，不仅有知识理论的提升，还要有能力的提升。不管从社会的客观因素还是大学生自身的主观因素来看，通过不断的学习提升自己的知识水平、交往能力、社会适应性都是非常必要的，只有不断地提升自己达到一名大学生应有的素质，才能有能力、有信心地面对自己未来的选择，才能在社会上有立足之地，才能为祖国奉献自己的一份力量，才能实现自己的人生理想，才能不虚度年华，拥有丰富精彩的人生。

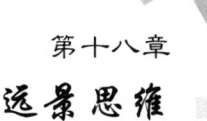

第十八章
远景思维

　　理想，是对未来事物的美好想象和希望，也比喻对某事物臻于最完善境界的观念；是人们在实践过程中形成的、有实现可能性的、对未来社会和自身发展的向往；是人们的世界观、人生观在奋斗目标上的集中体现。实现共产主义是人类历史发展的必然趋势，是马克思主义最崇高的社会理想。共产主义不仅是一种科学的理论和这种理论指导下的现实的运动，而且是一种未来的社会制度和社会形态。当代大学生应该把握历史发展的规律，树立中国特色社会主义共同理想和共产主义远大理想，从自我做起，从现在做起，在追求崇高理想的过程中实现自己的人生价值。

一、心中要有诗和远方

　　人类社会从何处来，又将往何处去？这是千百年来人们追寻的一个永恒话题。在人类历史上，有许许多多思想家热切地关注着人类社会的未来，并提出自己的预见，特别是一些空想社会主义者曾详尽地描绘过理想社会的图景。但在马克思主义产生以前，人们对未来社会的预见往往带有浓厚的空想性质和幻想色彩，因为他们还没有掌握预见未来的科学方法，也不懂得人类社会发展的客观规律。唯有马克思、恩格斯站在无产阶级立场上，运用科学的方法，致力于研究人类社会特别是资本主义社会，第一次揭示了社会发展的一般规律和资本主义社会发展的特殊规律，从而对共产主义社会作出了科学的展望。人类社会的发展像自然界的发展一样，具有自己的客观规律，科学地揭示这些规律，就能为正确地理解过去、把握现在和展望未来提供向导。马克思主义经典作家揭示了共产主义社会的基本特征，为人类社会的发展勾画了美好的蓝图，对于每一个人来说，共产主义就是每一个人心中的诗和远方。

共产主义是人类的理想，也是人类永恒吟唱的诗和远方。马克思主义为我们描述了一个美好的共产主义社会的状态：一是物质财富极大丰富，消费资料按需分配。生产力的高度发展是共产主义社会本身的一个重要特征。共产主义制度的建立不仅以高度发展的生产力为基础，而且将使未来社会的生产力得到更高的发展。适应高度发展的社会化大生产的需要，共产主义社会在生产关系上将废除私有制，实行普遍的生产资料公有制。与生产资料的社会占有相适应，共产主义社会将按照自然资源的情况和社会成员的需要，对生产进行有计划的组织和管理。到那时，由于全社会占有生产资料和共同组织生产，以及共同分配产品，个人劳动与社会劳动、个人利益与社会利益达成了直接统一。个人劳动直接成为社会劳动的一部分，个人利益直接在社会利益中得到实现。劳动者个人的劳动将不再通过交换价值的途径向社会劳动转化，社会成员之间的相互服务也不必采取等价交换的形式来进行。概而言之，"一旦社会占有了生产资料，商品生产就将被消除，而产品对生产者的统治也将随之消除。社会生产内部的无政府状态将为有计划的自觉的组织所代替。个体生存斗争停止了。于是，人在一定意义上才最终地脱离了动物界，从动物的生存条件进入真正人的生存条件"。[1]二

---

〔1〕《马克思恩格斯选集》（第3卷）（第3版），人民出版社2012年版，第815页。

是社会关系高度和谐，人们精神境界极大提高。在共产主义社会，阶级将会消亡，国家也将消亡，作为阶级压迫工具的军队、警察、监狱等将失去作用。随着国家的消亡，人类第一次作为统一的社会而存在和发展，各民族和国家的历史发展为统一的世界历史。当然，国家的消亡是指政治国家的消亡，是作为阶级压迫工具的国家机器的消亡，并不是社会组织管理机构的消亡。在共产主义社会，在没有阶级和国家的情况下，仍然需要一定的社会机构来对社会进行组织和管理。但这种社会组织管理机构只具有人们自我管理的性质，而不再具有政治压迫和暴力镇压的功能。随着阶级和阶级斗争消灭，国家消亡，人类内部不同利益集团的划分和对抗也将消失，政治斗争不再存在，战争现象随之消失，从此人们真正过上和平安宁的日子。同时，大量的社会资源将从军事活动中解放出来，造福于全社会。在共产主义社会，由于社会生产力的巨大发展，工业与农业、城市与乡村、脑力劳动与体力劳动的差别——"三大差别"必将归于消失。在共产主义社会，不仅社会是和谐的，而且社会与自然之间也将达成和谐。人与自然的和谐并不是放弃对自然的改造和利用，而是以合乎自然发展规律的方式来改造和利用自然。在共产主义社会，为生产而生产的利润动机不复存在，物质生产不再不顾人的实际需要而盲目扩张，人类文明与自然环境之间将达到动态平衡与和谐。恩格斯指出，只有在这样的社会状态下，人们才第一次能够谈到那种同已被认识的自然规律和谐一致的生活。与社会生产力的高度发展和社会关系的高度和谐相联系，人们的精神境界得到极大提高。这是共产主义新人的重要体现。人的精神境界表现在许多方面，集中体现在对于他人、集体和社会的态度上。高尚的精神境界表现为自觉地为他人、为社会服务和奉献。到共产主义社会，人们不仅具有多方面的才能，而且具有高度的觉悟和高尚的道德品质，乐意为社会公共事业作出贡献已经成为人的本能。三是实现每个人自由而全面的发展，人类从必然王国向自由王国飞跃。在共产主义社会，人的发展是自由而全面的发展，是建立在个体高度自由自觉基础上的全面发展。马克思认为，那时，人摆脱了自然经济条件下对"人的依赖关系"，也摆脱了商品经济条件下对"物的依赖性"，实现了人的"自由个性"的发展。人的发展是全面的发展，不仅体力和智力得到发展，各方面的才能和工作能力得到发展，而且人的社会联系和社会交往也得到发展。在共产主义社会，劳动不再是单纯的谋生手段，而成为"生活的第一需要"。共产主义是人类解放的实现，那时人类将最终从支配他们生活和命运的异己力量中解放出来，实现从必然王国向自由王国的飞跃，开始自觉地创造自己的历史。

共产主义理想不是空想，而是以人类社会发展规律以及资本主义社会的基本矛盾发展为依据的。马克思主义不仅从社会形态交替规律上对共产主义理想实现的必然性作了一般性的历史观论证，而且通过对资本主义社会的具体剖析，作了具体实证的证明。当代大学生是民族的希望、祖国的未来，肩负着推进中国特色社会主义建设事业，实现中华民族伟大复兴的历史重任。大学生要树立远大的理想，要把追求个人理想与追求社会理想结合起来，把追求共同理想与追求远大理想结合起来，书写和追逐自己的诗和远方。

二、学会正确认识当下

共产主义一定要实现，共产主义一定能够实现，但共产主义的实现是一个十分漫长而且充满艰难曲折的历史过程。从理论上讲，马克思主义所揭示的社会形态发展与更替的规律是一般的历史规律，是只有在漫长的历史过程中才能显现出来的规律性。"社会形态"是大跨度的历史概念，每一个社会形态的产生发展，都会经历一个很长的历史时期，而旧的社会形态走向没落并为新的社会形态所代替，也是一个长期的历史过程。从资本主义到共产主义的转变是一种根本的转变，它不仅仅是具体制度的更替，更是整个社会的根本改造，因而必然是一个长期而艰难的历史过程。

实现共产主义必须经历许多历史阶段。首先，资本主义从兴盛走向衰落和灭亡需要相当长的历史时期。其次，从资本主义到社会主义有一个过渡时期，这是一个充满矛盾和斗争的复杂历史过程。再次，共产主义社会的第一阶段即社会主义社会是一个长期的历史过程，特别是从不发达的社会主义到发达的社会主义，更有一个长期发展的过程；从 16 世纪初期兴起的社会主义思潮算起，社会主义到现在已经有 500 年的历史。在这漫长的历史岁月中，社会主义经历了从空想到科学、从理想到现实、从一国到多国的发展，也经历了从东欧剧变到中国特色社会主义蓬勃兴起的过程。站在 21 世纪中国的历史制高点上，我们要坚信，社会主义经过长期的发展，在高度发达的基础上，最终将走向共产主义。最后，从发达的社会主义向共产主义的转变和过渡，也需要一定的历史时期。可见，实现共产主义是个长期的循序渐进的过程。马克思主义者并不期望在一个早晨突然进入理想境界，而是把实现最终理想看作一个有着不同历史阶段的过程。在每一个阶段上都有相应的目标，这些阶段性目标彼此联结，通向共产主义。

当下，我们党的最高纲领是实现共产主义，当前的最低纲领就是建设中国特色社会主义，最高纲领和最低纲领是统一的。我们要把共产主义远大理想与中国特色社会主义共同理想结合起来，积极投身于建设中国特色社会主义事业的伟大实践。共产主义远大理想也就是我们的最终理想，它的实现需要许多代人的接续奋斗，在这个接续奋斗的过程中，会有一些阶段性的理想。中国特色社会主义共同理想，就是我们在追求和实现共产主义远大理想过程中的一个阶段性理想，是当前正在着力追求的阶段性理想或近期理想。所以，要坚定共产主义伟大理想，就是要坚持中国特色社会主义共同理想，走中国特色社会主义道路。中国特色社会主义道路，就是在中国共产党领导下，立足基本国情，以经济建设为中心，坚持四项基本原则，坚持改革开放，解放和发展社会生产力，建设社会主义市场经济、社会主义民主政治、社会主义先进文化、社会主义和谐社会、社会主义生态文明，促进人的全面发展，逐步实现全体人民共同富裕，建设富强民主文明和谐美丽的社会主义现代化强国，实现中华民族伟大复兴。走中国特色社会主义道路，是中国革命、建设、改革事业的经验总结，是中华民族为了实现自身的伟大复兴作出的重大抉择。中国特色社会主义道路也是中华民族最终走向共产主义的必由之路。只有沿着这条道路前进，中国的社会主义建设才能取得成功，社会主义制度的优越性才能得到充分的体现，社会主义社会才能在充分发展和高度发达的基础上，逐步迈向共产主义社会。

三、心怀愿景追逐梦想

对于当代大学生而言，更是既要展望未来，又要把握当下。青年是祖国的未来、民族的希望。青年兴则国家兴，青年强则国家强。实现中华民族伟大复兴的中国梦，夺取新时代中国特色社会主义的伟大胜利，将全国各族人民的共同理想变为现实，需要一代又一代有志青年接续奋斗。

青年一代的理想信念、精神状态、综合素质，是一个国家发展活力的重要体现，也是一个国家核心竞争力的重要因素。

青年一代有理想、有本领、有担当，国家就有前途，民族就有希望。一代青年有一代青年的历史际遇。当前，中国特色社会主义进入新时代。这个新时代，是承前启后、继往开来、在新的历史条件下继续夺取中国特色社会主义伟大胜利的时代，是决胜全面建成小康社会、进而全面建设社会主义现代化强国的时代，是全国各族人民团结奋斗、不断创造美好生活、逐步实现全体人民共同富裕的时代，是全体中华儿女勠力同心、奋力实现中华民族伟大复兴中国梦的时代，是我国日益走近世界舞台中央、不断为人类作出更大贡献的时代。这一崭新的时代，为当代青年特别是当代大学生提供了施展人生才华的极为有利的历史机遇。首先，必须要坚定理想信念。理想信念是精神上的"钙"，是人的精神支柱和精神脊梁，是鼓舞人们前进和奋斗的强大精神动力。理想信念动摇是最危险的动摇，理想信念滑坡是最危险的滑坡。心中有信仰，脚下才会有力量。当代大学生要坚定理想信念，自觉做中国特色社会主义共同理想的坚定信仰者、忠诚实践者。为此，就要深入学习马克思主义基本原理及马克思主义中国化的理论成果，特别是学习习近平新时代中国特色社会主义思想，让真理武装我们的头脑，让真理指引我们的理想，让真理坚定我们的信仰。要坚持学而信、学而用、学而行，把学习成果转化为不可撼动的理想信念，转化为正确的世界观、人生观、价值观，用理想之光照亮奋斗之路，用信仰之力开创美好未来。其次，要积极投身新时代中国特色社会主义事业，勇做担当中华民族伟大复兴大任的时代新人。我们的国家正在走向繁荣富强，我们的民族正在走向伟大复兴，我们的人民正在走向更加幸福美好的生活。展望未来，我国青年一代肩负历史重任，必将大有可为，也必将大有作为。当代中国青年要投身新时代中国特色社会主义事业，投身党和人民在中国特色社会主义新时代的伟大奋斗。要以勇于担当的精神，做走在新时代前列的奋进者、开拓者、奉献者，以执着的信念、优良的品德、丰富的知识、过硬的本领，同人民群众一道，担负起历史赋予的重任，在实现中华民族伟大复兴中国梦的生动实践中放飞青春梦想。

一个社会不能没有理想，一个人也不能没有理想。梦想是激励一个国家、一个民族、一个人努力向前不断进步的巨大精神动力。习近平曾明确指出："实现中华民族伟大复兴，就是中华民族近代以来最伟大的梦想。这个梦想，凝聚了几代中国人的夙愿，体现了中华民族和中国人民的整体利益，是每一个中华儿女的共同期盼。"[1]还指出："中国梦是我们的，更是你们青年一代的。"[2]所以，对于当代大学生而言，应当结合自身实际，树立自己的理想，心怀愿景、追逐梦想。

大学生处在人生的关键阶段，每个人都有属于自己的梦想。梦想是大学生追求进步的阶梯，是实现个人价值的体现。实现自己的梦想便能体现个人的价值。没有梦想就只能碌碌无为地度过自己的一生。其追梦的过程是不断走向进步的过程。实现梦想需要不断奋斗，积极进取。需要大学生克服自己的惰性，不断追求进步的人生。最后，追逐梦想绝不应该是只为个人，而应该是造福于社会，为中华民族伟大复兴而奋斗。大学生应该服务于他人、服务于社会，看到社会的需要，用自己的能力造福社会，为"中国梦"作出贡献。

愿景是人们永远为之奋斗希望达到的图景，它是一种意愿的表达，愿景概括了未来目标、使命及核心价值，是哲学中最核心的内容，是最终希望实现的图景。追梦就是要努力实现梦

---

[1]《习近平谈治国理政》，外文出版社 2014 年版，第 36 页。
[2]《习近平谈治国理政》，外文出版社 2014 年版，第 49 页。

想，"中国梦"凝聚了几代中国人的夙愿，体现了中华民族和中国人民的整体利益，是每一个中华儿女的共同期盼。我们要追梦，要追"中国梦"，要追共产主义这个"梦"。

追梦的人有自强不息的精神。自强不息是优秀的民族精神，中华民族能够生生不息正是因为这种自强不息的民族精神，在民族危机面前，团结一致，抵抗外敌。做一个追梦的人，首先要有这种自强不息的精神，一个追梦的人是不会轻易被困难打倒的，一个追梦的人一定能够战胜困难，用自己坚强的意志追逐自己的梦想，永不言弃，有不达目的不罢休的精神。追梦的人有奉献社会的品质。追梦的人有为实现梦想奉献终身的精神，伟大的梦想可能需要几代人的努力，所以追梦的人要有"前人栽树后人乘凉"的精神，奉献社会，为社会作出自己的贡献。追梦的人有敢于追梦的勇气。一个追梦的人，必然有自己伟大的梦想，这个梦想不是随随便便就能实现的，否则就不能叫梦想，树立这样的梦想是需要勇气的，需要智慧的，梦想太小，没有激发自己的动力；梦想太大，遥不可及，又不利于追梦的积极性发挥，同样没有效果。一个追梦的人有勇气确定自己的梦想，在梦想大小不确定，是否能实现不确定，是否能坚持下来不确定的情况下确定自己的梦想并追逐梦想更是需要极大的勇气。做一个追梦的人有利于磨炼自己的意志。追逐梦想是一个长期的过程，梦想的实现不是一蹴而就的；追逐梦想的过程是一个磨炼意志的过程，因为梦想是遥不可及的。追逐梦想的路上一定会遇到重重困难，追逐梦想的人为了实现梦想可以冲破这些艰难险阻靠的就是自己坚强的意志，有了坚强的意志就有了百折不挠的精神。在追梦的过程中磨炼自己的意志，坚强的意志是一个追梦的人实现梦想必不可少的条件。做一个追梦的人有利于实现自己的人生价值。人的一生是短暂的，生命是有长度的，我们不能延长生命的长度，但是可以延伸生命的宽度。所以，做一个追梦的人所创造的人生价值是难以估量的。做一个追梦的人能够为实现"中国梦"作出自己的贡献。实现中华民族伟大复兴是我们的"中国梦"，实现"中国梦"是每一个中华儿女的责任，它本质上是无数"个人梦"的汇合。只有全民族的人心往一处想，劲往一处使，凝聚起中华力量，才能实现我们中华民族伟大复兴的"中国梦"。把自己的"个人梦"实现了，才有利于"中国梦"的实现。梦想的实现不是一蹴而就的，一个追梦的大学生，能够用长远的眼光看待自己的追梦过程和追梦结果，敢为人先，甘于奉献，有崇高的人生追求。〔1〕

---

〔1〕 参见齐润生："大学生的梦想教育"，载《山西高等学校社会科学学报》2013 年第 12 期。

第四编

大学生政治视野

马克思主义是关于自然界、人类社会、人类思维发展的一般规律的理论体系。"马克思主义揭示了事物的本质、内在联系及发展规律，是'伟大的认识工具'，是人们观察世界、分析问题的有力思想武器；马克思主义具有鲜明的实践品格，不仅致力于科学'解释世界'，而且致力于积极'改变世界'。"马克思主义自诞生以来就始终"占据着真理和道义的制高点"。[1]历史和现实反复证明，马克思主义只有中国化才能在中国大地上闪耀真理光芒，也只有实现中国化才能救中国、发展中国、发展社会主义。

中国共产党从成立之日起，就努力探索马克思主义同中国革命实际的结合，并取得了重大成果。在中国革命、建设、改革的历史进程中，马克思主义中国化实现了两次历史性飞跃。第一次历史性飞跃发生在新民主主义革命时期，形成了毛泽东思想。第二次历史性飞跃发生在社会主义进入改革开放的新时

---

〔1〕 习近平：《在哲学社会科学工作座谈会上的讲话》，人民出版社 2016 年版，第 9~10 页。

期，形成了包括邓小平理论、"三个代表"重要思想、科学发展观、习近平新时代中国特色社会主义思想在内的中国特色社会主义理论体系。马克思主义中国化的两大理论成果极大地丰富和发展了马克思主义。

当今世界正处在大发展大变革大调整时期，世界多极化趋势增强、经济全球化深入发展，科技进步日新月异，世界政治与经济格局发生新变化，国际力量对比出现新态势，全球思想文化交流交融交锋呈现新特点。作为新时代中国特色社会主义事业的接班人，大学生应开拓政治视野，坚定马克思主义信仰，努力掌握马克思主义中国化基本理论，坚持理论联系实际，拓展旗帜视野、道路视野、改革视野、人民视野、幸福视野、制度视野，从而更好地把握中国的国情、中国社会的状况和自己的生活环境，自觉担负起建设中国特色社会主义、实现中华民族伟大复兴的光荣使命。

第十九章

旗帜视野

旗帜标志着一个国家、一个政党、一个政治集团的政治指南、政治目标、政治纲领、政治理想，它既是对未来指向的鲜明标记，也具有引导现实行动的特殊功能。可以说，旗帜对外是一个国家、政党、政治集团区别于其他国家、政党、政治集团的显著标志；对内则具有不可或缺的指引方向、统一意志、凝聚人心、鼓舞士气的功能。在一定意义上，它是"主义"的指称和借代。正如青年毛泽东寻求革命真理时说过的，"主义譬如一面旗子，旗子立起了，大家才有所指望，才知所趋赴"。[1]因此，旗帜问题至关紧要，旗帜就是方向，旗帜就是形象。在领导中国革命、建设、改革的伟大征程中，我们党在自己的旗帜上写上了马克思列宁主义、毛泽东思想和中国特色社会主义理论体系的光辉字眼。在这面旗帜上，马克思指明我们为之奋斗的目标，"是绝大多数人的、为绝大多数人谋利益的"，[2]"每个人的自由发展是一切人的自由发展的条件"。[3]毛泽东强调，我们党的宗旨是全心全意为人民服务。邓小平提出判断的标准，"应该主要看是否有利于发展社会主义社会的生产力，是否有利于增强社会主义国家的综合国力，是否有利于提高人民的生活

〔1〕 中共中央文献研究室、中共湖南省委《毛泽东早期文稿》编辑组编：《毛泽东早期文稿》，湖南出版社1990年版，第554页。

〔2〕《马克思恩格斯选集》（第1卷）（第3版），人民出版社2012年版，第411页。

〔3〕《马克思恩格斯文集》（第10卷），人民出版社2009年版，第666页。

水平"。[1]江泽民提出党要始终走在时代前列，"必须代表中国先进生产力的发展要求，代表中国先进文化的前进方向，代表中国最广大人民的根本利益"。[2]胡锦涛指出，"以人为本、执政为民是我们党的性质和全心全意为人民服务根本宗旨的集中体现，是指引、评价、检验我们党一切执政活动的最高标准"。[3]习近平指出，"人民对美好生活的向往，就是我们的奋斗目标"。[4]这充分说明，这面旗帜一脉相承、与时俱进，是当代中国发展进步的旗帜，是全党全国人民团结奋斗的旗帜。新时代大学生要继续高扬马克思主义、毛泽东思想和中国特色社会主义理论体系伟大旗帜，让马克思主义经典作家设想的人类社会美好前景不断在中国大地上生动展现出来。

一、高举马克思主义伟大旗帜

（一）马克思主义的主要内容

马克思有一句名言："批判的武器当然不能代替武器的批判，物质力量只能用物质力量来摧毁；但是理论一经掌握群众，也会变成物质力量。"[5]马克思主义主要由哲学、政治经济学、科学社会主义三大组成部分构成。这三大组成部分分别来源于德国古典哲学、英国古典政治经济学、法国空想社会主义，然而，最终升华为马克思主义的根本原因，是马克思对所处的时代和世界的深入考察，是马克思对人类社会发展规律的深刻把

[1]《邓小平文选》（第3卷），人民出版社1993年版，第372页。

[2] 江泽民："在庆祝中国共产党成立八十周年大会上的讲话（2001年7月1日）"，载《求是》2001年第13期。

[3] 胡锦涛："在庆祝中国共产党成立90周年大会上的讲话"，载《人民日报》2011年7月2日。

[4]《习近平谈治国理政》（第1卷），外文出版社年2018年版，第4页。

[5]《马克思恩格斯文集》（第1卷），人民出版社2009年版，第11页。

握。马克思的思想理论源于那个时代又超越了那个时代，既是那个时代精神的精华又是整个人类精神的精华。

1. 马克思主义是科学的理论，创造性地揭示了人类社会发展规律

在马克思提出科学社会主义之前，空想社会主义者早已存在，他们怀着悲天悯人的情感，对理想社会有很多美好的设想，但由于没有揭示社会发展规律，没有找到实现理想的有效途径，因而也就难以真正对社会发展发生作用。马克思创建了唯物史观和剩余价值学说，揭示了人类社会发展的一般规律，揭示了资本主义运行的特殊规律，为人类指明了从必然王国向自由王国飞跃的途径，为人民指明了实现自由和解放的道路。

2. 马克思主义是人民的理论，第一次创立了人民实现自身解放的思想体系

马克思主义博大精深，归根到底就是为人类求解放。在马克思之前，社会上占统治地位的理论都是为统治阶级服务的。马克思主义第一次站在人民的立场探求人类自由解放的道路，以科学的理论为最终建立一个没有压迫、没有剥削、人人平等、人人自由的理想社会指明了方向。马克思主义之所以具有跨越国度、跨越时代的影响力，就是因为它植根人民之中，指明了依靠人民推动历史前进的人间正道。

3. 马克思主义是实践的理论，指引着人民改造世界的行动

马克思说，"全部社会生活在本质上是实践的"，"哲学家们只是用不同的方式解释世界，问题在于改变世界"。[1]实践的观点、生活的观点是马克思主义认识论的基本观点，实践性是马克思主义理论区别于其他理论的显著特征。马克思主义不是书

---

〔1〕《马克思恩格斯文集》（第1卷），人民出版社2009年版，第502页。

斋里的学问，而是为了改变人民历史命运而创立的，是在人民求解放的实践中形成的，也是在人民求解放的实践中丰富和发展的，为人民认识世界、改造世界提供了强大精神力量。

4. 马克思主义是不断发展的开放的理论，始终站在时代前沿

马克思一再告诫人们，马克思主义理论不是教条，而是行动指南，必须随着实践的变化而发展。一部马克思主义发展史就是马克思、恩格斯以及他们的后继者们不断根据时代、实践、认识发展而发展的历史，是不断吸收人类历史上一切优秀思想文化成果丰富自己的历史。因此，马克思主义能够永葆青春，不断探索时代发展提出的新课题、回应人类社会面临的新挑战。

恩格斯说过："一个民族要想站在科学的最高峰，就一刻也不能没有理论思维。"[1]中华民族要实现伟大复兴，也同样一刻不能没有理论思维。马克思主义始终是我们党和国家的指导思想，是我们认识世界、把握规律、追求真理、改造世界的强大思想武器。

(二) 马克思主义的历史贡献

习近平指出："在人类思想史上，还没有一种理论像马克思主义那样对人类文明进步产生了如此广泛而巨大的影响。"[2]马克思主义的历史贡献和巨大影响主要表现在如下方面。

1. 为工人运动提供了理论指南，促进了国际共产主义运动的发展

马克思主义在工人运动的伟大实践中产生，在同各式各样资产阶级和小资产阶级反动思潮、同国际工人运动中各种机会主义、修正主义的反复斗争中不断发展和壮大，最终确立了它

---

〔1〕《马克思恩格斯文集》（第9卷），人民出版社2009年版，第437页。
〔2〕习近平：《在哲学社会科学工作座谈会上的讲话》，人民出版社2016年版，第9页。

在国际工人运动中的统治地位。习近平指出："在马克思亲自领导下，在马克思主义指导下，'第一国际'等国际工人组织相继创立和发展，在不同时期指导和推动了国际工人运动的联合和斗争。在马克思主义影响下，马克思主义政党在世界范围内如雨后春笋般建立和发展起来，人民第一次成为自己命运的主人，成为实现自身解放和全人类解放的根本政治力量。"〔1〕回顾国际共产主义运动的历史，我们不难发现，这一理论自产生以来，一直是欧洲工人阶级运动的指导思想，也一直是国际共产主义运动的指导思想。正如列宁所说："它把伟大的认识工具给了人类，特别是给了工人阶级。"〔2〕时至今日，马克思主义仍然是工人阶级争取自身解放的思想武器。马克思主义对未来社会的设想仍然在激励着工人阶级为争取实现自身的利益而奋斗。

2. 为人类开辟了崭新的社会主义发展道路

在马克思主义的指导下，法国巴黎公社革命进行了建立无产阶级专政的第一次伟大尝试，实现社会主义从理论到实践的伟大飞跃；在它的指导下，"列宁领导的十月革命取得胜利，社会主义从理论变为现实，打破了资本主义一统天下的世界格局"。〔3〕俄国十月革命实现了社会主义从理想到现实的历史性飞跃，同时也在很大程度上遏制了帝国主义在全世界的扩张，改变了世界的政治格局，推进了人类社会发展进程；在它的领导之下，"第二次世界大战结束后，一大批社会主义国家诞生，特

〔1〕 习近平："在纪念马克思诞辰200周年大会上的讲话"，载《人民日报》2018年5月5日。

〔2〕《列宁选集》（第2卷）（第3版修订版），人民出版社2012年版，第311页。

〔3〕 习近平："在纪念马克思诞辰200周年大会上的讲话"，载《人民日报》2018年5月5日。

别是中华人民共和国成立，极大壮大了世界社会主义力量"。[1]
社会主义制度的建立，消灭了剥削和压迫，实现了真正的平等
和民主，改变了工人阶级和劳动人民的历史地位，事实证明了
社会主义制度优于资本主义制度。冷战结束后，尽管世界社会
主义在发展中也会出现曲折，但人类社会发展的总趋势没有改
变，也不会改变。

3. 促进了民族解放运动的兴起

19 世纪末 20 世纪初，整个世界已被英、法、俄、德、美、
日等国分割完毕，帝国主义殖民体系已经形成，世界划分为压
迫民族和被压迫民族。帝国主义的疯狂掠夺和残酷剥削，使殖
民地、半殖民地国家人民陷入水深火热之中。于是，反对帝国
主义的民族解放运动便成为帝国主义时代一股强大的革命潮流。
在"五四讲话"中，习近平强调了以下几点：一是"马克思、
恩格斯积极支持被压迫民族和人民的解放斗争"；二是"进入
20 世纪后，以列宁为代表的马克思主义者继承和发展马克思主
义民族理论，指导和支持殖民地半殖民地国家民族解放运动"；
三是"第二次世界大战结束后，一大批获得独立和解放的民族
国家建立起来，彻底瓦解了帝国主义的殖民体系，世界各民族
平等交往、共同发展展现出光明前景"。[2]

4. 改变了中华民族的历史命运，为实现中华民族伟大复兴
   提供了理论指南

马克思主义不仅深刻改变了世界，也深刻改变了中国。马
克思主义在"中华民族陷入内忧外患的悲惨境地"时传入中国，

---

〔1〕习近平："在纪念马克思诞辰 200 周年大会上的讲话"，载《人民日报》
2018 年 5 月 5 日。

〔2〕习近平："在纪念马克思诞辰 200 周年大会上的讲话"，载《人民日报》
2018 年 5 月 5 日。

在中国人民"争取民族独立、人民解放和实现国家富强、人民幸福"的历史进程中被中国人民逐步认同和接受，在中国共产党成立后成为党的指导思想。中国共产党诞生后，中国共产党人把马克思主义基本原理同中国革命和建设的具体实际结合起来，实现了三次伟大飞跃：一是"实现了中华民族从东亚病夫到站起来的伟大飞跃"；二是"实现了中华民族从站起来到富起来的伟大飞跃"；三是"中华民族迎来了从富起来到强起来的伟大飞跃"，这三次"伟大飞跃"以铁的事实证明了三个深刻道理：一是"只有社会主义才能救中国"；二是"只有中国特色社会主义才能发展中国"；三是"只有坚持和发展中国特色社会主义才能实现中华民族伟大复兴"。这三次"伟大飞跃"还证明："马克思主义为中国革命、建设、改革提供了强大思想武器，使中国这个古老的东方大国创造了人类历史上前所未有的发展奇迹。"〔1〕

习近平指出："马克思创建了唯物史观和剩余价值学说，揭示了人类社会发展的一般规律，揭示了资本主义运行的特殊规律，为人类指明了从必然王国向自由王国飞跃的途径，为人民指明了实现自由和解放的道路。"〔2〕我们正在走的中国特色社会主义道路之所以完全正确、之所以能够引领中国发展进步，"关键在于我们既坚持了科学社会主义的基本原则，又根据我国实际和时代特征赋予其鲜明的中国特色"。〔3〕因此，新时代大学生要高举马克思主义伟大旗帜，坚定中国特色社会主义道路自

〔1〕 习近平："在纪念马克思诞辰 200 周年大会上的讲话"，载《人民日报》2018 年 5 月 5 日。

〔2〕 习近平："在纪念马克思诞辰 200 周年大会上的讲话"，载《人民日报》2018 年 5 月 5 日。

〔3〕 中共中央文献研究室编：《十七大以来重要文献选编》（上），中央文献出版社 2009 年版，第 9 页。

信、理论自信、制度自信和文化自信，为实现中华民族伟大复兴贡献力量。

二、高举毛泽东思想伟大旗帜

思想理论是社会变革的先导。面对中国近代以来山河破碎、内忧外患的深重灾难，以毛泽东为主要代表的中国共产党人，胸怀远大理想，脚踏中国大地，开马克思主义中国化之先河，创立毛泽东思想，在黑暗的中国高高擎起熊熊燃烧的火炬，引领中华民族伟大复兴以江河奔涌之势一路向前，让沉睡百年的"东方睡狮"站起来。毛泽东思想作为马克思主义中国化的第一个重大理论成果，至今依然闪耀着真理光芒。

（一）毛泽东思想的主要内容

毛泽东思想紧紧围绕中国革命和建设的主题，提出了一系列相互关联的重要的理论观点，构成了一个完整的科学思想体系。毛泽东思想在以下几个方面，以独创性的理论丰富和发展了马克思列宁主义。

1. 新民主主义革命理论

毛泽东从中国的历史状况和现实状况出发，深刻研究中国革命的特点和规律，发展了马克思列宁主义关于无产阶级在民主革命中的领导权思想，创立了以无产阶级领导的，工农联盟为基础的，人民大众的，反对帝国主义、封建主义和官僚资本主义的新民主主义革命理论。毛泽东指出，"统一战线和武装斗争，是战胜敌人的两个基本武器"，[1]加上党自身的建设，就构成了中国共产党在中国革命中战胜敌人的三个主要的法宝。新民主主义革命理论，是反映新民主主义革命客观规律的完备的理论形态。

---

〔1〕《毛泽东选集》（第2卷）（第2版），人民出版社1991年版，第613页。

2. 社会主义革命和社会主义建设理论

新民主主义革命胜利后，毛泽东领导我们党，依据新民主主义革命胜利所创造的向社会主义过渡的经济政治条件，采取社会主义工业化和社会主义改造并举的方针，实行逐步改造生产资料私有制的具体政策，从理论和实践上解决了在中国这样一个占世界人口近 1/4、经济文化落后的大国建立社会主义制度这一重大问题。毛泽东提出的把对人民内部的民主和对敌人的专政互相结合起来的人民民主专政理论，丰富了马克思列宁主义关于无产阶级专政的学说。在社会主义制度建立以后，毛泽东又领导全党和全国人民积极探索适合中国国情的社会主义建设道路，提出了一系列具有战略意义的正确思想和方针。这些正确的思想、方针和主张，对中国特色社会主义建设道路的探索具有重要的指导意义。

3. 革命军队建设和军事战略的理论

毛泽东系统解决了如何把以农民为主要成分的革命军队建设成为一支无产阶级性质的、具有严格纪律的、同人民群众保持亲密联系的新型人民军队的问题。他规定了全心全意为人民服务是人民军队的唯一宗旨，规定了是党指挥枪而不是枪指挥党的原则，制定了三大纪律、八项注意，强调实行政治、经济、军事三大民主，实行官兵一致、军民一致和瓦解敌军的原则，提出和总结了一套军队政治工作的方针和方法。他总结了中国长期革命战争的经验，系统地提出了建设人民军队的思想，提出了以人民军队为骨干，依靠广大人民群众，建立农村根据地，进行人民战争的思想。这些都是毛泽东对马克思列宁主义军事理论极为杰出的贡献。在中华人民共和国成立以后，他提出必须加强国防，建设现代化革命武装力量和发展现代化国防技术的重要指导思想。

4. 思想政治工作和文化工作的理论

毛泽东根据"一定的文化（当作观念形态的文化）是一定社会的政治和经济的反映，又给予伟大影响和作用于一定社会的政治和经济；而经济是基础，政治则是经济的集中的表现"[1]这个基本观点，提出许多具有长远意义的重要思想。例如：关于思想政治工作是经济工作和其他一切工作的生命线，要实行政治和经济的统一、政治和技术的统一、又红又专的方针；关于发展民族的、科学的、大众的文化，实行百花齐放、百家争鸣和古为今用、洋为中用、推陈出新的方针；等等。他指出："为什么人的问题，是一个根本的问题，原则的问题。"[2]强调要全心全意为人民服务，对革命工作要极端负责，要艰苦奋斗和不怕牺牲。毛泽东关于思想政治文化的许多思想理论观点，至今仍有重要意义。

5. 党的建设理论

在无产阶级人数很少而战斗力很强、农民和其他小资产阶级占人口大多数的国家，建设一个具有广泛群众性的、马克思主义的无产阶级政党，是极其艰巨的任务。毛泽东建党学说成功地解决了这个问题。他特别注重从思想上建党，提出党员不但要在组织上入党，而且要在思想上入党，经常注意以无产阶级思想改造和克服各种非无产阶级思想。他指出，理论和实践相结合的作风，和人民群众紧密地联系在一起的作风，以及自我批评的作风，是中国共产党区别于其他任何政党的显著标志。这些重要的理论，为马克思主义建党理论增添了新的内容，为中国共产党的建设指明了正确的方向。

除了上述几个方面外，毛泽东思想体系还包括许多重要的

〔1〕《毛泽东选集》（第2卷）（第2版），人民出版社1991年版，第663~664页。

〔2〕《毛泽东选集》（第3卷）（第2版），人民出版社1991年版，第857页。

政策和策略的理论、关于国际战略和外交工作的理论等内容，都是党的宝贵精神财富。

（二）毛泽东思想的历史地位

1. 毛泽东思想是马克思主义中国化的第一个重大理论成果

毛泽东是马克思主义中国化的伟大开拓者，是毛泽东思想的主要创立者。在中国共产党历史上，毛泽东第一个明确提出了"马克思主义中国化"的科学命题和重大任务，深刻论证了马克思主义中国化的必要性和极端重要性，系统阐述了马克思主义中国化的科学内涵和实现马克思主义中国化的正确途径，开辟了马克思主义在中国发展的宽广道路，为党领导的革命和建设事业的发展奠定了坚实的思想理论基础。毛泽东为实现马克思主义中国化的历史任务进行了艰苦的探索，使马克思主义在中国生根、开花、结果。毛泽东思想是马克思主义中国化第一次历史性飞跃的理论成果，毛泽东思想在新民主主义革命、社会主义革命和建设，革命军队建设、军事战略和国防建设，政策和策略，思想政治工作和文化工作，外交工作和党的建设等方面，以独创性的理论丰富和发展了马克思列宁主义。实事求是、群众路线、独立自主是毛泽东把辩证唯物主义和历史唯物主义运用到中国革命和建设实践中所形成的具有中国共产党人鲜明特色的立场、观点、方法，是我们党进行革命、建设和改革的出发点、根本点和立足点。

在马克思主义中国化的历史进程中，毛泽东思想为中国特色社会主义理论体系的形成奠定了理论基础。尤其是毛泽东思想关于社会主义建设的理论，为开创和发展中国特色社会主义作了重要的理论准备。

2. 毛泽东思想是中国革命和建设的科学指南

毛泽东思想是被实践证明了的关于中国革命和建设的正确

的理论原则和经验总结。在毛泽东思想指引下，我们党领导全国人民，找到了一条新民主主义革命的正确道路，完成了反对帝国主义、封建主义、官僚资本主义的任务，结束了中国半殖民地半封建社会的历史，建立了中华人民共和国；找到了一条从新民主主义向社会主义过渡的道路，确立了社会主义基本制度，实现了中国历史上最深刻最伟大的社会变革。毛泽东对适合中国国情的社会主义道路进行了艰苦探索，并取得了重要的理论成果，提出了许多很有启发性的论断。他领导我们建立起独立的比较完整的工业体系和国民经济体系，为社会主义现代化建设奠定了重要的物质技术基础，为在中国这样落后的东方大国进行社会主义建设积累了重要经验。毛泽东思想关于社会主义建设的基本思想观点，仍具有重要的现实指导作用。

3. 毛泽东思想是中国共产党和中国人民宝贵的精神财富

毛泽东思想形成和发展的历史条件，与我们今天面临的形势和任务有很大的不同，但这丝毫没有减弱和降低毛泽东思想的科学价值。毛泽东思想基本原理、原则和科学方法具有普遍的指导意义。毛泽东追求和倡导的中华民族重新自立于世界民族之林的远大理想，实事求是的思想路线，全心全意为人民服务的奋斗宗旨，自力更生、艰苦奋斗的革命精神，等等，依然是中国人民不断奋进的强大精神动力，将长期激励和指导我们前进。

三、高举中国特色社会主义理论体系伟大旗帜

中国特色社会主义理论体系是包括邓小平理论、"三个代表"重要思想、科学发展观以及习近平新时代中国特色社会主义思想等重大战略思想在内的科学理论体系，系统回答了在中国这样一个十几亿人口的发展中大国建设什么样的社会主义、怎样建设社会主义，建设什么样的党、怎样建设党，实现什么

样的发展、怎样发展等一系列重大问题，是对毛泽东思想的继承和发展，是马克思主义中国化的最新成果。在当代中国，坚持中国特色社会主义理论体系，就是真正坚持马克思主义。

（一）邓小平理论

以邓小平为主要代表的中国共产党人，顺民意，挽狂澜，吹响改革开放号角，实现伟大历史转折，开辟中国特色社会主义道路，创立邓小平理论。邓小平理论是在和平与发展成为时代主题的历史条件下，在总结我国社会主义胜利和挫折的历史经验并借鉴其他社会主义国家兴衰成败历史经验的基础上，在我国改革开放和现代化建设的实践中，逐步形成和发展起来的。

1. 邓小平理论的主要内容

邓小平理论内容丰富，贯穿解放思想、实事求是的思想路线，围绕着"什么是社会主义、怎样建设社会主义"这个基本的理论问题，第一次比较系统地初步回答了建设中国特色社会主义的一系列基本问题，包括社会主义初级阶段理论，党的基本路线，社会主义根本任务的理论，"三步走"战略，改革开放理论，社会主义市场经济理论，"两手抓，两手都要硬""一国两制"、中国的问题关键在于党等，形成了一个比较完备的科学体系。

第一，解放思想、实事求是的思想路线。解放思想，实事求是，是我们党的思想路线。搞革命，要解放思想，实事求是；建设社会主义，也要解放思想，实事求是。十一届三中全会果断作出了把党和国家的工作重点转移到社会主义现代化建设上来的战略决策，提出了一系列有利于增强党的团结和调动一切积极因素的方针政策，标志着党重新确立了马克思主义的思想路线。解放思想、实事求是的思想路线，有力地推动和保证了改革开放的进行，是邓小平理论的活的灵魂，是邓小平理论的精髓。

第二，社会主义初级阶段理论。我国处在社会主义初级阶段，是邓小平和我们党对当代中国基本国情的科学判断。我们讲解放思想，实事求是，从实际出发建设社会主义，最大的"实际"就是中国的基本国情。邓小平关于社会主义初级阶段的论断，使我们对社会主义建设的长期性、复杂性、艰巨性有了更加清醒的认识。

第三，党的基本路线。党的十三大报告提出了党在社会主义初级阶段的基本路线：领导和团结全国各族人民，以经济建设为中心，坚持四项基本原则，坚持改革开放，自力更生，艰苦创业，为把我国建设成为富强、民主、文明的社会主义现代化国家而奋斗。

第四，社会主义的根本任务。生产力是社会发展的最根本的决定性因素，社会主义的根本任务是发展生产力。社会主义革命是为了解放生产力，发展生产力。社会主义制度建立后，为巩固和发展社会主义，必须进一步解放生产力，发展生产力。处于社会主义初级阶段的当代中国，发展生产力的任务尤为突出，尤为重要。

第五，改革开放理论。新时期最鲜明的特点是改革开放。邓小平明确指出："改革是中国的第二次革命。"[1]中国共产党领导的第一次革命，把一个半殖民地半封建的旧中国变成了一个社会主义新中国；中国共产党领导的第二次革命，将把一个经济文化比较落后的社会主义中国变成一个现代化的社会主义国家。改革的实质和目标，是要从根本上改变束缚我国生产力发展的经济体制，建立充满生机和活力的社会主义新经济体制，

---

〔1〕《邓小平文选》（第3卷），人民出版社1993年版，第113页。

同时相应地改革政治体制和其他方面的体制，以实现中国的社会主义现代化。

第六，社会主义市场经济理论。改革开放开始后的一个很长时期内，我国经济体制改革的核心问题是如何正确认识和处理计划与市场的关系。邓小平对社会主义与市场经济关系进行了深入的探索。邓小平明确提出："计划经济不等于社会主义，资本主义也有计划；市场经济不等于资本主义，社会主义也有市场。"[1]邓小平的这一系列重要论断，从根本上解除了把计划经济和市场经济看作属于社会基本制度范畴的思想束缚。

第七，"一国两制"。完成祖国统一大业，是中华民族的根本利益所在，是全中国人民包括台湾同胞、港澳同胞和海外侨胞的共同愿望。统一是中国历史发展的主流。反对分裂，坚持统一，是中华民族自古以来就有的传统。中国共产党人始终把国家的统一作为自己奋斗的一个重要目标。面对港澳台地区尚未统一的问题，邓小平指出："怎么解决这个问题，我看只有实行'一个国家，两种制度'。"[2]

第八，中国问题的关键在于党。建设中国特色社会主义，关键在于坚持、加强和改善党的领导。在中国这样一个大国，现代化建设，国家的统一，人民的团结，社会的安定，民主的发展，都要靠党的领导。为了坚持和加强党的领导，必须努力改善党的领导。除了改善党的组织状况以外，还要改善党的领导工作状况，改善党的领导制度。

邓小平理论内容丰富，除以上这些主要创新外，还有许多丰富和深刻的思想。如在社会主义的依靠力量问题上，强调人民群众是我们党的力量源泉和胜利之本，中国特色社会主义必

---

〔1〕《邓小平文选》（第3卷），人民出版社1993年版，第373页。
〔2〕《邓小平文选》（第3卷），人民出版社1993年版，第59页。

须依靠广大工人、农民、知识分子，必须依靠各民族人民的团结，必须依靠全体社会主义劳动者、拥护社会主义的爱国者和拥护祖国统一的爱国者的最广泛的统一战线，等等。

2. 邓小平理论的历史地位

第一，邓小平理论是马克思列宁主义、毛泽东思想的继承和发展。邓小平理论，是马克思列宁主义基本原理与当代中国实际和时代特征相结合的产物，是马克思列宁主义、毛泽东思想的继承和发展，是全党全国人民集体智慧的结晶。邓小平是我国社会主义改革开放和现代化建设的总设计师，对邓小平理论的创立作出了历史性的重大贡献。邓小平理论坚持解放思想、实事求是，在新的实践基础上继承前人又突破陈规，开拓了马克思主义的新境界。

第二，邓小平理论是中国特色社会主义理论体系的开篇之作。邓小平理论第一次比较系统地初步回答了中国社会主义的发展道路、发展阶段、根本任务、发展动力、外部条件、政治保证、战略步骤、党的领导和依靠力量以及祖国统一等一系列基本问题，指导我们党制定了在社会主义初级阶段的基本路线。它是贯通哲学、政治经济学、科学社会主义等领域，涵盖经济、政治、科技、教育、文化、民族、军事、外交、统一战线、党的建设等方面比较完备的科学体系。

第三，邓小平理论是改革开放和社会主义现代化建设的科学指南。邓小平理论指导了改革开放的伟大实践。邓小平强调必须坚持以经济建设为中心，坚持四项基本原则，坚持改革开放，领导我们党制定了党在社会主义初级阶段的基本路线；指导我们党正确认识我国所处的发展阶段和根本任务，制定了现代化建设"三步走"发展战略；突出强调"改革是中国的第二次革命"，领导我们党有步骤地展开各方面体制改革，勇敢打开对外开放的大门；反复强调"两手抓、两手都要硬"，必须抓好社会主义精神文明建设和民主法制建设，实现社会全面进步；创造性提出"一国两制"的科学构想，指导我们实现香港、澳门平稳过渡和顺利回归，推动海峡两岸关系打开新局面；明确提出和平与发展是当代世界的两大问题，领导我们党及时调整各方面政策，为改革开放和社会主义现代化建设创造了难得的历史机遇和良好外部环境；强调加强党的领导必须改善党的领导，必须聚精会神抓党的建设，使党的建设充满新的生机活力。党的十一届三中全会以后，我们党作出的这一系列重大决策，把改革开放和社会主义现代化建设一步一步推向前进。

邓小平理论是邓小平留给我们的最重要的思想遗产。邓小平理论经过改革开放和现代化建设实践的检验，已经被证明是指导中国人民建设中国特色社会主义、保证中国在改革开放实现国家繁荣富强和人民共同富裕的系统的科学理论。邓小平理论是中国共产党和中国人民宝贵的精神财富，是改革开放和社会主义现代化建设的科学指南，是党和国家必须长期坚持的指导思想。

（二）"三个代表"重要思想

20 世纪 80 年代末 90 年代初，国内发生严重政治风波，国际上东欧剧变、苏联解体，世界社会主义出现严重曲折，我国社会主义事业的发展面临空前巨大的困难和压力，我们党和国家处在决定前途命运的重大历史关头。以江泽民为主要代表的中国共产党人，科学判断形势，全面把握大局，进行艰辛探索，从容应对困难和风险，全面推进社会主义现代化建设，开创了中国特色社会主义事业新局面。

中国共产党必须始终代表中国先进生产力的发展要求，代表中国先进文化的前进方向，代表中国最广大人民的根本利益。

这是对"三个代表"重要思想的集中概括。

1. "三个代表"重要思想的主要内容

第一，发展是党执政兴国的第一要务。党要承担起推动中国社会进步的历史责任，必须始终紧紧抓住发展这个执政兴国的第一要务，把坚持党的先进性和发挥社会主义制度的优越性，落实到发展先进生产力、发展先进文化、实现最广大人民的根本利益上来，推动社会全面进步，促进人的全面发展。社会主义要强大，体现优越性，关键在发展。江泽民反复强调："发展是硬道理，这是我们必须始终坚持的一个战略思想。"[1]特别是我国这样一个发展中大国，能不能解决好发展问题，直接关系人心向背、事业兴衰。离开发展，坚持党的先进性、发挥社会主义制度的优越性和实现民富国强都无从谈起。

第二，建立社会主义市场经济体制。在社会主义条件下发展市场经济，实现了改革开放新的历史性突破，打开了我国经济、政治和文化发展的崭新局面，是前无古人的伟大创举，是中国共产党人对马克思主义发展作出的历史性贡献，具有特殊重要的意义。

第三，全面建设小康社会。江泽民提出 21 世纪头二十年是全面建设小康社会的阶段，形成了"两个一百年"的奋斗目标，深化了邓小平关于分阶段、有步骤地实现现代化的战略思想，丰富了我们党关于社会主义初级阶段的理论，符合我国国情，符合人民愿望，有利于最广泛最充分地调动一切积极因素为实现中华民族的伟大复兴而奋斗。

第四，建设社会主义政治文明。发展社会主义民主政治，建设社会主义政治文明，是社会主义现代化建设的重要目标。

---

〔1〕《江泽民文选》（第 3 卷），人民出版社 2006 年版，第 118 页。

在十六大报告中，江泽民把社会主义物质文明、政治文明、精神文明一起确立为社会主义现代化全面发展的三大基本目标，从而使中国特色社会主义的理论和实践更加走向成熟和完善。

第五，推进党的建设新的伟大工程。江泽民紧紧围绕建设什么样的党、怎样建设党，进行了长期的、深入的思考。他强调一定要从新的实际出发，以改革的精神研究和解决党的建设面临的重大理论和现实问题，使党始终保持先进性和纯洁性，充满创造力、凝聚力和战斗力，推进党的建设新的伟大工程。

"三个代表"重要思想是一个完整的科学体系，除了上面的主要内容以外，还包括关于大力弘扬与时俱进的精神；社会主义初级阶段的基本纲领；中国特色社会主义改革开放的理论；建立巩固的国防、加强军队的革命化现代化正规化建设的思想；坚持和发展爱国统一战线理论；中国特色社会主义外交和国际战略；推进祖国完全统一，提出发展两岸关系八项主张的理论等。

2. "三个代表"重要思想的历史地位

第一，"三个代表"重要思想是中国特色社会主义理论体系的接续发展。"三个代表"重要思想紧密结合时代发展的新形势，进一步把理论和实践、继承和发展结合起来，坚持以我国改革开放和现代化建设的实际问题、以我们正在做的事情为中心，着眼于马克思主义理论的运用，着眼于对实际问题的理论思考，着眼于新的实践和新的发展，回应我国广大人民群众的新要求，创造性地运用了马克思列宁主义、毛泽东思想特别是邓小平理论，形成了富有独创性的新的理论成果。"三个代表"重要思想是对马克思列宁主义、毛泽东思想和邓小平理论的继承和发展，是中国特色社会主义理论体系的重要组成部分。

第二，"三个代表"重要思想是加强和改进党的建设，推进中国特色社会主义事业的强大理论武器。在"三个代表"重要思想的指导下,以江泽民为主要代表的中国共产党人,坚持党的十一届三中全会以来的路线不动摇,从容应对来自各方面的困难和风险,在实践中进一步回答了一系列重大问题,推进了中国特色社会主义事业建设。

"三个代表"重要思想反映了当代世界和中国的发展变化对党和国家工作的新要求,是加强和改进党的建设、推进我国社会主义自我完善和发展的强大理论武器,是党和国家必须长期坚持的指导思想。

(三)科学发展观

科学发展观是我们党坚持以邓小平理论和"三个代表"重要思想为指导,在准确把握世界发展趋势、认真总结我国发展经验、深入分析我国发展阶段性特征的基础上提出来的。

科学发展观,第一要义是发展,核心立场是以人为本,基本要求是全面协调可持续发展,根本方法是统筹兼顾。这是对科学发展观的集中概括。

1. 科学发展观的主要内容

科学发展观着眼于党和人民事业发展的全局,紧紧围绕建设中国特色社会主义这个主题,准确把握时代特征和中国国情,抓住重要战略机遇期,在全面建设小康社会进程中,认真研究和回答我国社会主义经济建设、政治建设、文化建设、社会建设、生态文明建设和党的建设所面临的一系列重大问题,丰富和发展了中国特色社会主义理论体系。

第一,关于加快转变经济发展方式。推动经济持续健康发展,必须坚持以科学发展为主题,以加快转变经济发展方式为主线。改革开放以来,我国经济以世界上少有的速度持续快速发展起来,但随着经济发展和对外开放水平的不断提高,原有经济发展方式的弊端日益显现。特别是 2008 年由美国次贷危机引发的波及全球的国际金融危机，使我国转变经济发展方式问题更加凸显出来。如果不能加快经济发展方式转变，我国今后发展代价就会越来越大、空间就会越来越小、道路就会越走越艰难。因此，要适应国内外经济形势新变化，着力激发各类市场主体发展新活力，着力增强创新驱动发展新动力，着力构建现代产业发展新体系，着力培育开放型经济发展新优势，把推动发展的立足点转到提高质量和效益上来。要使经济发展更多依靠内需特别是消费需求拉动，更多依靠现代服务业和战略性新兴产业带动，更多依靠科技进步、劳动者素质提高、管理创新驱动，更多依靠节约资源和循环经济推动，更多依靠城乡区域发展协调互动，加快形成新的经济发展方式。

第二，关于发展社会主义民主政治。人民民主是社会主义的生命，是我们党始终高扬的光辉旗帜。社会主义愈发展，民主也愈发展。胡锦涛指出："我们要始终牢记，发展社会主义民主政治是党始终不渝的奋斗目标，必须更高地举起人民民主的旗帜。"[1]科学发展观强调，社会主义民主政治的本质和核心是人民当家作主。发展社会主义民主政治，必须坚定不移地走中国特色社会主义政治发展道路，坚持党的领导、人民当家作主、依法治国的有机统一。

第三，关于推进社会主义文化强国建设。文化是民族的血脉，是人民的精神家园。当今时代，文化越来越成为民族凝聚力和创造力的重要源泉、越来越成为综合国力竞争的重要因素、越来越成为经济社会发展的重要支撑，丰富精神文化生活越来越成为我国人民的热切愿望。胡锦涛指出，国家富强、民族振

---

〔1〕　中共中央文献研究室编：《十七大以来重要文献选编》（上），中央文献出版社 2009 年版，第 235 页。

兴、人民生活幸福安康，需要强大的经济力量，也需要强大的文化力量。物质贫乏不是社会主义，精神空虚也不是社会主义。没有社会主义文化繁荣发展，就没有社会主义现代化。

第四，关于构建社会主义和谐社会。党的十六大以来，我们党从中国特色社会主义事业总体布局和全面建设小康社会全局出发，提出构建社会主义和谐社会的重大战略任务。胡锦涛明确指出："社会和谐是中国特色社会主义的本质属性。"〔1〕这个重大判断，深刻总结了国内外社会主义建设的历史经验，深化了对社会主义本质的认识。我们要构建的社会主义和谐社会是经济建设、政治建设、文化建设、社会建设、生态文明建设协调发展的社会，是人与人、人与社会、人与自然整体和谐的社会。

第五，关于推进生态文明建设。建设生态文明，是关系人民福祉、关乎民族未来的长远大计。胡锦涛指出："自然界是包括人类在内的一切生物的摇篮，是人类赖以生存和发展的基本条件。保护自然就是保护人类，建设自然就是造福人类。"〔2〕我们党提出建设生态文明的重大战略部署，并把它纳入中国特色社会主义事业五位一体总体布局，这是对自然规律及人与自然关系再认识的重要成果，是破解我国经济社会发展面临的资源环境瓶颈制约的必然选择，是深入贯彻落实科学发展观、实现可持续发展的内在要求。

第六，关于全面提高党的建设科学化水平。党的建设是党领导的伟大事业不断取得胜利的重要法宝。形势的发展、事业

---

〔1〕 中共中央文献研究室编：《十六大以来重要文献选编》（下），中央文献出版社 2008 年版，第 673 页。

〔2〕 中共中央文献研究室编：《十六大以来重要文献选编》（上），中央文献出版社 2005 年版，第 853 页。

的开拓、人民的期待，都要求我们以改革创新精神全面推进党的建设新的伟大工程，全面提高党的建设科学化水平。胡锦涛指出："新形势下，党面临的执政考验、改革开放考验、市场经济考验、外部环境考验是长期的、复杂的、严峻的，精神懈怠危险、能力不足危险、脱离群众危险、消极腐败危险更加尖锐地摆在全党面前。"〔1〕加强党的自身建设任务比以往任何时候都更为繁重、更为紧迫。

除以上主要内容外，科学发展观还在推进全面深化改革，推动国防和军队建设科学发展，坚持"一国两制"、推进祖国统一，推动建设持久和平、共同繁荣的和谐世界方面提出了一系列新思想新论断，这些重要思想是科学发展观的重要组成部分，是科学发展观在内政外交国防领域的运用和展开，它们共同丰富和发展了中国特色社会主义理论体系。

2. 科学发展观的历史地位

第一，科学发展观是中国特色社会主义理论体系的接续发展。科学发展观是我们党坚持把马克思主义基本原理同当代中国实际和时代特征相结合，在中华人民共和国成立以来特别是改革开放以来不懈探索的基础上，继续拓展中国特色社会主义实践、探索中国特色社会主义规律的必然结论，既贯穿了马克思主义立场观点方法，又把马克思主义中国化推进到新境界。科学发展观是对经济社会发展一般规律认识的深化，是马克思主义关于发展的世界观和方法论的集中体现，是中国特色社会主义理论体系的重要组成部分。

第二，科学发展观是发展中国特色社会主义必须长期坚持

---

〔1〕　胡锦涛：《坚定不移沿着中国特色社会主义道路前进　为全面建成小康社会而奋斗——在中国共产党第十八次全国代表大会上的报告》，人民出版社 2012 年版，第 49 页。

的指导思想。发展观是关于发展的本质、目的、内涵和要求的总体看法和根本观点，决定了经济社会发展的总体战略和基本模式，对经济社会发展实践具有根本性、全局性的重大影响。科学发展观要求正确处理经济发展与社会发展、发展速度与效益、市场机制与宏观调控、改革发展稳定等社会主义现代化建设中的一系列重大关系，在大力推进经济建设的同时促进政治、文化、社会共同发展，解决好与经济增长相关的各种社会问题。科学发展观提出统筹兼顾的根本要求，把发展看作是相互推进、系统协调的过程，强调总揽全局，科学筹划，协调发展，兼顾各方，使各个方面、各个环节协调一致地运转。科学发展观着眼于中华民族的长远利益，以前瞻的眼光创新发展模式、健全发展机制、提高发展质量，努力实现经济与社会、人与自然的良性互动。科学发展观坚持正确处理中心与全面、重点与非重点、平衡与不平衡的关系，注重加强经济社会发展的薄弱环节，实现发展的均衡和协调。

党的十六大以来的实践昭示我们，科学发展观不仅是指导经济建设的理论，而且是指导各方面建设的理论；不仅是指导发展的理论，而且是指导党和国家各项工作的理论；不仅是指导实践、推动工作的有力武器，而且是帮助人们认识和把握社会发展规律的世界观、方法论。实践充分证明，科学发展观是指导全面建成小康社会、发展中国特色社会主义的正确理论。

（四）习近平新时代中国特色社会主义思想

新时代呼唤并催生新思想，新思想指导并引领新时代。党的十八大以来，以习近平同志为核心的党中央坚持以马克思列宁主义、毛泽东思想、邓小平理论、"三个代表"重要思想、科学发展观为指导，坚持解放思想、实事求是、与时俱进、求真务实，坚持辩证唯物主义和历史唯物主义，紧密结合新的时代条件和实践要求，以全新的视野深化对共产党执政规律、社会主义建设规律、人类社会发展规律的认识，进行艰辛理论探索，取得重大理论创新成果，创立了习近平新时代中国特色社会主义思想。

1. 习近平新时代中国特色社会主义思想的主要内容

坚持和发展中国特色社会主义，是改革开放以来我们党全部理论和实践的鲜明主题，也是习近平新时代中国特色社会主义思想的核心要义。党的十八大以来，我们党的全部理论和实践探索都是围绕这个主题来展开、深化和拓展的。对坚持和发展什么样的中国特色社会主义，习近平从理论渊源、历史根据、本质特征、独特优势、强大生命力等多方位多角度作出了深刻回答，强调中国特色社会主义是既坚持科学社会主义基本原则，又具有鲜明实践特色、理论特色、民族特色、时代特色的社会主义，是中国特色社会主义道路、理论、制度、文化四位一体的社会主义，是统揽伟大斗争、伟大工程、伟大事业、伟大梦想的社会主义，是根植于中国大地、反映中国人民意愿、适应中国和时代发展进步要求的社会主义。对怎样坚持和发展中国特色社会主义，习近平以一系列战略性、前瞻性、创造性的观点，深刻回答了新时代坚持和发展中国特色社会主义的总目标、总任务、总体布局、战略布局和发展方向、发展方式、发展动力、战略步骤、外部条件、政治保证等基本问题。这些思想观点，在理论上有重大突破、重大创新、重大发展，深刻揭示了新时代中国特色社会主义的本质特征、发展规律和建设路径，为在新的时代条件下坚持和发展中国特色社会主义提供了科学的理论指引。

习近平新时代中国特色社会主义思想内涵十分丰富，涵盖了经济、政治、法治、科技、文化、教育、民生、民族、宗教、社会、生态文明、国家安全、国防和军队、"一国两制"和祖国统一、统一战线、外交、党的建设等各方面。其中最重要、最核心的内容就是党的十九大报告概括的"八个明确"。第一，明确坚持和发展中国特色社会主义，总任务是实现社会主义现代化和中华民族伟大复兴，在全面建成小康社会的基础上，分两步走在21世纪中叶建成富强民主文明和谐美丽的社会主义现代化强国。第二，明确新时代我国社会主要矛盾是人民日益增长的美好生活需要和不平衡不充分的发展之间的矛盾，必须坚持以人民为中心的发展思想，不断促进人的全面发展、全体人民共同富裕。第三，明确中国特色社会主义事业总体布局是"五位一体"、战略布局是"四个全面"，强调坚定道路自信、理论自信、制度自信、文化自信。第四，明确全面深化改革总目标是完善和发展中国特色社会主义制度、推进国家治理体系和治理能力现代化。第五，明确全面推进依法治国总目标是建设中国特色社会主义法治体系、建设社会主义法治国家。第六，明确党在新时代的强军目标是建设一支听党指挥、能打胜仗、作风优良的人民军队，把人民军队建设成为世界一流军队。第七，明确中国特色大国外交要推动构建新型国际关系，推动构建人类命运共同体。第八，明确中国特色社会主义最本质的特征是中国共产党领导，中国特色社会主义制度的最大优势是中国共产党领导，党是最高政治领导力量，提出新时代党的建设总要求，突出政治建设在党的建设中的重要地位。这"八个明确"，高度凝练、提纲挈领地点明了习近平新时代中国特色社会主义思想的主要内容，构成了系统完备、逻辑严密、内在统一的科学体系。

习近平新时代中国特色社会主义思想不但明确了新时代坚持和发展什么样的中国特色社会主义，也回答了新时代怎样坚持和发展中国特色社会主义，党的十九大概括为"十四个坚持"，即新时代中国特色社会主义基本方略。坚持党对一切工作的领导；坚持以人民为中心；坚持全面深化改革；坚持新发展理念；坚持人民当家作主；坚持全面依法治国；坚持社会主义核心价值体系；坚持在发展中保障和改善民生；坚持人与自然和谐共生；坚持总体国家安全观；坚持党对人民军队的绝对领导；坚持"一国两制"和推进祖国统一；坚持推动构建人类命运共同体；坚持全面从严治党。新时代中国特色社会主义基本方略，是习近平新时代中国特色社会主义思想的重要组成部分，也是落实习近平新时代中国特色社会主义思想的实践要求。

2. 习近平新时代中国特色社会主义思想的历史地位

第一，习近平新时代中国特色社会主义思想是马克思主义中国化最新成果。习近平新时代中国特色社会主义思想与马克思列宁主义、毛泽东思想、邓小平理论、"三个代表"重要思想、科学发展观既一脉相承又与时俱进，是马克思主义中国化的新飞跃，是当代中国马克思主义、21世纪马克思主义。习近平新时代中国特色社会主义思想开辟了马克思主义新境界；开辟了中国特色社会主义新境界；对人类文明进步具有重要意义。实践没有止境，理论创新也没有止境。习近平新时代中国特色社会主义思想是开放的理论体系，是我们推进马克思主义中国化的新起点，必将随着党和国家事业的发展而不断发展。

第二，习近平新时代中国特色社会主义思想是新时代的精神旗帜。新时代新任务新实践需要新思想来指引。习近平新时代中国特色社会主义思想扎根于960多万平方公里的广袤土地，立足于中华人民共和国成立以来特别是改革开放40多年的伟大实践，聚合了14亿多中国人民的智慧和创造，具有无比深厚的现实基础、十分鲜明的实践特色，是新时代党和人民共同奋斗的精神旗帜。

第三，习近平新时代中国特色社会主义思想是实现中华民族伟大复兴的行动指南。习近平新时代中国特色社会主义思想是党和国家必须长期坚持的指导思想，是全党全国各族人民团结奋斗的共同思想基础，是决胜全面建成小康社会、建设社会主义现代化强国、实现中华民族伟大复兴中国梦的行动纲领。

总之，马克思主义是关于人的自由与解放的学说，从马克思、恩格斯、列宁到毛泽东、邓小平，再到江泽民、胡锦涛、习近平，一代代马克思主义者都心系人类社会的文明进步，心系劳动人民的自由解放。青年大学生要想有一番大的作为，就需要高举马克思主义、毛泽东思想、中国特色社会主义理论体系伟大旗帜，有高尚的情怀，高远的追求，像马克思主义者那样心系天下、心系人民，努力做一个崇高的人。

第二十章

道路视野

道路问题关乎党的事业兴衰成败，关乎国家前途、民族命运、人民幸福。从 1840 年鸦片战争以来，中国人民就在苦苦寻找一条争取民族独立、人民解放，实现国家富强、人民富裕的中华民族伟大复兴之路。从新民主主义革命道路的成功实践到社会主义改造道路的顺利完成，从社会主义建设道路的初步探索到中国特色社会主义道路的开辟发展，中国人民走出了适合中国国情、具有中国特色的中国道路。实践证明，中国特色社会主义道路是党在新的历史条件下领导人民进行的新的伟大革命，是决定当代中国命运的关键抉择，是坚持和发展中国特色社会主义、实现中华民族伟大复兴的必由之路。这条道路，就是在中国共产党领导下，立足基本国情，以经济建设为中心，坚持四项基本原则，坚持改革开放，解放和发展社会生产力，巩固和完善社会主义制度，建设社会主义市场经济、社会主义民主政治、社会主义先进文化、社会主义和谐社会，建设富强民主文明和谐的社会主义现代化国家。这条道路集中体现了最广大人民的根本利益和共同愿望，是当代中国发展进步的根本方向。

中国特色社会主义道路作为引领中国现代化的正确道路，它植根于中国人民的伟大实践，得到了中国人民的衷心拥护，承载着几代中国共产党人的理想和探索，得到了中国最广大人民群众的真心拥护。新时代大学生在成长和发展的过程中，要拓展道路视野，勇于探索，敢为人先，争做时代带头人。

一、新民主主义革命道路的提出

在一个以农民为主体的半殖民地半封建的国度里进行革命，应该选择什么样的道路，这是中国共产党在领导中国革命的过程中必须面对和回答的重大问题。中国共产党在马克思主义指导下，立足中国国情，走出了一条不同于俄国十月革命的道路，即农村包围城市、武装夺取政权的革命道路。

（一）新民主主义革命道路的提出

中国革命应该走什么样的道路，党对这一问题的认识，经过了一个逐步探索的过程。党成立初期，首先把工作重心放在城市，领导工人阶级，开展工人运动，这样有利于扩大党的阶级基础。但当时对于发动农民参加革命、建立农村革命根据地的重要性缺乏足够的认识。1927年大革命失败后，党的工作重心开始转向农村。秋收起义失败后，毛泽东率领队伍开赴井冈山，创建了井冈山革命根据地，把武装斗争的主攻方向首先指向农村。在领导农村革命根据地的斗争实践中，毛泽东提出了"工农武装割据"思想，初步形成了农村包围城市的革命道路理论。红军长征到达陕北后，毛泽东深入分析了近代中国所处的时代特点和国情，论述了中国革命的长期性和不平衡性等特点，进一步丰富了农村包围城市的整体战略思想。1938年11月，他在党的六届六中全会上明确指出："共产党的任务，基本地不是经过长期合法斗争以进入起义和战争，也不是先占城市后取乡村，而是走相反的道路。"[1]从而确立了经过长期武装斗争，先占乡村，后取城市，最后夺取全国胜利的革命道路。

---

[1] 《毛泽东选集》（第2卷）（第2版），人民出版社1991年版，第542页。

（二）新民主主义革命道路的内容及意义

中国革命走农村包围城市、武装夺取政权的道路，根本在于处理好土地革命、武装斗争、农村革命根据地建设三者之间的关系。土地革命是民主革命的基本内容；武装斗争是中国革命的主要形式，是农村革命根据地建设和土地革命的强有力保证；农村革命根据地是中国革命的战略阵地，是进行武装斗争和开展土地革命的依托。在党的领导下，实现了土地革命、武装斗争、农村革命根据地建设三者的密切结合和有机统一。

中国革命道路的理论，反映了中国半殖民地半封建社会民主革命发展的客观规律。党在探索中国革命道路的过程中，不是照抄照搬俄国十月革命的经验，而是从中国的实际出发，开辟了引导中国革命走向胜利的正确道路，独创性地发展了马克思列宁主义。中国革命道路理论，是党运用马克思主义的立场、观点和方法，分析、研究和解决中国革命具体问题的光辉典范，对于推进马克思主义中国化具有重要的方法论意义。

二、社会主义改造道路的创举

经过28年的浴血奋战和顽强奋斗，中华人民共和国成立了，中国人民真正成为国家的主人，中华民族进入发展进步的新纪元。山河重整，百废待兴，接下来该怎么走？如何改造旧社会，建立新社会？如何尽快实现国家工业化？中国共产党紧紧依靠人民，走出了一条适合中国特点的社会主义改造道路。

（一）适合中国特点的社会主义改造道路

1. 农业、手工业的社会主义改造

中国的一个特点是农民占人口的绝大多数。如何将几亿农民的个体所有制改造成集体所有制，是一个历史性的难题。以毛泽东为主要代表的中国共产党人根据马克思列宁主义关于农业社会主义改造的基本原理，从我国农村实际出发，制定并实行了一整套适合中国特点的对农业进行社会主义改造的方针、政策和办法，开辟了一条适合我国情况的农业社会主义改造道路。第一，积极引导农民组织起来，走互助合作道路；第二，遵循自愿互利、典型示范和国家帮助的原则，以互助合作的优越性吸引农民走互助合作道路；第三，正确分析农村的阶级和阶层状况，制定正确的阶级政策；第四，坚持积极领导、稳步前进的方针，采取循序渐进的步骤。到 1956 年底，农业社会主义改造基本完成。

对手工业的社会主义改造，党和政府采取了积极领导、稳步前进的方针。在方法步骤上，从供销合作入手，逐步发展到走生产合作的道路。在手工业的社会主义改造过程中，党和政府采取说服教育、示范和国家帮助的方法，使手工业者自愿参加到手工业合作社中来，从而把手工业者的私有制改变为社会主义的集体所有制。到 1956 年底，对手工业的社会主义改造基本完成。

2. 资本主义工商业的社会主义改造

在推进农业合作化运动的同时，党和政府有计划、有步骤地开展了对资本主义工商业的社会主义改造，创造性地开辟了一条适合中国情况的对资本主义工商业进行社会主义改造的道路。

第一，用和平赎买的方法改造资本主义工商业。中国共产党根据马克思、恩格斯和列宁关于采用和平方式变革所有制的设想，结合中国的具体情况，提出了对资本主义工商业实行和平赎买的方针。

第二，采取从低级到高级的国家资本主义的过渡形式。我国社会主义改造中出现的国家资本主义经济，"是在人民政府管理之下的，用各种形式和国营社会主义经济联系着的，并受工人监督的资本主义经济。这种资本主义经济已经不是普通的资本主义经济，而是一种特殊的资本主义经济，即新式的国家资本主义经济。它主要地不是为了资本家的利润而存在，而是为了供应人民和国家的需要而存在"。[1]

第三，根据"量才使用，适当照顾"的原则，把资本主义工商业者改造成为自食其力的社会主义劳动者。对企业的改造和对人的改造相结合，改造资本家个人与消灭他们所属的资产阶级相结合，既避免了激烈的阶级对抗，减少了改造的阻力，又推动了生产力的发展和社会的进步。

（二）社会主义改造的历史经验

在进行社会主义改造、向社会主义过渡的进程中，中国共产党积累了丰富的历史经验。

第一，坚持社会主义工业化建设与社会主义改造同时并举。毛泽东指出："我们现在不但正在进行关于社会制度方面的由私有制到公有制的革命，而且正在进行技术方面的由手工业生产到大规模现代化机器生产的革命，而这两种革命是结合在一起的。"[2]社会主义革命的目的是为了解放生产力。社会主义改造就是变革不适应工业化发展要求的生产关系，是围绕着社会主义工业化建设这个中心任务进行的；引导个体农民、个体手工业者走集体化的道路，改造私人资本主义工商业，目的都是为了适应社会主义工业化建设的要求，更好地发展生产力。

第二，采取积极引导、逐步过渡的方式。我国对农业、手工业和资本主义工商业的改造，都采取了区别对象、积极引导、逐步过渡的方式。在农业社会主义改造方面，创造出互助组、

---

〔1〕 中共中央文献研究室编：《毛泽东文集》（第6卷），人民出版社1999年版，第282页。

〔2〕 中共中央文献研究室编：《毛泽东文集》（第6卷），人民出版社1999年版，第432页。

初级社、高级社等过渡形式。在手工业改造方面的逐步过渡，不仅保护和促进了手工业生产的发展，而且为手工业逐步进行技术改造创造了条件。在资本主义工商业的改造中，创造出从初级到高级的各种国家资本主义的过渡形式，实现了对资产阶级的和平赎买，避免了在改造期间可能发生的剧烈的社会震荡和经济衰退。中国这场巨大而深刻的社会变革，不仅没有对生产力的发展造成破坏，而且促进了生产力的发展。

第三，用和平方法进行改造。无论是资本主义工商业，还是农民和手工业者的个体所有制，都具有私有制的性质。对其进行改造，属于社会主义革命性质。毛泽东说："我们进行社会主义革命所用的方法是和平的方法。"[1]"在我国的条件下，用和平的方法，即用说服教育的方法，不但可以改变个体的所有制为社会主义的集体所有制，而且可以改变资本主义所有制为社会主义所有制。"[2]坚持用和平的办法，不仅保证了我国社会主义改造的顺利进行，而且维护了社会的稳定，极大地促进了社会主义事业的发展。

在我国社会主义改造的历史上，有两个事实是世界历史上各种革命大变动中罕见的：一是在一个几亿人口的大国中比较顺利地实现了如此复杂、困难和深刻的社会变革，不仅没有造成生产力的破坏，反而促进了工农业和整个国民经济的发展；二是这样的变革没有引起巨大的社会动荡，反而极大地加强了人民的团结，并且是在人民普遍拥护的情况下完成的。这些情况说明，我国社会主义改造的基本完成的确是一个伟大的历史

〔1〕 中共中央文献研究室编：《毛泽东文集》（第7卷），人民出版社1999年版，第1页。

〔2〕 中共中央文献研究室编：《毛泽东文集》（第7卷），人民出版社1999年版，第2页。

性胜利，是中国共产党紧紧依靠人民所做出的伟大创造。

三、社会主义建设道路的初步探索

如何在中国这样一个经济文化比较落后的东方大国建设和巩固社会主义，是党面临的一个崭新课题。中华人民共和国成立初期，我国主要是学习苏联经验，这在当时是必要的，也取得了一定的成效。但是，实践表明，照抄照搬苏联经验不符合中国国情，仍需要实现马克思主义与中国实际的"第二次结合"，积极探索适合中国特点的社会主义建设道路。

（一）初步探索的重要理论成果

1. 调动一切积极因素为社会主义事业服务

1956 年 4 月和 5 月，毛泽东先后在中央政治局扩大会议和最高国务会议上，作了《论十大关系》的报告，初步总结了我国社会主义建设的经验，明确提出要以苏为鉴，独立自主地探索适合中国情况的社会主义建设道路。他说："特别值得注意的是，最近苏联方面暴露了他们在建设社会主义过程中的一些缺点和错误，他们走过的弯路，你还想走？过去我们就是鉴于他们的经验教训，少走了一些弯路，现在当然更要引以为戒。"[1]这就明确了建设社会主义必须根据本国情况走自己的道路这一根本思想。《论十大关系》标志着党探索中国社会主义建设道路的良好开端。

《论十大关系》确定了一个基本方针，就是"努力把党内党外、国内国外的一切积极的因素，直接的、间接的积极因素全部调动起来"，为社会主义建设服务。

毛泽东认为，社会主义建设中的积极因素与消极因素是一

---

〔1〕　中共中央文献研究室编：《毛泽东文集》（第 7 卷），人民出版社 1999 年版，第 23 页。

对矛盾，这一矛盾呈现出既统一又斗争的关系。充分调动一切积极因素，尽可能地克服消极因素，并且努力化消极因素为积极因素，是社会主义事业前进的现实需要。调动一切积极因素为社会主义事业服务，必须坚持中国共产党的领导，必须发展社会主义民主政治。

调动一切积极因素为社会主义事业服务，是党关于社会主义建设的一条极为重要的方针，对于最大限度地团结全国各族人民，为建设社会主义现代化国家而奋斗，具有长远的指导意义。

2. 正确认识和处理社会主义社会矛盾的思想

我国社会主义改造的任务完成以后，国内的社会矛盾和阶级关系发生重大变化，无产阶级同资产阶级之间的矛盾已经基本解决。由于社会主义制度刚刚建立，需要有一个不断完善和巩固的过程，在这种情况下，大量人民内部矛盾逐步成为国家政治生活中居于主导地位的矛盾。

毛泽东等党和国家领导人深刻汲取苏联的经验教训，认真分析和研究中国社会主义建设的新情况新问题，在广泛调研的基础上，形成了关于社会主义社会矛盾的学说。党在第八次全国代表大会前后，特别是毛泽东在 1957 年 2 月所作的《关于正确处理人民内部矛盾的问题》的报告，系统论述了社会主义社会矛盾的理论。

毛泽东指出，矛盾是普遍存在的，社会主义社会同样充满着矛盾，正是这些矛盾推动着社会主义社会不断地向前发展。他提倡运用对立统一规律深刻分析社会主义社会的矛盾。毛泽东指出："在社会主义社会中，基本的矛盾仍然是生产关系和生产力之间的矛盾，上层建筑和经济基础之间的矛盾。"[1]但社会

---

[1] 中共中央文献研究室编：《毛泽东文集》（第 7 卷），人民出版社 1999 年版，第 214 页。

主义社会的基本矛盾同以往社会的基本矛盾具有根本不同的性质和情况。社会主义社会的基本矛盾是在生产关系和生产力基本适应、上层建筑和经济基础基本适应条件下的矛盾，是在人民根本利益一致基础上的矛盾。

毛泽东强调：在我们面前有两类社会矛盾，这就是敌我矛盾和人民内部矛盾，这是两类性质完全不同的矛盾。毛泽东论述了正确处理两类不同性质社会矛盾的基本方法。他指出："我们历来就主张，在人民民主专政下面，解决敌我之间的和人民内部的这两类不同性质的矛盾，采用专政和民主这样两种不同的方法。"[1]

毛泽东关于社会主义社会矛盾的学说，科学揭示了社会主义社会发展的动力，以独创性的内容丰富了马克思主义的理论宝库，为正确处理社会主义社会各种矛盾、创造良好的社会环境和政治环境，提供了基本的理论依据，也为后来的社会主义改革奠定了理论基础。

3. 走中国工业化道路的思想

实现工业化是中国近代以来历史发展的必然要求，也是民族独立和国家富强的必要条件。中国共产党早在新民主主义革命时期就开始重视国家的工业化，提出保护民族工商业的政策。但在半殖民地半封建社会，我国民族工业受帝国主义和封建主义的双重压迫，难以获得大的发展。中华人民共和国的成立，为我国实现工业化提供了根本的政治前提。

毛泽东在《论十大关系》中论述的第一大关系，便是重工业、轻工业和农业的关系。在《关于正确处理人民内部矛盾的问题》中，毛泽东明确提出了中国工业化道路的问题，主要是

---

〔1〕 中共中央文献研究室编：《毛泽东文集》（第7卷），人民出版社1999年版，第211~212页。

指重工业、轻工业和农业的发展关系问题，要走一条有别于苏联的中国工业化道路。

鉴于中国社会生产力落后、经济基础薄弱的情况，毛泽东提出了以农业为基础，以工业为主导，以农轻重为序发展国民经济的总方针，以及一整套"两条腿走路"的工业化发展思路，即重工业和轻工业同时并举，中央工业和地方工业同时并举，沿海工业和内地工业同时并举，大型企业和中小型企业同时并举，等等。

走中国工业化道路，必须明确战略目标和战略步骤，必须采取正确的经济建设方针，必须发展科学技术和文化教育，必须重视知识分子工作，必须调整和完善所有制结构，必须积极探索适合我国情况的经济体制和运行机制。

在探索社会主义建设道路的过程中，毛泽东以及党的其他领导人，还提出了一些重要的思想理论观点，其中涉及国防建设和军队建设、实现祖国统一、外交和国际战略、执政党建设等方面。党在探索社会主义建设道路过程中取得的重要理论成果，是毛泽东思想的重要组成部分，丰富和发展了科学社会主义理论，成为中国特色社会主义理论体系的重要思想来源。

（二）初步探索的意义和经验教训

1. 初步探索的意义

党领导人民探索社会主义建设道路，历经艰辛和曲折，在理论和实践上取得了一系列重要成果。这些成果对于巩固我国社会主义制度，开创和发展中国特色社会主义，促进世界社会主义的发展，具有重要意义。

第一，巩固和发展了我国的社会主义制度。作为一种崭新的更高形态的社会制度，社会主义制度的建立极大地激发了广大人民群众的建设热情和积极性。但是，我国人口多、底子薄、经济文化比较落后，社会主义建设的任务艰巨繁重；国际上，以美国为首的西方国家对中国采取敌视政策，并进行封锁和遏制，企图颠覆社会主义制度。面对严峻复杂的国内外形势，党带领全国人民，坚持独立自主、自力更生，开始了大规模的社会主义建设，在经济、政治、文化等各方面都取得了重大成就。这些成就的取得，体现了社会主义制度的优越性，增强了广大人民群众走社会主义道路的信心，社会主义制度也在实践中得到发展。

第二，为开创中国特色社会主义提供了宝贵经验、理论准备、物质基础。在全面建设社会主义时期，党对社会主义建设道路的探索历经艰辛，积累了丰富的经验，也留下了深刻的教训。无论是成功的经验还是失误的教训，正确地加以总结，都是党的宝贵财富，为改革开放新时期中国特色社会主义的开创和发展提供了重要的思想资源。

第三，丰富了科学社会主义的理论和实践。在中国这样一个有着几亿人口、经济文化比较落后的东方大国建设社会主义，其艰巨性、复杂性在世界社会主义发展史上都是没有先例的。党领导人民探索社会主义建设道路汲取了苏联模式的经验教训，根据自己的实践形成了许多独创性成果，深化了对社会主义的认识。这不仅丰富了中国社会主义的理论与实践，也丰富了科学社会主义的理论与实践，为其他国家的社会主义建设提供了经验和借鉴。

2. 初步探索的经验教训

党对社会主义建设道路的初步探索，取得了巨大成就，积累了丰富的经验，同时也遭受严重挫折，造成了严重后果，留下了深刻的教训。

第一，必须把马克思主义与中国实际相结合，探索符合中国特点的社会主义建设道路。在社会主义改造还未结束时，毛泽东提出探索适合中国国情的社会主义建设道路。然而，由于我们对马克思主义关于社会主义的一些基本原理的理解不够深入，对中国的基本国情缺乏深刻认识，没有能够完全搞清楚什么是社会主义、怎样建设社会主义的问题，也没有完全摆脱苏联模式的影响，采取了一些脱离实际、超越发展阶段的政策和措施，导致我国社会主义建设道路的探索遭遇严重曲折。实践证明，只有科学理解马克思主义基本原理，准确把握中国基本国情，运用马克思主义立场、观点和方法，分析和解决实践中遇到的种种问题，充分认识社会主义建设的长期性和复杂性，才能逐步掌握社会主义建设规律，开辟适合中国特点的社会主义建设道路。

第二，必须正确认识社会主义社会的主要矛盾和根本任务，集中力量发展生产力。社会主义建设开始后，党对我国社会的主要矛盾有了较为正确的认识，据此提出我国的根本任务是在新的生产关系下保护和发展生产力。但是，这些认识并没有很好地坚持下来。党的八大二次会议改变了党的八大关于我国社会主要矛盾的正确判断，错误地认为在社会主义社会建成以前，无产阶级与资产阶级的矛盾，社会主义道路与资本主义道路的矛盾，始终是我国社会的主要矛盾。这是导致后来阶级斗争扩大化的重要原因。实践证明，在社会主义初级阶段，要科学把握我国社会主要矛盾，以经济建设为中心，不断提高人民物质文化生活水平，不断满足人们对美好生活的向往。

第三，必须从实际出发进行社会主义建设，建设规模和速度要和国力相适应，不能急于求成。由于中国经济落后，物质基础薄弱，社会主义建设开始后，全党全国人民都有大力发展生产、迅速改变落后面貌的强烈愿望。这一方面极大地促进了社会主义建设，取得了显著成就，但同时也出现了急躁冒进、急于求成的倾向，从而造成了严重的损失。实践证明，社会主义建设必须采取科学态度，深入了解和分析实际情况，努力按照客观经济规律办事。

第四，必须发展社会主义民主，健全社会主义法制。社会主义民主的本质是人民当家作主。中华人民共和国成立后特别是社会主义制度建立后，我国制定了宪法，颁布了一系列法律，建立了大量的规章制度，从根本上保证了人民当家作主的权利。但由于我国的社会主义是从半殖民地半封建的社会并经过短暂的新民主主义社会逐步过渡来的，党对发展社会主义民主的经验不足，对于什么是社会主义民主、怎样发展社会主义民主，认识上也不是完全清楚，导致在实践中出现了很多违背人民民主的现象。实践证明，中国要实现社会主义现代化，就必须发展社会主义民主，加强社会主义法制。

第五，必须坚持党的民主集中制和集体领导制度，加强执政党建设。健全民主集中制和集体领导制度，加强执政党建设，是社会主义事业顺利发展的政治保证。民主集中制是无产阶级政党的根本组织原则，是指导党内生活的基本准则。由于我国社会主义基本制度刚刚建立，党和国家的领导制度还有许多不够完善的地方，特别是受当时苏联高度集中的政治体制的影响，加之封建专制主义在短期内难以消除，党的民主集中制和党的集体领导制度一度遭到了严重破坏。实践证明，无产阶级政党在执政以后，必须认真坚持民主集中制和集体领导原则，反对个人崇拜，不断加强党的自身建设，充分发挥党组织和广大党员的积极性、创造性，保证党的决策的科学化、民主化。

第六，必须坚持对外开放，借鉴和吸收人类文明成果建设社会主义，不能关起门来搞建设。中华人民共和国成立后，毛泽东曾多次指出，要在平等的基础上开展同一切国家的经济技术交流，包括同一些资本主义国家发展经济贸易关系，并提出要学习一切国家和民族的长处。但是由于帝国主义实行敌视、封锁和禁运政策，加上我们自己后来发生的"左"的错误，导致我们一度关起门来搞建设，使我国与发达资本主义国家的差距进一步拉大。历史的经验教训告诉我们，关起门来搞建设是不行的。

社会主义建设道路初步探索的正反两方面经验，为今天坚持和发展中国特色社会主义提供了重要借鉴。习近平强调："我们党领导人民进行社会主义建设，有改革开放前和改革开放后两个历史时期，这是两个相互联系又有重大区别的时期，但本质上都是我们党领导人民进行社会主义建设的实践探索。中国特色社会主义是在改革开放历史新时期开创的，但也是在新中国已经建立起社会主义基本制度、并进行了 20 多年建设的基础上开创的。"[1]改革开放前的社会主义实践探索为改革开放后的社会主义实践探索积累了经验并准备了条件，改革开放后的社会主义实践探索是对前一个时期探索的坚持、改革和发展。

四、坚定不移走中国特色社会主义道路

（一）中国特色社会主义道路的开拓、形成和发展

1978 年，党的十一届三中全会及时纠正了"文化大革命"的错误，作出把工作重点转移到社会主义现代化建设上来和实行改革开放的重大决策。以邓小平为代表的中国共产党人站在时代要求、国家发展和人民期待的高度，继续沿着马克思主义中国化的方向，成功开辟了中国特色社会主义道路。1979 年，邓小平在党的理论工作务虚会上提出了"搞建设，也要适合中

---

〔1〕《习近平谈治国理政》（第 1 卷），外文出版社 2018 年版，第 22 页。

国情况，走出一条中国式的现代化道路"〔1〕的重要思想。1982
年，他在党的十二大开幕词中明确指出："把马克思主义的普遍
真理同我国的具体实际结合起来，走自己的道路，建设有中国
特色的社会主义，这就是我们总结长期历史经验得出的基本结
论。"〔2〕"建设有中国特色的社会主义"科学回答了改革开放后
中国走什么样的道路这一重大问题，成为指引党和人民前进的
伟大旗帜。

20世纪80年代末90年代初，国际上东欧剧变、苏联解体，
国内发生严重政治风波，"社会主义失败论""社会主义过时论"
甚嚣尘上。在决定党和国家前途命运的重大历史关头，以江泽
民为代表的中国共产党人科学研判形势，从容应对来自各方面
的困难和风险，矢志不移走中国特色社会主义道路，开创了中
国特色社会主义的新局面。面对新世纪新阶段出现的新形势、
新矛盾和新问题，以胡锦涛为代表的中国共产党人紧紧抓住我
国发展的重要战略机遇期，汇聚推动科学发展的强大合力，在
中国特色社会主义道路上接续探索，奋力把中国特色社会主义
事业推进到一个新的发展阶段。

党的十八大以来，以习近平同志为核心的党中央接过历史
的接力棒，团结带领中国人民继续在中国特色社会主义道路上
砥砺前进，紧紧围绕实现"两个一百年"奋斗目标和中华民族
伟大复兴的中国梦，积极应对国内外诸多风险和挑战，推出一
系列重大方针政策和改革举措，解决了许多长期想解决而没有
解决的难题，办成了许多过去想办而没有办成的大事，推动党
和国家事业取得历史性成就、发生历史性变革，开启了中国特
色社会主义的新时代、新发展。

---

〔1〕《邓小平文选》（第2卷）（第2版），人民出版社1994年版，第163页。
〔2〕《邓小平文选》（第3卷），人民出版社1993年版，第3页。

历史和现实充分证明，中国特色社会主义道路不是凭空产生的，而是在中华民族 5000 多年文明成果的传承中走出来的，是在近代以来 170 多年中华民族苦难辉煌的历史中走出来的，是在中国共产党成立 90 多年的不懈奋斗中走出来的，是在新中国成立 70 多年的艰辛探索中走出来的，是在改革开放 40 多年的伟大实践中走出来的。近现代中国历史特别是中国共产党 90 多年的奋斗历史，坚定了我们走中国特色社会主义道路的信心和决心。

（二）中国特色社会主义道路的成功经验

中华人民共和国成立 70 多年来特别是改革开放 40 多年来，中国共产党和中国人民在中国特色社会主义道路上阔步前行，不但取得了辉煌成就，而且积累了许多成功经验。这些成功经验，使道路自信有了更为坚实的保证。

第一，始终坚持把马克思主义基本原理同中国实际相结合，推动实践基础上的理论创新。马克思主义是科学的理论，是指引人民创造美好生活的行动指南。马克思主义要在中国发挥指导作用，就必须结合中国实际，实现马克思主义中国化。习近平指出："社会主义并没有定于一尊、一成不变的套路，只有把科学社会主义基本原则同本国具体实际、历史文化传统、时代要求紧密结合起来，在实践中不断探索总结，才能把蓝图变为美好现实。"[1]实践证明，正是党坚持马克思主义的指导地位，从时代之问、人民之问出发，科学分析中国社会的性质和发展阶段，准确把握社会主要矛盾及其变化，制定出正确的路线方针政策，中国特色社会主义道路才得以成功开辟并不断拓展。

第二，始终坚持独立自主、自力更生，坚定不移走自己的

---

[1] 习近平："在纪念马克思诞辰 200 周年大会上的讲话"，载《人民日报》2018 年 5 月 5 日。

路。独立自主、自力更生是中华民族的优良传统，是我们立党立国的重要原则。世界的发展道路是丰富多彩的，一个国家选择什么样的道路，关键要看这种道路能否解决这个国家面临的重大历史性课题。在中国这样一个人口众多、经济文化比较落后的东方大国进行革命、建设、改革，决定了我们只能独立自主地走符合本国国情的道路。习近平指出："古今中外的历史都告诉我们，世界上没有一个民族能够亦步亦趋走别人的道路实现自己的发展振兴，也没有一种一成不变的道路可以引导所有民族实现发展振兴；一切成功发展振兴的民族，都是找到了适合自己实际的道路的民族。"〔1〕路是一步一步走过来的，无论过去、现在还是未来，我们都要时刻保持清醒坚定，始终沿着中国特色社会主义道路奋勇前进。

第三，始终坚持以人民为中心，尊重人民意愿和创造精神。唯物史观认为，人民是社会历史的创造者，是真正的英雄，人民的总体意愿和行动决定着历史发展的方向和结局。习近平指出："任何一项伟大事业要成功，都必须从人民中找到根基，从人民中集聚力量，由人民共同来完成。"〔2〕中国特色社会主义道路的成功开辟，源于历史之选、人民之择。这条具有中国特点的人间正道从根本上来说，来自于亿万人民的智慧和实践，反映了事物发展的客观规律，代表了社会进步的方向，是创造人民美好生活的必由之路。

第四，始终坚持党的领导，不断提高党的执政能力和领导水平。中国共产党的领导是中国特色社会主义最本质的特征，

---

〔1〕 习近平："在纪念孙中山先生诞辰 150 周年大会上的讲话"，载《人民日报》2016 年 11 月 12 日。

〔2〕 习近平："在纪念孙中山先生诞辰 150 周年大会上的讲话"，载《人民日报》2016 年 11 月 12 日。

是中国特色社会主义制度的最大优势。坚持党的领导，是党和人民的根本所在、利益所在，是战胜一切困难和风险的制胜法宝。习近平指出："只要我们深入了解中国近代史、中国现代史、中国革命史，就不难发现，如果没有中国共产党领导，我们的国家、我们的民族不可能取得今天这样的成就，也不可能具有今天这样的国际地位。"[1]中国特色社会主义道路之所以具有巨大的优势，呈现高度自信，关键在于中国共产党的领导。

可以说，坚定不移地走中国特色社会主义道路，是从历史和现实的客观判断中得出的科学结论，是思想自信和实践自觉的有机统一。中国特色社会主义道路自信，源自历史和人民的正确选择，源自科学理论的指导和实践的检验，源自中国道路取得的巨大成就和宝贵经验。新时代，大学生要开拓道路视野，坚信中国特色社会主义道路是实现社会主义现代化、引领中华民族走向伟大复兴的必由之路，要不断赋予中国特色社会主义道路新的时代内涵，确保党和国家事业始终沿着正确方向胜利前进。

---

〔1〕 习近平:《在全国党校工作会议上的讲话》，人民出版社2016年版，第2页。

第二十一章
改革视野

改革创新是当代中国最突出、最鲜明的特点。大学生富有想象力和创造力，是改革创新的生力军，要始终拥有改革视野，在改革创新的实践中奉献祖国、服务人民、实现价值，让改革创新成为青春远航的强大动力。

一、改革创新是中华民族最深沉的民族禀赋

中华民族是富有改革创新精神的民族。我们的先民很早就提出了"苟日新，又日新，日日新""穷则变，变则通，通则久"等与改革创新有关的思想观念。在历史的漫漫长河中，变通求新、因革损益、革故鼎新、与时俱进、与日偕新等思想观念逐渐积淀为中华民族最深沉的民族禀赋。

勇于改革创新的民族禀赋成就了辉煌灿烂的中华文明。我国古代在天文历法、数学、农学、医学、地理学等众多领域取得举世瞩目的成就。这些发明创造同生产紧密结合，为农业和手工业发展提供了有力支撑。英国哲学家培根曾说，印刷术、火药、指南针，这些发明改变了整个世界事物的面貌和状态。资料显示，16 世纪以前世界上最重要的 300 项发明和发现中，我国占 173 项，远远超过同时代的欧洲。此外，在诗词歌赋、绘画、书法等文学艺术领域，中国也为世界奉献了唐诗、宋词、元曲等诸多人类文明宝库里的瑰宝。我国在历史上长期处于世界领先地位，我国的思想文化、社会制度、经济发展、科学技

术以及其他许多方面都对周边发挥了重要辐射和引领作用，中华文明对世界文明进步作出了巨大贡献，产生了深远影响。究其深层精神根源，就在于中华民族改革创新这一宝贵的精神传统和民族禀赋。

近代以来，中华文明逐渐由领先变为落后，一个重要原因就是错失了多次科技和产业革命带来的巨大发展机遇，在世界工业革命大潮中被时代远远甩下。从18世纪中叶到19世纪中叶的百年间，正是世界工业革命发轫和蓬勃发展的时期，当时的中国却在闭关锁国、夜郎自大中失去了工业革命带来的发展机遇，导致中国经济技术的发展大大落后于世界的发展步伐。从19世纪中叶到20世纪中叶的百年间，在西方坚船利炮的攻击下，中国沦为半殖民地半封建国家。列强侵略、政府腐败，长期战火连绵、动荡不宁、民不聊生，民族存亡危机之下，根本不具备创新创造的基本物质条件和社会文化环境。中华民族在世界工业革命大潮中落后于时代，陷入落后挨打的悲惨境地。中华人民共和国的成立，让古老的中国焕发新生，勤劳勇敢的中国人民在建设自己美好家园的伟大实践中迸发出改革创新的生机活力，在中国共产党的领导下开启了全力追赶时代、勇于引领时代的改革创新大潮。

二、改革创新是时代要求

在当代中国，社会发展离不开改革创新，改革创新是社会发展的重要动力，坚持改革创新是新时代的迫切要求。

1. 创新始终是推动人类社会发展的第一动力

16世纪以来，人类社会进入前所未有的创新活跃期，几百年里，人类在科学技术方面取得的创新成果超过过去几千年的总和。特别是18世纪以来，世界发生了几次重大科技革命，如近代物理学诞生、蒸汽机和机械、电力和运输、相对论和量子论、电子和信息技术发展等。在此带动下，世界经济发生多次产业革命，如机械化、电气化、自动化、信息化。每一次科技和产业革命都深刻改变了世界的发展面貌和力量格局。一些国家抓住了机遇，经济社会发展驶入快车道，经济实力、科技实力、军事实力迅速增强，甚至一跃成为世界强国。发端于英国的第一次产业革命，使英国走上了世界霸主地位；美国抓住了第二次产业革命机遇，赶超英国成为世界第一。从第二次产业革命以来，美国就占据世界第一的位置，这是因为美国在科技和产业革命中都是领航者和最大获利者。从某种意义上说，创新决定着世界政治经济力量对比的变化，也决定着各国各民族的前途命运。

2. 创新能力是当今国际竞争新优势的集中体现

"在激烈的国际竞争中，惟创新者进，惟创新者强，惟创新者胜。"[1]今天，国际竞争的新优势越来越集中体现在创新能力上。当今世界，谁牵住了科技创新这个"牛鼻子"，谁走好了科技创新这步先手棋，谁就能占领先机，赢得优势。当前，全球新一轮科技革命和产业变革正在孕育兴起，谁在创新上先行一步，谁就能拥有引领发展的主动权。新科技革命和产业变革将重塑全球经济结构。面对科技创新和产业革命新趋势，世界主要国家都在积极调整应对，努力寻找创新的突破口，抢占发展的先机，纷纷出台新的创新战略，加大投入，加强人才、专利、标准等战略性创新资源的争夺，创新战略竞争在综合国力竞争中的地位日益重要。

3. 改革创新是我国赢得未来的必然要求

抓创新就是抓发展，谋创新就是谋未来。目前，虽然我国

---

〔1〕 习近平："在欧美同学会成立 100 周年庆祝大会上的讲话"，载《人民日报》2013 年 10 月 22 日。

经济总量跃居世界第二，但大而不强、臃肿虚胖体弱问题相当突出，主要体现在创新能力不强，科技发展水平总体不高，科技对经济社会发展的支撑能力不足，科技对经济增长的贡献率远低于发达国家水平。在新一轮科技革命和产业变革中，我国能否在未来发展中后来居上、弯道超车，主要就看能否在创新驱动发展上迈出实实在在的步伐。必须把创新作为引领发展的第一动力，把人才作为支撑发展的第一资源，把创新摆在国家发展全局的核心位置，把创新驱动发展战略作为国家重大战略，不断推进理论创新、制度创新、科技创新、文化创新等各方面创新，让创新贯穿党和国家一切工作，让创新在全社会蔚然成风。

如果把科技创新比作我国发展的新引擎，那么改革就是点燃这个新引擎必不可少的点火系。实施创新驱动发展战略，最根本的是要增强自主创新能力，最紧迫的是要破除体制机制障碍，最大限度地解放和激发科技作为第一生产力所蕴含的巨大潜能，打通从科技强到产业强、经济强、国家强的通道，让改革释放创新活力，让一切创新源泉充分涌流。只有通过全面深化改革，才能加快转变经济发展方式，推进经济结构战略性调整，在全社会积极营造鼓励大胆创新、勇于创新、包容创新的良好氛围，把创新驱动的新引擎全速发动起来，为我国经济社会发展提供前所未有的强劲动力。

"聪者听于无声，明者见于未形。"改革创新永无止境。大学生要自觉树立敢为天下先的志向和信心，敢于担当、勇于超越，在攻坚克难中追求卓越，在改革创新中引领世界潮流。

三、做改革创新生力军

青年时期是创新创造的宝贵时期。新时代的大学生置身于实现中华民族伟大复兴的时代洪流之中，应当以时代使命为己任，把握时代脉搏，迎接时代挑战，增强创新创造的能力和本领，勇做改革创新的实践者，将弘扬改革创新精神贯穿于实践中、体现在行动上。

（一）树立改革创新的自觉意识

改革创新，首先要求人们自觉增强改革创新的责任感，树立敢于突破陈规、大胆探索未知、勇于创新创造的思想观念，在实践中有直面困难的勇气，有突破难关的精神，锐意进取，奋力前行。

1. 增强改革创新的责任感

改革创新表现为一种不甘落后、奋勇争先、追求进步的责任感和使命感。在时代大潮中，有人选择安于现状、不思进取、随波逐流，有人则意气风发、力争上游、拼搏进取。这两种不同选择的根源，除了信心和勇气外，更在于是否具有为推动社会发展进步贡献力量的责任感和使命感。改革创新充满艰辛、奉献甚至牺牲，没有强烈的责任感和使命感，很难支撑人们克服和战胜改革创新过程中的艰难曲折。李大钊曾写下"铁肩担道义，妙手著文章"的警语，"铁肩、道义"讲的就是责任与使命。大学生要不断增强以改革创新推动社会进步，在改革创新中奉献服务社会、实现人生价值的崇高责任感和使命感，以时不我待、只争朝夕的紧迫感投身改革创新的实践中。

2. 树立敢于突破陈规的意识

陈规最易束缚人的思维和手脚，创新创造的过程往往充满艰辛。要创新，就要有强烈的创新意识，凡事要有打破砂锅问到底的劲头，敢于质疑现有定论，勇于开拓新的方向，攻坚克难，追求卓越。敢于大胆突破陈规甚至常规，敢于大胆探索尝试，善于观察发现、思考批判，不唯书、不唯上，只唯实，这是大学生在学习与实践中创新创造的重要前提。

3. 树立大胆探索未知领域的信心

创新就是要走前人没有走过的路。要创新，就要有强烈的创新自信。如果总是跟踪模仿，既谈不上创新，也是没有出路的。未知领域可能是人类认识的盲区，也可能是人类实践的处女地。未知常常令人心生怯意，人们常常因充满未知的风险而停下探索和求新的脚步，但未知领域也往往蕴含着发现的沃土和创新的机遇。"路漫漫其修远兮"，最需要"上下而求索"的勇气。王安石在《游褒禅山记》中所言："而世之奇伟、瑰怪、非常之观，常在于险远，而人之所罕至焉，故非有志者不能至也。"青年应是常为新、敢创造的，理当锐意创新创造，不等待、不观望、不懈怠，勇做改革创新的生力军。

(二) 增强改革创新的能力本领

1. 夯实创新基础

推行任何一项改革，作出任何一项创新，都是站在前人积累的专业知识基础之上的。改革创新之所以能够推陈出新，提出前人不曾提出的新思想，推出令世人敬仰叹服的新创造，一个重要的原因就在于改革创新者具有扎实的专业知识基础。缺乏深厚的专业知识积淀，盲目追求改革创新，往往容易流于不切实际的空想，或者是"无知者无畏"的蛮干。无视或轻视专业知识学习，不可能担负改革创新的重任。大学生作为改革创新的生力军，应从扎实系统的专业知识学习起步和入手，而不能好高骛远，空谈改革，坐论创新。

2. 培养创新思维

创新思维与守旧思维的区别在于，守旧思维往往求同、模仿，创新思维则注重求异、批判而不甘落入窠臼和俗套；守旧思维被动回答问题，创新思维善于发现问题；守旧思维往往机械、线性、封闭，创新思维则灵活而开放，发散而多维；守旧思维提出的观点人们往往因熟悉而易于接受，创新思维则常常因"异想天开"而被怀疑甚至嘲讽。大学生在专业学习与社会实践中应自觉培养创新型思维，勤于思考，善于发现，勇于创新。

3. 投身创新实践

实践出真知，实践长才干。当代大学生既置身于全球新一轮科技革命和产业变革兴起的历史机遇期，又置身于我国迈向现代化强国的历史新征程，应当在全面深化改革的伟大实践中深深体悟改革创新精神，增强改革创新的意识，锤炼改革创新的意志，增强改革创新的能力本领，勇做改革创新的实践者和生力军。

大学生往往朝气蓬勃、思维活跃，好奇心强、求知欲盛，敢于尝试新生事物，这些都是有利于创新创造的重要条件。纵观世界历史，许多重要创造，都是产生于创造者风华正茂、思维最敏捷的青年时期。可以说，青年身上蕴藏着巨大的创造能量和活力。大学生应当珍惜人生中最具创新创造活力的宝贵时期，有敢为人先、开拓进取的锐气，有逢山开路、遇河架桥的意志，在创新创造中不断积累经验、取得成果、演绎精彩。

第二十二章

人民视野

2020 年 5 月，十三届全国人大三次会议期间，习近平参加内蒙古代表团审议时强调指出："中国共产党根基在人民、血脉在人民。党团结带领人民进行革命、建设、改革，根本目的就是为了让人民过上好日子，无论面临多大挑战和压力，无论付出多大牺牲和代价，这一点都始终不渝、毫不动摇。"〔1〕可以说，以人民为中心发展思想始终是贯穿习近平新时代中国特色社会主义思想各个部分的灵魂和主线，体现着习近平新时代中国特色社会主义思想的价值取向，昭示着当代中国共产党人不忘初心、矢志不移的奋斗目标，引领着当今中国改革发展的方向。新时代大学生肩负着建设中国特色社会主义，实现中华民族伟大复兴的历史使命，必须拥有人民视野，必须永远保持同人民群众的血肉联系，始终同人民群众想在一起、干在一起、风雨同舟、同甘共苦。

一、以人民为中心发展思想的理论基础

习近平以人民为中心发展思想的理论基础，即对为什么要坚持以人民为中心的发展思想做出理论上的回答。众所周知，习近平新时代中国特色社会主义思想是对马克思主义理论的继承和发展，因此，我们要从马克思主义的经典理论中找寻习近

---

〔1〕 习近平："坚持人民至上 不断造福人民 把以人民为中心的发展思想落实到 各项决策部署和实际工作之中"，载《人民日报》2020 年 5 月 23 日。

平以人民为中心发展思想的理论基础。

（一）现实的人是马克思主义的逻辑起点

在《德意志意识形态》一书中，马克思和恩格斯指出："我们的出发点是从事实际活动的人，而且从他们的现实生活过程中还可以描绘出这一生活过程在意识形态上的反射和反响的发展。"[1]这里的"从事实际活动的人"就是现实的人。在《哲学的贫困》一书中，马克思指出："只要你们把人们当成他们本身历史的剧中人物和剧作者，你们就是迂回曲折地回到真正的出发点。"[2]这里的作为"历史的剧中人物和剧作者"的人们就是指现实的人。在《1857-1858年经济学手稿》中，马克思也表达了同样的观点："在社会中进行生产的个人……因而，这些个人的一定社会性质的生产，当然是出发点。"[3]这里的"在社会中进行生产的个人"同"从事实际活动的人"和作为"历史的剧中人物和剧作者"的人一样，也是指现实的人。因此，现实的人是马克思建构自己理论的逻辑起点。正是由于找到了现实的人这一历史的真正主体，这一揭开人类历史之谜的钥匙，马克思才建立了唯物史观，科学地解释了人类社会的发展规律，从而实现了人类历史观的颠覆性革命，超越了从前一切唯心史观。

何谓现实的人，马克思给出了解释："社会结构和国家总是从一定的个人的生活过程中产生的。但是，这里所说的个人不是他们自己或别人想象中的那种个人，而是现实中的个人，也就是说，这些个人是从事活动的，进行物质生产的，因而是在一定的物质的、不受他们任意支配的界限、前提和条件下活动

---

〔1〕《马克思恩格斯文集》（第1卷），人民出版社2009年版，第525页。

〔2〕《马克思恩格斯文集》（第1卷），人民出版社2009年版，第608页。

〔3〕《马克思恩格斯文集》（第8卷），人民出版社2009年版，第5页。

着的。"〔1〕因此，循着现实的人这一线索，去探究他们的物质资料生产等一切社会实践活动，才能最终解开人类社会发展之谜。人类的历史就在生产力与生产关系、经济基础与上层建筑的矛盾运动中不断向前发展，并最终到达共产主义，从而实现人的自由而全面的发展。

（二）人民群众是历史的创造者

"谁是历史创造者"，古往今来，众说纷纭。历史唯物主义对这一问题做出了科学回答——人民群众是历史的创造者。早在 1844 年，马克思就强调："整个所谓世界历史不外是人通过人的劳动而诞生的过程。"〔2〕在《神圣家族》一书中，马克思和恩格斯表达了同样的观点："历史什么事情也没有做……正是人，现实的、活生生的人在创造这一切……历史不过是追求着自己目的的人的活动而已。"〔3〕因此，人类社会的历史是人类通过自身的劳动实践创造出来的。为了满足自身生产与发展的需要，人类首先必须从事物质资料的生产。而从事物质资料生产的必定是广大的劳动人民。在从事物质资料生产的过程中，人民群众创造了大量的物质财富，不仅满足了自身现实的需求，还为人类社会的进一步发展奠定了物质基础。

在创造物质财富的同时，人民群众还创造了丰富的精神财富，满足了人类的精神需要。在创造物质财富和精神财富的同时，人民群众也推动社会的变革，并且是决定性力量。历史唯物主义认为，生产力和生产关系之间的矛盾运动是推动社会发展的根本动力。在物质资料的生产过程中，人们改进了生产工

---

〔1〕《马克思恩格斯文集》（第 1 卷），人民出版社 2009 年版，第 524 页。

〔2〕《马克思恩格斯全集》（第 3 卷）（第 2 版），人民出版社 2002 年版，第 310 页。

〔3〕《马克思恩格斯文集》（第 1 卷），人民出版社 2009 年版，第 295 页。

具，推动了社会生产力的发展。新的生产力必然要求新的生产关系与之相适应，这就与旧有的生产关系发生了矛盾。新的生产力必然伴随一个新的阶级的出现，而这个新的阶级作为新的生产力的代表，必然要求打破旧的生产关系，以建立能够与新的生产力相适应的并能够促进生产力进一步发展的新的生产关系。于是，为达到这一目的，新阶级就不断地与维护旧的生产关系的旧阶级作斗争。最终，代表新的生产力的新的阶级必然取得胜利，建立新的生产关系以及上层建筑。因此，人民群众是推动社会变革的决定力量。

（三）人的自由而全面发展是历史唯物主义的价值归宿

马克思的理论不仅在于批判，更在于建构；不仅在于解释世界，更在于改造世界。马克思在深入批判资本主义的同时，致力于建构一个能够促进人的自由而全面发展的"联合体"，"在那里，每个人的自由发展是一切人的自由发展的条件"。[1]因此，人的自由而全面的发展是历史唯物主义的价值归宿。所谓人的自由发展，是指人可以根据自己的兴趣爱好自主选择实践活动的类型。所谓人的全面发展，是指人为了充分展现本质、发挥潜能，而去尝试不同类型的实践活动。在资本主义社会中，人的自由而全面发展是一种奢望。贫困使得工人唯有劳动力可以出卖、整天为了生计而奔波，何谈自由的发展；在为了得到一份可以勉强维持生计的工作而不惜贱卖劳动力的情况下，人又何谈全面的发展。劳动，本该作为人实现其本质、发挥其潜能的实践活动，在资本主义社会中却出现了异化。马克思指出："劳动对工人来说是外在的东西，也就是说，不属于他的本质；因此，他在自己的劳动中不是肯定自己，而是否定自己，不是

---

〔1〕《马克思恩格斯文集》（第2卷），人民出版社2009年版，第53页。

感到幸福，而是感到不幸，不是自由地发挥自己的体力和智力，而是使自己的肉体受折磨、精神遭摧残。"〔1〕此种情形，劳动对于工人是一种瘟疫般的存在，只要能够摆脱劳动，人们就会避之不及。在资本主义社会中，劳动异化的根本原因在于资本主义的生产方式，因此，使人自由而全面发展的现实条件在资本主义社会根本不存在。唯有在作为自由人联合体的共产主义社会，才具备实现人自由而全面发展的条件。马克思的历史唯物主义始终致力于实现这一目标。马克思指出，共产主义社会是"人向自身、也就是向社会的即合乎人性的人的复归……是人和自然界之间、人和人之间的矛盾的真正解决，是存在和本质、对象化和自我确证、自由和必然、个体和类之间的斗争的真正解决"。〔2〕那时，生产力极大发展、物质资料极大丰富，劳动将复归其本质，成为人实现自由而全面发展的实践活动。

二、以人民为中心发展思想的历史依据

中华人民共和国的成立与发展为"人民是历史的创造者、发展的根本动力"这一历史唯物主义观点作了完美的诠释。

（一）新民主主义革命的胜利是中国人民浴血奋战的结果

鸦片战争以后，中国沦为半殖民地半封建社会。农民阶级、封建地主阶级、资产阶级改良派和革命派先后登上历史舞台，然而这些阶级最终都没能使国家走上独立富强的道路。究其原因，就在于没能充分发动人民群众。中国共产党自成立之日起，就深入人民群众，带领中国走上了新民主主义革命的正确道路。1939 年，在《中国革命和中国共产党》一文中，毛泽东首次提出了新民主主义革命的概念，即"在无产阶级领导之下的人民

---

〔1〕《马克思恩格斯文集》（第 1 卷），人民出版社 2009 年版，第 159 页。
〔2〕《马克思恩格斯文集》（第 1 卷），人民出版社 2009 年版，第 185 页。

大众的反帝反封建的革命"。[1]1948 年，在《在晋绥干部会议上的讲话》一文中，毛泽东将新民主主义革命更为科学地表述为"无产阶级领导的，人民大众的，反对帝国主义、封建主义和官僚资本主义的革命"。[2]由此可以看出，这条新民主主义革命的总路线明确强调了人民大众是革命的动力，人民群众是新民主主义革命的力量之源、胜利之本。在大革命时期，中国共产党一经成立，就深入到工人之中去，在工人中宣传革命思想并发动和组织工人反抗北洋政府的反动统治。1924 年，中国共产党在上海召开中央扩大执行委员会，会议认为，中国共产党要积极领导工人运动，发动工人阶级参加革命斗争；党的各级组织要重视农民运动，在农民中宣传反帝反封建军阀的政治主张。正是在工人和农民等广大人民群众的大力支持与有力配合下，北伐战争才能迅速取得胜利。在土地革命时期，中国共产党深入农村，建立了大片的革命根据地，农村包围城市、武装夺取政权的革命道路基本形成，为中国革命的进一步发展奠定了坚实基础。在抗日战争时期，中国共产党坚持全面抗战路线，人民群众为抗战提供了充足的物质保证和源源不断的兵力补充。在解放战争时期，国民党挑起内战，发动的是不义战争，因此，从一开始，人民群众就坚定地站在了中国共产党的一边，从道义上、经济上、政治上给予中国共产党有力支持。正因如此，解放战争才能在短短的三年内迅速取得胜利。

（二）社会主义改造和初步探索的成功离不开人民群众的坚定拥护和积极参与

中华人民共和国成立以后，中国共产党面临着从新民主主

---

〔1〕《毛泽东选集》（第 2 卷）（第 2 版），人民出版社 1991 年版，第 647 页。

〔2〕《毛泽东选集》（第 4 卷）（第 2 版），人民出版社 1991 年版，第 1316~1317 页。

义社会向社会主义社会过渡的历史任务。中国共产党依靠人民群众首先完成了土地革命、镇压反革命、"三反""五反"、抗美援朝和思想改造等五大运动，新生政权得到巩固，社会稳定，这为国民经济的恢复和发展创造了良好的外部环境。自 1953 年起，中国共产党制定和实施了国民经济发展的第一个五年计划，并于 1956 年提前超额完成。对农业、手工业、资本主义工商业的社会主义改造于 1953 年开始，1956 年底基本上完成。尤其是对资本主义工商业的社会主义改造，实现了和平赎买，这是中国人民的伟大创举，第一次实现了马克思的和平赎买设想。三大改造的基本完成标志着我国迈入了社会主义初级阶段。社会主义改造在短短的四年内顺利完成，得到了人民群众的拥护与配合。

在社会主义改造完成后，我国开启了社会主义建设初步探索的新征程。1956 年党的八大指出，社会主义改造完成以后，我国社会主要矛盾已经发生转变，因此，党在今后的主要任务应当是集中精力发展社会生产力。1958 年召开的中共八大二次会议确立了社会主义建设总路线——鼓足干劲、力争上游、多快好省地建设社会主义。在这一总路线的指导下，我国初步建立起了比较完整的工业体系和国民经济体系。在工业、农业、教育、科技等领域较中华人民共和国成立之初有了巨大进步。"两弹一星"的研制成功奠定了中国在世界上的大国地位。"党在社会主义建设中取得的独创性理论成果和巨大成就，为新的历史时期开创中国特色社会主义提供了宝贵经验、理论准备、物质基础。"[1] 毫无疑问，广大人民群众的坚定拥护和大力配合是全面建设社会主义的有力保障。

---

[1] 中共中央文献研究室编：《十八大以来重要文献选编》（上），中央文献出版社 2014 年版，第 8 页。

（三）全国各族人民共同创造了改革开放的伟大成就

十一届三中全会以来，中国进入了改革开放和社会主义现代化建设的新时期。在这一历史新时期，人民群众的伟大作用再一次得到彰显。40 年来，全国各族人民在中国共产党的带领下锐意进取、奋勇拼搏，绘就了一幅气势恢宏的历史画卷，谱写了一曲气壮山河的奋斗赞歌。中国综合国力大幅提升，国内生产总值多年来稳居世界第二。2018 年国内生产总值首次突破 90 万亿人民币，连续多年对持续低迷的世界经济增长贡献率超过 30%。与改革开放之前相比，人民生活水平显著提升，获得感、幸福感和安全感显著增强。我国建立了全世界最完整的工业体系，现在，我国是制造业和货物贸易第一大国、商品消费和外资流入第二大国。中国正以负责任大国的形象日益走近世界舞台的中央，为国际社会的和平与发展不断贡献中国智慧、中国方案、中国力量。对此，习近平指出："40 年来取得的成就不是天上掉下来的，更不是别人恩赐施舍的，而是全党全国各族人民用勤劳、智慧、勇气干出来的。"[1]面对世界未有之大变局，我们唯有紧紧依靠人民群众，进行具有许多新的历史特点的伟大斗争，推进党的建设新的伟大工程，坚持中国特色社会主义伟大事业，才能顺利完成这一宏伟的战略目标，实现中华民族复兴的伟大梦想。

三、以人民为中心发展思想的实践要求

习近平以人民为中心发展思想的实践要求，是指在社会主义现代化建设过程中如何更好地落实以人民为中心的发展思想，即能够贯穿在党治国理政的各个方面，体现在党制定的路

---

〔1〕 习近平：《在庆祝改革开放 40 周年大会上的讲话》，人民出版社 2018 年版，第 17~18 页。

线方针政策中，从而能够在更大程度上惠及广大人民群众，使其有更多获得感、幸福感和安全感，让人民过上更加美好的生活。

（一）坚持党对一切工作的领导

要想深入贯彻落实以人民为中心的发展思想，使这一思想贯穿于党治国理政的各个方面，就要坚持党对一切工作的领导。因为党的领导是贯彻落实以人民为中心发展思想的政治保证和根本推动力。中国共产党成立的初衷，就是为了实现和维护人民群众的根本利益。因此，贯彻落实以人民为中心的发展思想，首要的和根本的路径就是要坚持党对一切工作的领导。党对一切工作的领导意味着党的具体工作为：总揽全局、协调各方，即把方向、谋大局、定政策、促改革。为深入贯彻落实以人民为中心的发展思想，党必须坚持人民主体地位，牢牢把握以人民为中心这条主线，并将其贯穿于一切工作之中，把人民的拥护与赞成、高兴与答应作为衡量一切工作得失的根本标准，不断提高执政能力和领导水平。以人民为中心，就要把人民的根本利益放在至高无上的位置。当前，我国正处于决胜全面建成小康社会的关键期，一方面，我们要做好贫困人口的精准扶贫、精准脱贫工作；另一方面，还要不断满足人民日益增长的美好生活需要。事实已经证明，只要坚持党对一切工作的领导，在最大程度上实现人民的根本利益，我们就一定能够切实把以人民为中心的发展思想贯彻好、落实好。

（二）把党的群众路线贯彻到治国理政全部活动之中

群众路线是党必须长期坚持的生命线和根本工作路线，是毛泽东思想三个活的灵魂之一，是党对马克思主义群众观点的继承和发展，是贯彻落实以人民为中心发展思想的具体路径和工作方法。群众路线和群众观点是我们的传家宝。群众路线具体是指，一切为了群众，一切依靠群众，从群众中来，到群众中去。可以看出，群众路线实则包含两层含义，其一，"一切为了群众，一切依靠群众"是我党的群众观。这一群众观认为，人民拥有巨大的力量与无穷的智慧，具有自我解放的能力，我党的任务就是要引导群众自我实现，在实际工作中一定要注意发挥群众的积极性、主动性和创造性。其二，"从群众中来，到群众中去"是我党具体的工作方法。这一工作方法的具体内涵，毛泽东作过精辟的论述："将群众的意见（分散的无系统的意见）集中起来（经过研究，化为集中的系统的意见），又到群众中去做宣传解释，化为群众的意见，使群众坚持下去，见之于行动，并在群众行动中考验这些意见是否正确。然后再从群众中集中起来，再到群众中坚持下去。如此无限循环，一次比一次地更正确、更生动、更丰富。"〔1〕

可以看出，把群众路线贯彻到治国理政全部活动之中是践行以人民为中心发展思想的重要路径。〔2〕这就要求我们在制定路线方针政策之前，必须下沉到基层，关心群众疾苦，倾听群众呼声，问政于民、问计于民、问需于民，将群众反映的意见和提出的建议作为重要参考。之后，我们还要善于将制定的大政方针、政策决定等在群众中做宣传，让群众理解明白，并转化为自觉行动。在如此的循环往复中，我们党和国家制定的路线方针政策将更加符合实践要求。不仅如此，在实际工作中，我们还要相信群众，注重发挥群众的积极性、主动性、创造性，坚持人民主体地位，尊重群众首创精神，依靠人民创造新时代的历史伟业。

---

〔1〕《毛泽东选集》（第3卷）（第2版），人民出版社1991年版，第899页。

〔2〕参见冯颜利、李怀征："习近平以人民为中心发展思想的内在逻辑"，载《理论视野》2020年第2期。

（三）不断满足人民日益增长的美好生活需要

当前，我国的社会生产力水平已经跨上了一个新的台阶，即将全面建成小康社会。人民群众的需要不仅包括物质文化方面，也包括民主、法治、环境等其他方面。而不平衡不充分的发展成了制约人民日益增长的美好生活需要的最大障碍。破除这个障碍，是贯彻落实以人民为中心发展思想的必然要求。这就要求我们必须把人民对美好生活的向往作为奋斗目标，在继续推动经济发展的同时，大力解决好不平衡不充分的发展问题，让改革发展成果更多更公平惠及全体人民，在实现社会全面进步的基础上推动人的全面发展。为实现人民日益增长的美好生活需要，我们应该从多方面着手。在经济建设上，我们要贯彻新发展理念，深化供给侧结构性改革，提升经济发展质量和效率，大力实施乡村振兴战略和区域协调发展战略。在政治建设上，本着保障人民当家作主权利实现的目的，我们要健全民主制度、拓宽民主渠道、丰富民主形式、完善法治保障，确保人民依法享有广泛充分、真实具体、有效管用的民主权利。在文化建设上，我们要坚持以人民为中心的创作导向，从人民的生活实践中汲取灵感，创作出更多能够弘扬时代主旋律、提升人民品味、满足人民精神需要的精品力作。在社会建设上，我们要以保障和改善民生为重点，抓住人民最关心的现实利益问题，优先发展教育事业，提高人民收入水平，提升就业质量，全面建成能够覆盖全民的多层次社会保障体系。在生态文明建设上，我们要牢固树立社会主义生态文明观，大力推进绿色发展，着力解决大气污染、水污染、土壤污染等突出环境问题，加大生态系统的保护力度，全力为人民提供更多优质生态产品，以满足人民群众对优美生态环境的需要。

总之，大学生扩展人民视野，就是必须坚持习近平"人民至上、紧紧依靠人民、不断造福人民、牢牢植根人民"的理念，在实践中坚持人民主体地位，充分调动人民群众的积极性、主动性和创造性；践行全心全意为人民服务的宗旨，充分展现人民立场、为民情怀；增进民生福祉，为实现最广大人民群众的"美好生活梦"不懈努力。

第二十三章

幸福视野

　　古往今来，幸福生活一直是人类的一种美好向往与追求。幸福是具体的内在的也是因人而异的，它不仅是人类诉求的表达，而且是人类诉求满足状态的终极体现，亦是社会发展和谐程度的充分反映。中国特色社会主义进入新时代，这必然为幸福这一常新话题注入新内涵。人民幸福问题是习近平新时代中国特色社会主义思想的重要内容。习近平奋斗幸福观将人民幸福作为奋斗的出发点与落脚点，阐明了奋斗与幸福的内在统一关系，是对马克思主义幸福观的继承和发展。当下中国抗击新冠肺炎疫情取得的巨大成绩即是对于奋斗幸福观的最好诠释。新时代大学生拓展幸福视野，需要深刻把握习近平奋斗幸福观的科学内涵，将青春和汗水挥洒到为人民谋幸福的辛勤实践中。

　　十八大以来，习近平总书记在多次讲话中谈到了人民、奋斗、幸福三者之间的关系，如"人民对美好生活的向往，就是我们的奋斗目标"，[1]"幸福都是奋斗出来的"，[2]"奋斗本身就是一种幸福"[3]等。习近平奋斗幸福观以人民为中心，强调奋斗与幸福的辩证统一，奋斗是创造幸福的根本途径，幸福是奋

---

　　〔1〕《习近平谈治国理政》（第1卷），外文出版社2018年版，第4页。

　　〔2〕 习近平："在2018年春节团拜会上的讲话"，载《人民日报》2018年2月15日。

　　〔3〕 习近平："在2018年春节团拜会上的讲话"，载《人民日报》2018年2月15日。

斗的价值体现。习近平奋斗幸福观是无产阶级及其政党的幸福观，是对马克思主义幸福观的继承和发展，具有鲜明的中国特色和时代特征。艰苦奋斗是中华民族的优良传统和作风。无论是革命、建设还是改革时期，艰苦奋斗都是我们攻坚克难、从一个胜利走向又一个胜利的重要法宝和武器。新时代，实现国家富强、民族振兴、人民幸福的中国梦，使命更艰巨，挑战更严峻，更离不开每一位中华儿女的接续奋斗。诚然，生命安全和身体健康是人类不懈奋斗、创造幸福的最基本要素，没有生命安全、身体健康的保障，何谈接续奋斗实现幸福？众所周知，2020 年庚子之春新冠肺炎疫情的爆发，严重威胁人民生命安全和身体健康，也极大阻碍生产力的发展，为我国决胜全面建成小康社会带来重大挑战。面对肆虐的疫情，以习近平总书记为核心的党中央亲自指挥、科学决策，一线医务工作者及广大人民群众听从指挥、不怕牺牲、无私奉献，中国控制新冠肺炎疫情取得了阶段性的巨大胜利，中国人民以实际行动充分诠释了奋斗幸福观的深刻意蕴。新冠肺炎疫情是整个人类的重大灾难，我国在推进国内疫情常态化防控的同时，助力全球疫情联防联控，传递中国温度和中国力量，在世界抗击新冠肺炎疫情中提供援助、深化合作、携手同行，这是对奋斗幸福观的又一生动注解。

一、奋斗幸福观奋斗主体的全员性

人民是历史的英雄，是幸福生活的奋斗者。凝聚每一位奋斗者的力量是新时代的使命要求，亦是奋斗幸福观的实践要求。在抗击新冠肺炎疫情过程中，党中央"始终把人民群众生命安全放在第一位"，[1]一线医务工作者以生命保护生命、以牺牲小我守护患者幸福，广大人民群众具有崇高的大局意识和高度的

---

〔1〕《习近平谈治国理政》（第 1 卷），外文出版社 2018 年版，第 195 页。

纪律性、组织性。

（一）引领者——以习近平总书记为核心的党中央

实践是认识问题、解决问题的基础，是奋斗的具体表现形式。以习近平总书记为核心的党中央始终坚持以人民为中心，重视保障与提升人民幸福感、安全感与获得感，强调要"扎扎实实解决好群众最关心最直接最现实的利益问题、最困难最忧虑最急迫的实际问题"。[1]面对新冠肺炎疫情，党中央高效统筹疫情防控与社会发展，推进联防联控机制建设，健全国家公共卫生应急管理体系，确保疫情防控有序进行、成效显著；出台相关医护人员奖励政策，以制度致敬医护人员，保障其劳动权益，促进尊医重卫达成社会共识；制定相关降费政策，落实"六稳""六保"，确保复工复产精准落实，最大限度克服疫情带来的影响与风险等一系列政策的实施为全国人民携手奋斗抗击疫情提供了有力的制度保障。党中央始终将保护人民生命安全和身体健康、维护人民利益为己任，在保护好人民生命安全和身体健康的同时推动产业经济发展，以人民幸福为奋斗的出发点与落脚点，把实现人民真正幸福作为价值导向与奋斗目标。抗击新冠肺炎疫情使中国又一次从政党、国家的高度向中国和世界充分展现了我们国家治理的高效性，彰显了中国特色社会主义制度的优越性。事实再一次证明，中国共产党的领导是人民追求幸福、获得幸福的坚强保障。

（二）先锋队——一线医疗队伍

1835年，时年17岁的马克思在《青年在选择职业时的考虑》一文中写道："如果我们选择了最能为人类福利而劳动的职业，那么，重担就不能把我们压倒，因为这是为大家而献

---

[1]《习近平谈治国理政》（第2卷），外文出版社2017年版，第364页。

身。"〔1〕高尚无私的话语彰显出青年马克思愿为人类幸福而献身的崇高品质。面对突如其来的新冠肺炎疫情，广大医疗工作者肩负重担、不怕牺牲、奔赴一线，这恰恰是对青年马克思职业观的生动的时代诠释。为了人民的生命安全和身体健康，他们以专业的医疗技术与崇高的医德精神，和时间赛跑，与病毒斗争。"不计报酬，无论生死""竭尽全力，不辱使命"等请战语是一线医务工作者对所从事职业的信念，是对人民生命的敬畏及对祖国和人民的热爱。其中，4.2万余名援鄂医疗人员中有超过1.2万是"90"后，甚至相当一部分是"95"后和"00"后，责任与使命让他们迅速成长，以实际行动展现了新时代中国青年为人民的生命安全和身体健康及幸福生活奋斗的决心和信心。2020年3月15日，习近平总书记在给北京大学援鄂医疗队全体"90"后党员回信中指出："在新冠肺炎疫情防控斗争中，你们青年人同在一线英勇奋战的广大疫情防控人员一道，不为艰险、冲锋在前、舍生忘死，彰显了青春的蓬勃力量，交出了合格答卷。"〔2〕在这场不分年龄的战"疫"中，所有一线医务工作者以顽强拼搏的奋斗精神和于家为国的家国情怀，为患者筑起抗击疫情的坚固且温暖的城墙。他们识大体顾大局，以白衣作战袍，舍"小家"顾"大家"，向险逆行，保护人民生命安全和身体健康，守护人民幸福，在辛苦奋斗中展示着真正的幸福是个人幸福与社会幸福、物质幸福与精神幸福的有机统一。一方面，疫情形势的严峻性、救治患者生命的紧迫性与人民幸福的重要性，坚定了他们奋力前行、战胜疫情的决心和信念。另一方面，感染患者身体健康的恢复是对他们工作莫大

---

〔1〕《马克思恩格斯全集》（第40卷），人民出版社1982年版，第7页。

〔2〕习近平："让青春在党和人民最需要的地方绽放绚丽之花"，载《人民日报》2020年3月17日。

的鼓励与肯定，是其人生价值得以实现的体现，这在一定程度上满足了其精神幸福的需求，同时更加激发调动起一线医务工作者为守护人民生命安全、身体健康和幸福生活而奋斗的动力与积极性。"奋斗本身就是一种幸福"，这一重要思想在抗击新冠肺炎疫情医务工作者身上得到了丰满体现。

（三）主力军——广大人民群众

人民是幸福生活的奋斗主体，而人民的生命安全和身体健康是获得幸福的基础和前提。新冠肺炎疫情的爆发，严重危害人民生命安全和身体健康。在如此严峻、史无前例的危急形势下，以习近平总书记为核心的党中央心系人民、精准施策，广大人民群众服从指挥、积极配合、众志成城，人民生命安全和身体健康得到了最好的守护。在这场全民战"疫"的战争中，广大党员干部发挥模范带头作用，既冲锋在前，又下沉社区，充分发扬艰苦奋斗的优良传统，严格落实党中央部属的防控决策，与人民心手相连，构筑起牢固的疫情防线，以实际行动承担着越是艰险越向前的使命和责任。广大社区工作者冒着被感染的风险为千家万户做好"值守员"，当好"采购员"，坚持在有效推进疫情防控中维护好人民日常生活秩序，确保人民生活物资充足。广大青年在这场战"疫"中以"青春之我、奋斗之我"[1]的进取姿态践行五四精神，穿上防护服、披上执勤衣让原本仍显稚嫩的年轻人变成了为守护群众而不怕牺牲的勇敢战士。在这场重大灾难面前，广大人民群众尽己所能、倾力付出。他们是把隔离点当"家"，把隔离人员当"家人"的民警们，舍生忘死，坚守疫区；他们是巡查不停、昼夜值守的社区工作者们，严防死守，切断传播渠道；他们是主动参与疫情防控的大学生

---

［1］ 习近平："在北京大学师生座谈会上的讲话"，载《人民日报》2018年5月3日。

志愿者们，尽己所能，贡献青春力量；他们是助力复工复产的企业员工们，以爱之名，坚守岗位；他们是 14 亿听从安排、待在家中、减少传染的普通中国人……不同职业、不同年龄的中国人都在以负责和奋斗的姿态坚守阵地、尽己之力，这是我国疫情防控取得阶段性关键胜利的重大法宝。"幸福是奋斗出来的"。今日中国复工复产有序推进，从"暂停键"到"重启键"再到"快进键"，中国人在全面建成小康社会的征途中坚定前行，这是上下一心、全民奋战的结果。

二、奋斗幸福观奋斗目标的共享性

坚定的人民立场是奋斗幸福观的根本立场，解决好人民最关心的现实问题、实现人民幸福是奋斗幸福观的根本价值追求。在这场全球肆虐的新冠肺炎疫情中，中国人民与世界各国人民一道，同舟共济、携手奋斗，为中国人民和世界人民的福祉而不懈努力。

（一）为中国人民的幸福而奋斗

追溯历史可知，人类史上思想家们所构想的社会理想蓝图，从柏拉图的"乌托邦"到空想社会主义等，根本难以实现。究其原因，就在于其脱离社会发展实际，空泛谈论理想宏图，而未针对当时社会环境与人们最迫切、最关注的实际问题提出可行的实施方案。"民惟邦本，本固邦宁。"中国共产党的初心就是为中国人民谋幸福，自成立之日起，中国共产党就始终将人民幸福放在第一位。在革命、建设和改革三个时期，中国共产党带领中国人民实现了从站起来、富起来到强起来的伟大历史飞跃，中国人民得以有尊严、有体面地学习、工作和生活。中国特色社会主义进入新时代，人民对美好生活的需求更加强烈和迫切。而突如其来的新冠肺炎疫情使人民生命安全和身体健康遭受严重威胁，使我们的脱贫攻坚任务更加艰巨。党和国家本着"生命至上、人民至上"的理念迅速行动，一方面竭尽全力与疫情奋斗抗争，将各方面损失降到最低；另一方面努力克服疫情所带来的阻力，有序复工复产，确保如期完成脱贫攻坚任务，保障人民生活幸福。新冠肺炎疫情爆发以来，习近平总书记亲自部署、亲自指挥、科学决策，全国人民团结一致、上下一心，认真落实"早发现、早报告、早隔离、早诊治"的防控原则及"应收尽收""应治尽治"的免费救治原则，并科学制定、严格落实了出院患者全流程管理政策等一系列制度和措施，以最大程度提高治愈率，降低感染率和死亡率，保障了人民的生命安全和身体健康。与罔顾人民生命安全和身体健康、无端甩锅及感染率、死亡率居高不下的西方一些国家相比，中国人民的幸福感、获得感显著提升。

（二）为全人类的福祉而奋斗

中华民族自古以来便是一个热爱和平、为全人类发展而不懈奋斗的民族。中国自古便有"天下大同""协和万邦"的政治理想，"亲亲而仁民，仁民而爱物""兼相爱，交相利"的文化基因更是源远流长、一脉相承。当今世界，全球化时代人类幸福发展面临一系列无法回避的共同问题，如政治冲突、恐怖主义、贫困问题、粮食危机、网络安全、环境保护等。而世界上没有哪一个国家能够独自应对人类面临的这些挑战，也没有哪一个国家能够退回到自我封闭的孤岛。习近平总书记对此有着清晰的洞察，他深刻地指出，要"构建人类命运共同体，建设持久和平、普遍安全、共同繁荣、开放包容、清洁美丽的世界"，[1]为全人类的福祉贡献中国智慧和中国力量。

---

〔1〕习近平："决胜全面建成小康社会 夺取新时代中国特色社会主义伟大胜利——在中国共产党第十九次全国代表大会上的报告"，载《人民日报》2017年10月28日。

新冠肺炎是无国界之分、无种族差异的人类恶性传染病，对人类生命安全、身体健康带来极大挑战。基于此，只有世界各国人民团结合作、携手抗"疫"才是人类尽快遏制疫情、走出困境的唯一选择。面对异常严峻的防控形势，中国精准施策、团结一致、无私付出，在国际友好援助下率先控制住国内疫情的蔓延并使患者得到及时有效的治疗，稳定了人民情绪，保护了人民的生命安全和身体健康。在此基础上，中国统筹国内外疫情防控局势，对内毫不松懈常态化防控，对外毫不保留地分享抗"疫"经验，倡导建立国际联防联控机制，积极支持国际组织发挥作用，并尽己所能提供大量的人力和物资等多种形式的援助。对内毫不松懈、对外毫不保留全面彰显了我国的大国风范和大国担当，向世界人民贡献了防控疫情的中国方案和中国力量。这也充分说明了世界人民休戚与共，人类幸福共享共荣的道理。习近平总书记指出："文明因交流而多彩，文明因互鉴而丰富。"[1]交流与互鉴应建立在平等尊重的基础上，中国始终坚持平等互助的外交原则，在积极向发展中国家、向其他国家提供各种援助的同时，一如既往奉行不干涉他国内政原则，既协助别国抗击疫情，又充分尊重其国家政治制度，获得全球广泛赞誉。可见，人类命运共同体理念始终致力于为全人类的幸福贡献中国智慧、中国方案和中国力量，这是中华民族五千年的文化基因，也是全球化时代人类的共同诉求，根本不是西方宣称的"修昔底德陷阱"，更不是"大国威胁"。

三、奋斗幸福观奋斗路径的有效性

抗击新冠肺炎疫情，尽快复工复产复学，尽早恢复人民群众正常生活秩序，形势紧迫，任务艰巨，稍一松懈就会前功尽

---

〔1〕《习近平谈治国理政》（第1卷），外文出版社2018年版，第258页。

弃。因此，在这场抗"疫"的奋斗中，我们首先要坚定中国共产党的坚强领导，还要凝聚人民力量，也要向世界传递中国温度，坚决打好新冠肺炎疫情防控全球阻击战。

（一）坚定中国共产党的坚强领导

"中国共产党的领导是中国特色社会主义最本质的特征"，[1] 也是中国特色社会主义的优势所在。当今中国，只有中国共产党才能带领人民创造幸福生活。新冠肺炎疫情发生后，全国上下能够团结一致、万众一心，以多种形式参与到这场人民战争中，与时间赛跑、与疫情抗争，无所畏惧、迎难而上，展现出强大的凝聚力，关键就在于有党的坚强领导。

在打好新冠肺炎疫情防控阻击战中，坚定中国共产党的坚强领导，首先，要维护党统领全局、协调全国疫情防控的核心地位。2020年1月25日，习近平总书记主持中央政治局常委会，会议决定成立疫情工作指导组，在党的统一部署下开展工作，强调全国各地区做好疫情防控措施。习近平总书记高度重视患者救治工作、医疗物资及群众生活物资供应等保障工作。他多次召开会议，多次听取疫情防控工作报告，针对疫情防控进展，再研究，再部署。他要求各地区深刻认识疫情形势的严峻性及疫情防控的紧迫性，各级领导干部要贯彻落实中央决策，及时报告疫情信息。他强调要保障物资供应链稳定，加强医护人员安全防护，重视隔离人员及感染者的心理疏导，动员社会力量维护社会秩序等。在以习近平总书记为核心的党中央的坚强领导下，历时两个月的艰苦奋战，我国疫情防控工作取得显著成效，将每日本土新增病例控制在个位数之内，逐步取得武汉保卫战、湖北保卫战的决定性成果，这充分彰显了中国共产

---

〔1〕《习近平谈治国理政》（第2卷），外文出版社2017年版，第18页。

党的执政优势。

其次，要有坚定的理想信念。在举国上下团结一致、抗击疫情的关键时刻，出现了少部分人在网络社交平台传播疫情谣言、高价出售非正规防疫物资、破坏疫情防控秩序等不良现象。究其原因，就在于其理想信念缺乏、幸福观扭曲。"生命里的一切辉煌，只有通过诚实劳动才能铸就。"〔1〕国家愈是面临重大挑战，人民愈应该坚定理想信念，坚信党的执政能力，坚信中国共产党必然能带领人民群众克服中国特色社会主义建设和发展道路上的重重难关，实现国家富强、民族振兴、人民幸福。

（二）凝聚人民力量

人民幸福"必须紧紧依靠人民来实现"。〔2〕新冠肺炎疫情蔓延全球，不是单个民族或某个国家就能与之抗衡，而是需要各国人民的团结合力，达成携手抗击疫情的一致共识，汇聚起抗击疫情的巨大力量。

首先，要凝聚中国人民的力量。习近平总书记指出："实现我们的奋斗目标，开创我们的美好未来，必须紧紧依靠人民、始终为了人民，必须依靠辛勤劳动、诚实劳动、创造性劳动。"〔3〕辛勤劳动、诚实劳动、创造性劳动是奋斗的具体形式，其中，创造性劳动是深层次的奋斗形式，意味着创新所带来的物质财富与精神发展让人民拥有更高质、更安全的幸福体验，意味着创新所提升的社会条件让人民更有奋斗的动力与积极性。在抗击疫情人民战中，我国科研人员以最团结的姿态、最快的速度、最理性的思考展现了中国人民的智慧与自信。从认知新

---

〔1〕 习近平："在同全国劳动模范代表座谈时的讲话"，载《人民日报》2013年4月29日。

〔2〕《习近平谈治国理政》（第1卷），外文出版社2018年版，第40页。

〔3〕 习近平："在同全国劳动模范代表座谈时的讲话"，载《人民日报》2013年4月29日。

冠肺炎病毒到首次分离病毒株所用时间创造了新发传染病史上最短世界纪录。基于对病毒的进一步认知,又在最短时间内研发出检测试剂用于临床。随后根据不同检测对象、不同技术路线,相继研制出多种高效检测试剂。我国科研人员相互协作、科学高效的奋斗为人类认知空前未有的新冠肺炎病毒带来巨大的技术突破,增强了人民战胜疫情的信心。在这场全民战"疫"里,广大人民群众以辛勤劳动和聪明才智创造了时尚又高尚的"中国品牌"——"无接触服务",被应用于餐饮、快递配送等行业,既降低了疫情传播与交叉感染的风险,又提高了企业或商家的经济效益。中国人民加班加点生产的各种防疫物资,被源源不断地运往世界各地,有效支援了世界人民的防疫需求。此外,中国复工复产有序推进带来的经济活力为世界经济尽快回升带来希望,有益于全球供应链稳定。中国人民以自己的辛勤劳动、诚实劳动、创造性劳动为防控新冠肺炎疫情、推动世界经济发展发挥着不可替代的作用。

其次,要汇聚世界各国人民的力量。当今世界,环球同此凉热。各国之间应风雨同舟、患难与共,应秉持共商、共建、共享的全球治理理念,增强人类命运共同体意识,因为"没有一个国家能凭一己之力谋求自身绝对安全,也没有一个国家可以从别国的动荡中收获稳定"。[1]合作共赢是解决世界问题的关键措施,是应对新冠肺炎疫情的不二选择。世界各国无论发达与否、大小与否、贫富与否,一律平等。各国社会制度、文化等的差异不应成为阻碍合作共赢的"门槛"。在新冠肺炎等重大挑战面前,要汇聚世界各国人民的力量,继续推进防控信息与经验的交流并加强相关研发项目的科学技术合作,坚决打好新

---

〔1〕《习近平谈治国理政》(第 2 卷),外文出版社 2017 年版,第 523 页。

冠肺炎疫情防控全球阻击战，以各国合力增进全球人类福祉。

（三）传递中国温度

在应对新冠肺炎疫情中，中国始终秉持人类命运共同体理念，坚持在国际上发出中国声音，积极分享疫情信息与抗疫经验，向疫情严重地区提供无私援助，以实实在在的声音和行动向世界传递中国温度。

首先，向世界传递中国声音温度。新冠肺炎疫情在多国蔓延，习近平总书记感同身受，向多个国家领导人致慰问电，表达愿同各国一道团结一致、守望相助的心愿。这给予各国人民战胜疫情以极大鼓舞与信心。2020年3月26日，在特殊时期以在线视频的方式召开了"二十国集团领导人应对新冠肺炎疫情特别峰会"，习近平总书记发表了《携手抗疫 共克时艰》的重要讲话，赢得国际社会广泛赞誉。本次峰会所传递的抗疫精神并未因会议方式的特别而受到影响，习近平总书记的声音所传递出来的中国温度并未因国界的限定而受到阻隔。另外，在抗疫一线，我国医疗专家与多国医疗专家通过视频会议的形式，针对疫情防控、临床诊疗等多次进行深入交流……中国声音不断传递着中国温度。

其次，向世界传递中国行动温度。新冠肺炎疫情爆发以来，在中国最困难的时候，国际社会许多成员给予我们真诚帮助和支持。滴水之恩，涌泉相报。当世界上其他国家疫情蔓延之时，中国毫不犹豫伸出援手，快速向世界提供人员、物资、资金等各方面的支持与援助。"尼莲正东流，西数几千秋""青山一道，同担风雨""千里同好，坚于金石"……对外援助物资上简短又富含深意的寄语，饱含跨越山川阻隔、地域界限而拥抱世界的中国温度。中国人民以实际行动传递的中国温度是感恩与担当，是深厚的情谊，是共同抗击疫情的信心，更是共克时艰的有力武器。中国温度温暖世界、融化偏见、取代歧视，中国温度让灾难中的人民获得实实在在的安全感与幸福感。

幸福由奋斗而来，奋斗即是幸福。习近平奋斗幸福观是马克思主义幸福观的中国化、时代化、大众化。它以人民为中心，强调奋斗与幸福辩证统一，奋斗是创造幸福的根本途径，幸福是奋斗的目标追求。新时代，习近平奋斗幸福观是指引我们把一个个"不可能"变为"可能"、从一个个"胜利"走向另一个"胜利"的内在推动力，具有不可替代的时代价值和现实意义。大学生应开拓幸福视野，树立奋斗幸福观，在奋斗中实现个人幸福与社会幸福的有机统一。

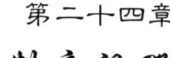

第二十四章

制度视野

制度优势是一个国家的最大优势，制度竞争是国家间最根本的竞争。制度稳则国家稳。制度是关系党和国家事业发展的根本性、全局性、稳定性、长期性问题，是国家发展最为重要的"软实力"。在全球发展普遍问题日益突出的时代环境下，国家治理中的制度水平对提升国家综合国力的价值就凸显出来。以制度彰显国家治理水平的优势，是我们党推进中国特色社会主义伟大事业的定力秉持和路径依赖。世界经验证明，一个国家陷入经济发展迟缓、社会秩序混乱、民众怨恨强烈的困境，往往以制度失灵、失范、失效为肇始。中国经验证明，制度优势越显著，国家治理取得的成绩就越卓越。中国特色社会主义制度自信建立在有序、良好、健康的国家治理基础上，国家治理体系和治理能力现代化得益于中国特色社会主义制度自信的助力推动。坚定制度自信是坚持和完善中国特色社会主义制度、推进国家治理体系和治理能力现代化的民心基础和力量源泉。大学生是中国特色社会主义事业的建设者和接班人，应拓展制度视野，坚定中国特色社会主义制度自信，为完善中国之治挥洒青春和汗水。

一、认识制度体系，坚定制度自信

充分的制度认知是坚定制度自信的基础和根源。大学生必须了解中国特色社会主义制度和国家治理体系，要认识到中国特色社会主义制度和国家治理体系经过长期实践，来之不易，必须倍加珍惜，高度自信。

中国特色社会主义制度和国家治理体系是以马克思主义为指导，植根中国大地、深得人民拥护的制度和治理体系。一个国家选择什么样的制度和治理体系，是由这个国家的历史传承、文化传统、经济发展水平决定的，只有扎根本国土壤、汲取充沛养分的制度，才最可靠、最管用。中国特色社会主义制度是马克思主义基本原理同中国具体实际相结合的产物，是理论创新、实践创新、制度创新相统一的成果，是在革命、建设、改革长期实践中形成的科学制度体系。

（一）中国特色社会主义制度和国家治理体系具有深厚的历史文化底蕴

在几千年的历史演进中，中华民族创造了灿烂的古代文明，形成了关于国家制度和国家治理的丰富思想，包括大道之行、天下为公的大同理想，六合同风、四海一家的大一统传统，德主刑辅、以德化人的德治主张，民贵君轻、政在养民的民本思想，等贵贱均贫富、损有余补不足的平等观念，法不阿贵、绳不挠曲的正义追求，孝悌忠信、礼义廉耻的道德操守，任人唯贤、选贤与能的用人标准，周虽旧邦、其命维新的改革精神，亲仁善邻、协和万邦的外交之道，以和为贵、好战必亡的和平理念，等等。这些思想中的精华是中华优秀传统文化的重要组成部分，也是中华民族精神的重要内容。马克思主义传入中国后，科学社会主义的主张受到中国人民热烈欢迎，并最终扎根中国大地、开花结果，绝不是偶然的，而是同我国传承了几千年的优秀历史文化和广大人民日用而不觉的价值观念相融通的。

中国在人类发展史上曾经长期处于领先地位，自古以来逐步形成了一整套包括朝廷制度、郡县制度、土地制度、税赋制度、科举制度、监察制度、军事制度等各方面制度在内的国家制度和国家治理体系，为周边国家和民族所学习和模仿。

（二）中国特色社会主义制度和国家治理体系具有坚实的实践基础

近代以来，封建统治腐朽无能，帝国主义列强入侵，导致中国逐步成为半殖民地半封建社会，统治中国几千年的君主专制制度陷入全面危机。面对日益深重的政治危机和民族危机，无数仁人志士为改变中国前途命运，开始探寻新的国家制度和国家治理体系，尝试了君主立宪制、议会制、多党制、总统制等各种制度模式，但都以失败而告终。

只有在中国共产党成立后，中国人民和中华民族才找到了实现民族独立、人民解放和国家富强、人民幸福的正确道路。新民主主义革命时期，中国共产党团结带领人民在根据地创建人民政权，探索建立新民主主义经济、政治、文化制度，为新中国建立人民当家作主的新型国家制度积累了宝贵经验。夺取全国政权后，中国共产党团结带领人民制定《共同纲领》、1954年《宪法》，确定了国体、政体、国家结构形式，建立了国家政权组织体系。1956年，通过生产资料所有制改造，中国社会主义制度建立起来，为新中国的国家建设提供了有力的制度保证。1978年底，党的十一届三中全会以改革开放的历史抉择开启了探索中国特色社会主义道路的伟大实践。40余年里，党中央坚持以经济建设为中心，在推进国家发展和社会进步中积极开展制度建设，加强和完善国家治理，取得了历史性成就，积淀了丰富的经验。我们党领导人民创造的经济快速发展奇迹和社会长期稳定奇迹世所罕见，社会主义制度和实践展现的生机活力举世瞩目。新中国70多年取得的历史成就充分证明，中国特色社会主义制度是当代中国发展进步的根本保证。从中华人民共和国成立到建立社会主义基本制度，再到中国特色社会主义制度创新发展，我们始终以制度建设推进国家发展，推动社会不断进步，彰显了制度优势。

党的十八大以来，党中央高度重视发挥制度优势，把制度建设摆到更加突出的位置，着力筑牢国家发展和社会进步的根基，创造的新鲜经验为推进国家治理体系和治理能力现代化作出了新时代的贡献。新时代推进国家治理现代化进程的努力主要体现在以下几方面：第一，全面深化改革，以"啃硬骨头""涉险滩"的举措攻克国家治理难题。党的十八届三中全会推出336项重点改革举措，到党的十九大时都已经得到了落实或者在进一步落实中，主要领域基础性制度体系基本形成。第二，注重发挥中国特色社会主义法治体系对推进国家治理体系和治理能力现代化的引领作用。党的十八届四中全会专题研究依法治国问题，提出法治中国"三位一体"的建设目标，在健全保证宪法全面实施的体制机制、完善立法体制机制、健全社会公平正义法治保障制度、加强对法律实施的监督等方面取得显著成绩。第三，不断出台各项法律法规，加强党对立法工作的领导。党的十八大后的五年里，全国人大及其常委会制定法律25件，修改法律127件次，通过法律问题和重大问题的决定46件次，作出法律解释9件。〔1〕"立法数量多、分量重、节奏快、效果好。"〔2〕尤其是党内法规建设力度空前加大。中央共出台或修订近80部党内法规，超过现有党内法规的40%。第四，健全党和

---

〔1〕 参见齐卫平："推进国家治理现代化的中国特色社会主义制度自信"，载《思想理论教育》2020年第1期。

〔2〕 中共中央党史和文献研究院编：《十九大以来重要文献选编》（上），中央文献出版社2019年版，第343页。

国家监督制度，成立国家监委，与中央纪委合署办公，把党和国家监督协调起来，把各种监督机制协调起来，健全了党委统一领导、全面覆盖、权威高效的监督体系。第五，进行党和国家机构改革。2018年2月，党的十九届三中全会提出完善坚持党的全面领导的制度、优化政府机构设置和职能配置、统筹党政军群机构改革等要求，深化党和国家机构改革是推进国家治理体系和治理能力现代化的一场深刻变革。为此，《中共中央关于坚持和完善中国特色社会主义制度、推进国家治理体系和治理能力现代化若干重大问题的决定》（以下简称《决定》）指出："党的十八大以来，我们党领导人民统筹推进'五位一体'总体布局、协调推进'四个全面'战略布局，推动中国特色社会主义制度更加完善、国家治理体系和治理能力现代化水平明显提高，为政治稳定、经济发展、文化繁荣、民族团结、人民幸福、社会安宁、国家统一提供了有力保障。"〔1〕

（三）中国特色社会主义制度是一个严密完整的科学制度体系

任何制度都不可能一蹴而就，从无到有，从初步建立到逐渐完善，从丰富发展到成熟定型，制度建构呈现历时性的过程。中国特色社会主义制度是一个严密完整的科学制度体系，起四梁八柱作用的是根本制度、基本制度、重要制度，其中具有统领地位的是党的领导制度。党的领导制度是我国的根本领导制度。党的十八大以来提出中国特色社会主义最本质的特征是中国共产党领导，中国特色社会主义制度的最大优势是中国共产党领导，党是最高政治领导力量。十九届四中全会强调，"必须坚持党政军民学、东西南北中，党是领导一切的，坚决维护党中央权威，健全总揽全局、协调各方的党的领导制度体系，把

---

〔1〕"中共中央关于坚持和完善中国特色社会主义制度 推进国家治理体系和治理能力现代化若干重大问题的决定"，载《人民日报》2019年11月6日。

党的领导落实到国家治理各领域各方面各环节"。[1]这是党领导人民进行革命、建设、改革最可宝贵的经验。我们推进各方面制度建设、推动各项事业发展、加强和改进各方面工作，都必须坚持党的领导，自觉贯彻党总揽全局、协调各方的根本要求。

概而言之，中国特色社会主义制度和国家治理体系是以马克思主义为指导、植根中国大地、具有深厚中华文化根基、深得人民拥护的制度和治理体系，是党和人民长期奋斗、接力探索、历尽千辛万苦、付出巨大代价取得的根本成就，我们必须倍加珍惜，毫不动摇坚持、与时俱进发展。

二、把握制度优势，增强制度自信

（一）中国特色社会主义制度和国家治理体系具有丰富的实践成果

实践是最好的试金石。中国特色社会主义制度和国家治理体系具有丰富的实践成果。中华人民共和国成立70多年来，中国共产党领导人民创造了世所罕见的两大奇迹。一是经济快速发展奇迹。我国大踏步赶上时代，用几十年时间走完了发达国家几百年走过的工业化进程，跃升为世界第二大经济体，综合国力、科技实力、国防实力、文化影响力、国际影响力显著提升，人民生活显著改善，中华民族以崭新姿态屹立于世界的东方。二是社会长期稳定奇迹。我国长期保持社会和谐稳定、人民安居乐业，成为国际社会公认的最有安全感的国家之一。可以说，在人类文明发展史上，除了中国特色社会主义制度和国家治理体系外，没有任何一种国家制度和国家治理体系能够在这样短的历史时期内创造出我国取得的经济快速发展、社会长期稳定

---

〔1〕习近平："坚持和完善中国特色社会主义制度　推进国家治理体系和治理能力现代化"，载《求知》2020年第2期。

这样的奇迹。

（二）中国特色社会主义制度和国家治理体系具有多方面的
　　　显著优势

1. 中国共产党的领导是中国特色社会主义制度的最大优势

我国国家制度和国家治理体系之所以具有多方面的显著优势，很重要的一点就在于中国共产党在长期实践探索中，坚持把马克思主义基本原理同中国具体实际相结合，把开拓正确道路、发展科学理论、建设有效制度有机统一起来，用中国化的马克思主义、发展着的马克思主义指导国家制度和国家治理体系建设，不断深化对共产党执政规律、社会主义建设规律、人类社会发展规律的认识，及时把成功的实践经验转化为制度成果，使我国国家制度和国家治理体系既体现了科学社会主义基本原则，又具有鲜明的中国特色、民族特色、时代特色。我国国家制度和国家治理体系是在党的集中统一领导下建立和完善的。

2. 坚持人民主体地位是中国特色社会主义制度和国家治理
　　体系的基本原则

一方面，始终代表最广大人民根本利益，保证人民当家作主，体现人民共同意志，维护人民合法权益，是我国国家制度和国家治理体系的本质属性，也是我国国家制度和国家治理体系有效运行、充满活力的根本所在。我国国家制度和国家治理体系始终着眼于实现好、维护好、发展好最广大人民根本利益，着力保障和改善民生，使改革发展成果更多更公平惠及全体人民，因而可以有效避免出现党派纷争、利益集团偏私、少数政治"精英"操弄等现象，具有无可比拟的先进性。另一方面，人民群众是我国国家制度和国家治理体系的直接创造者和促成者。坚持人民主体地位，充分调动人民积极性，始终是我们党立于不败之地的强大根基。

3. 集中力量办大事是社会主义的一大特点

集中力量办大事是社会主义的一大特点，也是中国特色社会主义实践取得成功的秘诀。习近平指出："我们最大的优势是我国社会主义制度能够集中力量办大事。这是我们成就事业的重要法宝。过去我们取得重大科技突破依靠这一法宝，今天我们推进科技创新跨越也要依靠这一法宝，形成社会主义市场经济条件下集中力量办大事的新机制。"[1]人民代表大会制度、中国共产党领导的多党合作和政治协商制度、民族区域自治制度以及基层群众自治制度等，既充分尊重和保障个人权利，又能形成共同意志，集中力量办大事。

4. 中国国家制度和国家治理体系具有强大的自我完善能力

对于任何有利于中国发展进步的他国国家治理经验，我们坚持以我为主、为我所用，去其糟粕、取其精华。比如，在社会主义建设时期，中国国家制度和国家治理体系就借鉴吸收了苏联的许多有益经验。改革开放以来，我们不断扩大对外开放，把社会主义制度和市场经济有机结合起来，既充分发挥市场在资源配置中的决定性作用，又更好发挥政府作用，极大解放和发展了社会生产力，极大解放和增强了社会活力。"文化大革命"结束后，邓小平说过："我们的党和人民浴血奋斗多年，建立了社会主义制度。尽管这个制度还不完善，又遭受了破坏，但是无论如何，社会主义制度总比弱肉强食、损人利己的资本主义制度好得多。我们的制度将一天天完善起来，它将吸收我们可以从世界各国吸收的进步因素，成为世界上最好的制度。

---

〔1〕 习近平："为建设世界科技强国而奋斗——在全国科技创新大会、两院院士大会、中国科协第九次全国代表大会上的讲话"，载《人民日报》2016 年 6 月 1 日。

这是资本主义所绝对不可能做到的。"[1]40 多年的改革开放有力推动中国特色社会主义制度和国家治理体系在革除体制机制弊端的过程中不断走向成熟，特别是党的十八大以来的全面深化改革，充分显示出我国国家制度和国家治理体系的强大自我完善能力。未来，随着全面深化改革向纵深推进，我国国家制度和国家治理体系必将在国际竞争中赢得更大的比较优势，展现出更为旺盛的生机活力。

新时代大学生坚定中国特色社会主义制度自信，不仅要坚持好、巩固好经过长期实践检验的我国国家制度和国家治理体系，更要完善好、发展好我国国家制度和国家治理体系，不断把我国制度优势更好转化为国家治理效能。

三、坚定制度自信，完善中国之治

大学生开拓制度视野就要树立对待中国特色社会主义制度的正确态度。制度更加成熟定型是一个长期的过程，治理能力现代化也是一个不断努力的动态过程，不可能一蹴而就，也不可能一劳永逸。

（一）完善中国之治必须坚定中国特色社会主义制度自信

习近平在关于《决定》的说明中，从实现"两个一百年"奋斗目标的重大任务、把新时代改革开放推向前进的根本要求、应对风险挑战和赢得主动的有力保证等三个方面，指出了中央关于坚持和完善中国特色社会主义制度、推进国家治理体系和治理能力现代化问题的战略考量。《决定》指出："顺应时代潮流，适应我国社会主要矛盾变化，统揽伟大斗争、伟大工程、伟大事业、伟大梦想，不断满足人民对美好生活新期待，战胜前进道路上的各种风险挑战，必须在坚持和完善中国特色社会

---

[1]　《邓小平文选》（第 2 卷）（第 2 版），人民出版社 1994 年版，第 337 页。

主义制度、推进国家治理体系和治理能力现代化上下更大功夫。"〔1〕这就表明，坚持和完善中国特色社会主义制度、推进国家治理体系和治理能力现代化构成当代中国新的发展战略。新时代推进国家治理体系和治理能力现代化，必须坚定中国特色社会主义制度自信。

新时代中国特色社会主义伟大实践以谋求强起来为诉求，以强起来夯实站起来、富起来的根基，必须以坚定的中国特色社会主义制度自信为根本保证。坚持和完善中国特色社会主义制度、推进国家治理体系和治理能力现代化，是新时代伟大实践的一项重大战略任务，它所要解决的问题的复杂性既不同于改革开放初的发生场域，也不同于 21 世纪初的实践环境。在庆祝改革开放 40 周年大会上，习近平曾用"前半程"概括已经走过的路，如果说这个阶段谋求发展着力解决的是不发展问题的话，那么改革开放的"后半程"谋求发展则必须着力解决发展起来后的问题。解决不发展的问题不易，解决发展起来后的问题更难。将改革开放进行到底，就要谋求新的发展战略、坚持新的发展理念、形成新的发展聚焦。"啃硬骨头""涉险滩"不仅要继续完成改革开放"前半程"存留下来的问题，更要着力解决"后半程"必须面对的一系列新难题。以习近平同志为核心的党中央已经作出了全面部署，坚持党的全面领导，以党的政治建设统领"四个伟大"的新时代历史使命，统筹推进"五位一体"总体布局，协调推进"四个全面"战略布局等，为新时代改革开放向纵深推进指明了方向。党的十九届四中全会提出"坚持和完善中国特色社会主义制度、推进国家治理体系和治理能力现代化"的总体目标，以我们党成立一百年、2035 年

---

〔1〕 "中共中央关于坚持和完善中国特色社会主义制度 推进国家治理体系和治理能力现代化若干重大问题的决定"，载《人民日报》2019 年 11 月 6 日。

基本实现现代化、中华人民共和国成立一百年的三个时间节点设定，与党的十九大提出全面建成小康社会后"两个十五年"奋斗目标相对应，两个时间表和路线图相契合。这意味着实现建设社会主义现代化强国的目标，必须把中国特色社会主义制度更加成熟定型、国家治理体系和治理能力现代化的要素纳入其中。推进国家治理体系和治理能力现代化的新部署表明，坚持和完善中国特色社会主义制度，是解决发展起来以后的问题的政治定力。发展是硬道理，必须始终坚持，坚定中国特色社会主义制度自信同样是硬道理。

（二）坚定中国特色社会主义制度自信和完善中国之治相辅相成

坚定制度自信和实现中国特色社会主义制度和国家治理体系、治理能力现代化相辅相成。一方面，坚持和完善中国特色社会主义制度需要制度自信。我们只有坚信中国特色社会主义制度是当代中国发展进步的根本制度保障，才能全面深化制度改革，才能促进中国特色社会主义制度更加成熟、更加完备、更加定型。另一方面，只有坚定制度自信，才能毫无畏惧地面对一切困难和挑战，才能坚定不移地推进国家治理体系和治理能力现代化。习近平指出："我国国家治理体系需要改进和完善，但怎么改、怎么完善，我们要有主张、有定力。中华民族是一个兼容并蓄、海纳百川的民族，在漫长历史进程中，不断学习他人的好东西，把他人的好东西化成我们自己的东西，这才形成我们的民族特色。没有坚定的制度自信就不可能有全面深化改革的勇气，同样，离开不断改革，制度自信也不可能彻底、不可能久远。我们全面深化改革，是要使中国特色社会主义制度更好；我们说坚定制度自信，不是要故步自封，而是要

不断革除体制机制弊端，让我们的制度成熟而持久。"〔1〕

"信仰、信念、信心，任何时候都至关重要。小到一个人、一个集体，大到一个政党、一个民族、一个国家，只要有信仰、信念、信心，就会愈挫愈奋、愈战愈勇，否则就会不战自败、不打自垮。无论过去、现在还是将来，对马克思主义的信仰，对中国特色社会主义的信念，对实现中华民族伟大复兴中国梦的信心，都是指引和支撑中国人民站起来、富起来、强起来的强大精神力量。"〔2〕当代中国，信仰、信念、信心紧密相连，坚定马克思主义信仰结出中国特色社会主义的成果，坚定中国特色社会主义信念创造了举世瞩目的业绩。坚定中国特色社会主义制度自信，是坚守信仰、信念、信心的统一。

总之，新时代大学生拓展制度视野，就要坚定中国特色社会主义制度自信，自觉肩负起自己的使命和担当，坚定不移地走中国特色社会主义道路，将中国特色社会主义制度自信的种子播撒进心灵，落实到推动中国特色社会主义事业发展的实际行动中。

---

〔1〕 习近平："完善和发展中国特色社会主义制度 推进国家治理体系和治理能力现代化"，载《人民日报》2014 年 2 月 18 日。

〔2〕 中共中央党史和文献研究院编：《十九大以来重要文献选编》（上），中央文献出版社 2019 年版，第 343 页。